A Crise Mundial da Educação

Coleção Debates
Dirigida por J. Guinsburg

Produção e Revisão: Plínio Martins Filho

philip h. coombs
A CRISE MUNDIAL DA EDUCAÇÃO

UMA ANÁLISE DE SISTEMAS

EDITORA PERSPECTIVA

Título do original inglês:
The World Educational Crisis

© 1968 by Philip H. Coombs

2.ª edição - maio 1986

Direitos em língua portuguesa reservados à
EDITORA PERSPECTIVA S.A.
Av. Brigadeiro Luís Antônio, 3025
Telefone: 288-8388
01401 São Paulo Brasil
1976

SUMÁRIO

Apresentação 9
Prefácio à Edição Brasileira 13
1. Tomada de Posição 19
2. As Entradas dos Sistemas de Ensino 37
   Os estudantes vistos como entrada 37
   Professores — uma questão de qualidade e custo 59
   Dinheiro: o poder aquisitivo do ensino 74
3. As Saídas dos Sistemas de Ensino: Adequação às Necessidades 99
   Produtos acabados e produtos inacabados 99

	Adequação às necessidades de mão-de-obra	111
	Emprego e desemprego	123
	Atitude e mudança social	134
4.	O Interior do Sistema de Ensino	143
	Metas e prioridades: o roteiro do sistema	143
	Qualidade e conteúdo: o principal objetivo do sistema	152
	Tecnologia, pesquisa e inovação	160
	Administração: a operação do sistema	172
	Custos e eficiência: um ponto fraco do sistema	180
5.	Ensino Não-Formal: Recuperação, Atualização e Aperfeiçoamento	197
6.	Cooperação Internacional: Uma Forma de Enfrentar a Crise	207
	Mercado comum da educação para o mundo todo	207
	Assistência externa e a crise	212
	Incumbências especiais das universidades	221
7.	Sugestões para uma Estratégia	229
	Natureza de uma estratégia para a educação	230
	Recapitulação das conclusões deste livro	232
	Elementos sugeridos para uma estratégia positiva	235
Anexos		245
Orientação para Estudos mais Amplos e Aprofundados		311

NOTA DA EDITORA

A Editora Perspectiva tem o grato prazer de oferecer ao público a presente versão portuguesa da obra de Philip H. Coombs, *The World Educational Crisis, A Systems Analysis* e, nesta oportunidade, poder contar com a esclarecida apresentação do Professor Carlos Corrêa Mascaro.

Esta nota objetiva assinalar critérios adotados para uma melhor compreensão do pensamento do Autor e uma aproximação, na medida do possível, de alguns termos do vocabulário implícito em suas idéias, ao sistema de ensino brasileiro. Lembramos que os Editores da versão francesa "Presses Universitaires de France" ao publicarem esta obra sob o título *La Crise Mondiale de l'Éducation* demonstraram nitidamente a mesma preocupação, ao tentarem entrosar o livro de Philip H. Coombs com a nomenclatura adotada no sistema de ensino francês.

1. Este livro, como muitos outros escritos no idioma inglês, apresenta sérias dificuldades de tradução relacionadas com o termo *education* e, particularmente, nesta obra, com a expressão *educational system*.

Como o Autor, no original inglês, sempre utiliza a expressão *educational system,* conferindo-lhe, porém, vários sentidos e como ele próprio estabelece distinções entre *formal education, non-formal education* e outros tipos de educação e ensino, depois de acurados estudos dessas dificuldades, foi restringido o uso da tradução literal da expressão *educational system* — sistema de educação, sistema educacional —, uma vez que no idioma português e no vocabulário especializado tais expressões são demasiadamente amplas e se nos obrigássemos a sempre traduzir desse modo estaríamos, talvez, possibilitando um entendimento impreciso do pensamento do Autor, do termo em questão e dos assuntos nele implicados.

Assim, seguindo critérios estabelecidos, sempre que o Autor estuda e trata de assuntos relacionados com o ensino e a aprendizagem formais, processados através de uma estrutura escolar, o termo *educational system* é traduzido por "sistema de ensino", no sentido em que é freqüentemente utilizado em documentos oficiais brasileiros, reservando-se a tradução literal para aqueles momentos nos quais o pensamento do Autor refere-se a um sistema mais amplo de educação que a oferecida por um sistema de ensino.

Como decorrência dos critérios que regularam o uso dos termos citados no parágrafo anterior, também, a palavra *education* passou para o idioma português às vezes como "educação", outras como "ensino" e, também, como "instrução".

2. Quanto às expressões *input* e *output*, seguindo a orientação já adotada na literatura especializada e a exemplo do que foi feito na versão francesa deste livro, são traduzidas por "entrada" e "saída", respectivamente, por serem mais freqüentemente conservadas no idioma inglês em traduções de obras ligadas à Economia Política e ciências afins.

Agradecemos à D. Maria de Lourdes Santos Machado, membro de nosso Conselho Editorial e pertencente à equipe responsável pela área de Educação e ciências afins, a colaboração prestada nos estudos e esclarecimentos de dúvidas que levaram o nosso Departamento de Revisão a precisar termos e procurar uma solução adequada aos problemas suscitados pela versão para o idioma português do livro *The World Educational Crisis, A Systems Analysis* de Philip H. Coombs.

Editora Perspectiva

APRESENTAÇÃO

Mais que oportuna a feliz iniciativa da Editora Perspectiva promovendo a tradução e o lançamento agora, no mercado brasileiro de livros, desta obra singular, na qual se encontra, sob o título de *A Crise Mundial da Educação — Uma Análise de Sistemas,* bem sucedido ensaio de um balanço fiel do estado da educação (sabidamente precário em suas distorções históricas e carências), tanto nos países já pertencentes ao "clube" dos desenvolvidos, como nos que ainda lutam por sua sempre difícil libertação das amarras do subdesenvolvimento.

Ninguém mais autorizado para empreender tal tarefa do que Philip H. Coombs, ex-diretor do Institut International de Planification de l'Éducation (UNESCO) de Paris que, utilizando copiosa soma de informações e dados de que pôde dispor no início da tormentosa década de 60, soube criteriosamente coligi-los e tratá-los de modo a assegurar validade científica ao seu trabalho, segundo as regras do método de análise de sistemas.

De acordo com esse método, como se sabe, o princípio básico da análise é o de que, se considerarmos a educação um processo que se organiza sob a forma de subsistema interagindo no bojo da sociedade — sistema global —, nada do que a ela (educação) se refira, no tocante ao todo ou a qualquer de suas partes, pode ser analisado, interpretado ou compreendido fora do respectivo contexto.

A originalidade da obra de Coombs reside também no fato de que, tendo colocado em um pequeno volume, com finalidades metodológicas e didáticas, o texto adaptado do relatório fatual que havia elaborado para servir de documento de trabalho na Conferência Internacional de Educação de Williamsburg, nos oferece ele, de um ângulo novo, em abordagem sistêmica, fecunda no seu caráter multidisciplinar, objetivo e atualizado diagnóstico da educação no mundo, tendo como ponto de partida a análise dos principais problemas estruturais e conjunturais, em seus aspectos sociais, econômicos, financeiros e políticos, além dos tipicamente pedagógicos, relativos aos sistemas de ensino de numeroso grupo de países da Europa, das Américas, da África e da Ásia.

Ao longo do seu trabalho, Coombs apresenta, do seu ponto de vista, o "quadro clínico" da crise que afeta a educação em nosso tempo em face das diferentes velocidades das transformações por que vem passando o mundo a partir da última guerra. Aponta causas, analisa-as, sugere estratégias para a superação da crise, dentro de um critério sistêmico que se baseia no aperfeiçoamento das relações existentes entre os componentes dos sistemas de ensino e seu meio cultural e na aceitação de inovações que correspondam às exigências do progresso científico para uma conjuntura de mudança. Distingue metas e as escalona ao longo do processo estratégico: modernização da administração escolar, modernização do corpo docente, modernização do processo da aprendizagem, fortalecimento das finanças da educação, maior atenção ao ensino não-formal (supletivo), propondo, finalmente, um plano de cooperação internacional com a instituição de um "mercado comum" da educação para o mundo todo.

Vale a pena tomar conhecimento do tratamento dos assuntos segundo o seu método de análise, método de inspiração reconhecidamente pragmatista, que nos vem abrir as mais amplas perspectivas para que melhor nos esclareçamos sobre as verdadeiras causas determinantes da crônica persistência da crise educacional que se tornou, nas últimas décadas mais do que antes, o maior desafio à reflexão de filósofos e sociólogos, à indagação de psicólogos e pesquisadores, à busca de soluções práticas eficazes de políticos e administradores da educação por toda a parte. O livro, em verdade, contém valiosos argumentos e outros elementos de convicção acerca de temas e de uma problemática que está pondo a prova, permanentemente, a competência dos órgãos político-administrativos governamentais no setor educacional e se vem tornando uma preocupação obsessiva da opinião pública no mundo inteiro.

Todos os que estamos capacitados a perceber a gravidade das opções que se nos apresentam na encruzilhada em que se encontra a educação brasileira vamos ter neste livro um instrumento de provocação de nossa criatividade para a identificação dos "indicadores" sobre os componentes e as condições de funcionamento do sistema nacional de ensino tal como ele existe no momento, bem como sobre as estratégias a serem adotadas para que o tenhamos, o mais breve possível, como a Nação o reclama.

No prefácio à edição brasileira, o Autor diz da sua satisfação em ver o seu livro editado no Brasil, por ele considerado um "país que se tem mantido na vanguarda dos que procuram soluções inovadoras para os difíceis problemas que seu livro tenta esclarecer e equacionar".

Nossa grande esperança é que *A Crise Mundial da Educação* nas mãos de professores, especialistas de educação (pesquisadores, orientadores, supervisores, diretores, administradores escolares) e estudantes das Faculdades de Educação, produza os resultados que sua leitura nos autoriza a admitir (e que serão muito úteis) na complexa e confusa etapa da implantação das reformas do ensino de 1º, 2º e 3º graus.

Carlos Corrêa Mascaro
São Paulo, junho de 1975

PREFÁCIO À EDIÇÃO BRASILEIRA

Constitui um especial prazer apresentar ao público brasileiro esta edição em português de *The World Educational Crisis,* pois o Brasil tem-se mantido na vanguarda dos países que procuram soluções inovadoras para os difíceis problemas que este livro tenta esclarecer e equacionar.

O livro tem ainda o propósito de apresentar um método para análise do sistema de ensino, não de modo fragmentário, no qual cada faceta é vista isoladamente, mas *como* um sistema, cujas partes em interação produzem os "indicadores" de como funciona esta interação, inclusive a que se dá, num determinado contexto sócio-econômico, entre o sistema de ensino e as necessidades de aprendizagem dos indivíduos aos quais este deve atender.

Este modo de examinar um sistema de ensino — tanto em seus elementos formais quanto nos não-formais — exige o emprego de uma lente com maior ângulo de visão que a comumente focalizada sobre os assuntos educacionais. Implica também o emprego de termos e conceitos analíticos tirados de outros campos, como a economia, a engenharia e a sociologia. Estes termos, de início, talvez confundam e até irritem alguns de nossos colegas do mundo educacional; esperamos, porém, que suspendam o julgamento por um tempo suficiente que possibilite ouvirem aquilo que temos a dizer. O mundo da educação tornou-se tão complexo e sua situação é tão grave, que nenhum vocabulário isolado — inclusive o da pedagogia — poderia descrever o seu todo. Daí precisarmos recorrer à linguagem e às ideias próprias a muitas disciplinas intelectuais e a outras esferas de ação, a fim de que possamos ampliar nossa visão do processo educacional, consigamos ver o todo com maior clareza, alcançando assim resultados mais abundantes e proveitosos.

Especialmente para um país grande e diversificado como o Brasil, é essencial a aplicação de um tratamento amplo e multidisciplinar. Isto foi demonstrado por um recente estudo a respeito das necessidades educacionais e de ensino e da adequação dos atuais recursos institucionais para atender a essas necessidades, apresentadas por um grupo formado de crianças e adolescentes de áreas rurais carentes de Pernambuco. Este estudo realizado pelo International Council for Educational Development (ICED), com a colaboração de educadores e cientistas sociais brasileiros, utilizou a ampla lente analítica acima sugerida; não se limitou a considerar apenas os programas escolares (tanto os formais quanto os não-formais), mas também o ambiente social e econômico destes jovens, bem como suas prováveis ocupações quando adultos. O principal aspecto a destacar, no momento, seria que o estudo revelou uma condição de carência de ensino na zona rural muito mais grave que aquela possível de se suspeitar pelo exame das estatísticas escolares, especialmente, das taxas de participação * na escola primária, tanto em nível nacional, quanto estadual.

Desejamos esclarecer que as áreas rurais de Pernambuco não constituem exceção a este respeito. Nas áreas rurais de quase todos os países em desenvolvimento, incluídos nos estudos realizados pelo ICED sobre o ensino não-formal com vistas ao desenvolvimento rural, patrocinados pela UNICEF e pelo World Bank, nota-se a mesma privação e negligência com relação ao ensino para a massa da população. Possivelmente isto significa que a crise da educação é muitíssimo mais ampla e mais profunda que a revelada pelas estatísticas convencionais.

Contudo, neste livro não temos o objetivo de provar a existência de um agravamento da crise educacional e dar o grito de alarme, mas sim procurar encontrar as *causas* da crise e sugerir possíveis instrumentos e estratégias que os países poderiam usar para vencer estes problemas básicos, capacitando-se assim a conduzir com maior eficiência os assuntos de educação e ensino, destinados a atender não só a feliz minoria das crianças que conseguem estudar além das duas ou três primeiras séries escolares, mas também a *todos* os meninos e meninas e ainda os adultos.

Evidentemente não há panacéias que consigam a cura de todos estes males. É infinitamente mais difícil dar escolas a centenas de milhões de crianças aqui na Terra que colocar uns poucos astronautas na Lua.

Será certamente um requisito essencial, reorientar e mudar a direção dos sistemas de ensino formais existentes, visando melhor adaptá-los às necessidades individuais e sociais e torná-los mais eficientes e produtivos na utilização de recursos escassos.

Porém, só isto não bastará, como recentemente salientou a Internacional Commission on the Development of Education da UNESCO. Todos os países, quer sejam ricos ou pobres, precisam pensar na escola não simplesmente como instrução, mas como um processo muito mais amplo e duradouro. Assim, a longo

---

° A expressão *participation ratio* que traduzimos por "taxa de participação", refere-se à proporção de alunos matriculados em relação ao total de crianças dentro da faixa de idade. Por exemplo, caso haja 1000 crianças de 7 a 11 anos na população e, destas, 600 freqüentam escola, a taxa de participação é de 60 por cento. (N. do T.)

prazo, o objetivo será criar um sistema de aprendizagem altamente diversificado, capaz de acompanhar o indivíduo durante toda a vida, no qual combinar-se-ão elementos formais, não-formais e informais, de maneira a proporcionar uma ampla variedade de opções de aprendizagem para todos os membros da população, independentemente de idade, sexo, ocupação ou posição social.

Para que um tal sistema de aprendizagem capaz de abranger a vida inteira do indivíduo possa ser criado, haverá, certamente, necessidade de dispêndio de muito tempo e esforço, bem como de novos instrumentos e perspectivas de planejamento educacional. Esta idéia em si mesma não é uma mera visão utópica — proporciona um quadro de referência a longo prazo, bastante prático para orientar estratégias, planos e atividades a curto e médio prazos.

Nenhum homem, e certamente nenhum autor, é uma ilha em si mesmo. Por isso, desejo expressar minha grande dívida para com muitas pessoas e organizações que de inúmeras formas contribuíram para a preparação deste livro. Em particular tenho uma incomensurável dívida para o International Institute for Educational Planning que, como retribuição, receberá as eventuais rendas deste livro e, também, para com seu organismo superior, a UNESCO. Meus colegas mais próximos, pertencentes ao IIEP que me deram assistência, são por demais numerosos para serem mencionados, mas quatro dentre eles, desde o início, desempenharam papéis proeminentes e devem ser citados: Sidney Hyman, Jacques Hallak, John Chesswas e Ta Ngoc Chau.

Finalizando, devo reconhecer também minha inteira responsabilidade pessoal por todos os pontos de vista, interpretações e conclusões, apresentados nas páginas que se seguem. Aquilo que aí está escrito de forma alguma poderá ser entendido como a posição oficial da UNESCO, do International Institute for Educational Planning ou de qualquer outra organização. Não obstante, em consonância com os objetivos de tais organizações, espera-se que estas páginas possam contribuir para o estabelecimento de um mais amplo diálogo sobre os graves problemas e desafios no momento atual enfrentados pelos sistemas de ensino do mundo inteiro, uma melhor orientação dos jovens que se preparam para se tornarem os guardiões da educação de amanhã e que possam empregar suas melhores energias no sentido de promoverem o progresso do mais importante dos empreendimentos sociais.

Philip H. Coombs

1. TOMADA DE POSIÇÃO

NATUREZA DA CRISE DA EDUCAÇÃO. SUAS CAUSAS BÁSICAS. O QUE É NECESSÁRIO PARA SOBREPUJÁ-LA. VISÃO CONCEPTUAL DO ENSINO COMO UM "SISTEMA" PASSÍVEL DE "ANÁLISE DE SISTEMAS". CAUTELAS COM RELAÇÃO À ANÁLISE.

Nos primeiros anos da década de 50, os sistemas de ensino do mundo inteiro iniciaram um processo de expansão sem precedentes na história da humanidade. As matrículas de estudantes, em muitos lugares, mais do que duplicaram, os gastos com a educação aumentaram em um ritmo ainda mais acelerado e o ensino despontou como a maior indústria local. Este marcante processo suscitou a esperança de que a educação continuaria sempre progredindo.

Qual a atual situação?

A resposta pode ser encontrada, em parte, em um fato seco — seco como a pólvora. Apesar desta grande expansão do ensino, um crescimento paralelo da população determinou o aumento do número de adultos analfabetos em todo o mundo. Atualmente, nos países membros da Unesco, o total excede a 460 milhões de adultos analfabetos, ou quase 60 por cento da população ativa destes países [1]. Encontramos, porém, uma resposta mais ampla para a questão nas palavras de advertência proferidas cada vez mais freqüentemente por inquietos líderes provenientes de lugares diferentes. Eles advertem que as condições de crise estão se infiltrando nos sistemas educacionais de toda parte e que em muitos países já apertam suas garras. Este livro junta-se a estas advertências.

É verdade que os sistemas de ensino parecem ter estado sempre ligados a uma vida de crises. Todos eles têm conhecido periodicamente escassez de fundos, de professores, de salas de aula, de materiais de ensino — uma escassez de tudo, menos de estudantes. Parece ser verdade também que esses sistemas de algum modo conseguiram superar seus males crônicos, ou para dizer de outro modo, aprenderam a viver com eles. Contudo, o caso presente difere profundamente daquilo que no passado foi lugar-comum. Esta é uma crise *mundial* da educação — mais sutil e menos dramática do que uma "crise de fome" ou uma "crise militar", mas não menos carregada de perigosas potencialidades.

Em virtude de condições locais específicas, a crise varia de forma e gravidade de um para outro país. Mas suas linhas internas de força surgem igualmente em todos os países, sejam eles novos ou velhos, ricos ou pobres, quer tenham instituições estáveis ou estejam lutando para criá-las como um desafio a fortes condições adversas.

---

1. UNESCO, "Unesco's Contribution to the Promotion of the Aims and Objectives of the United Nations Development Decade: Report by the Director-General", General Conference, Fourteenth Session, 25 out. — 30 nov. 1966, Paris, set. 1966, 14 C/10.

A natureza desta crise é sugerida pelas palavras "mudança", "adaptação" e "desajustamento". A partir de 1945, todos os países vêm sofrendo mudanças ambientais fantasticamente rápidas, provocadas por uma série de revoluções convergentes de amplitude mundial — na ciência e tecnologia, nos assuntos econômicos e políticos, nas estruturas demográficas e sociais. Os sistemas de ensino também cresceram e mudaram mais rapidamente do que em qualquer outra época. Todos eles, porém, têm-se adaptado muito vagarosamente ao ritmo mais veloz dos acontecimentos que os rodeiam. O conseqüente desajustamento — que tem assumido as mais variadas formas — entre os sistemas de ensino e o meio a que pertencem constitui a essência da crise mundial da educação.

É possível apontar muitas causas específicas para este desajustamento, mas quatro dentre elas destacam-se de forma especial. A primeira é a *abrupta elevação das aspirações populares pelo ensino,* que vem assediando as escolas e universidades. A segunda prende-se à *aguda escassez de recursos,* que restringe as possibilidades de os sistemas de ensino responderem de modo mais completo às novas demandas. A terceira vem a ser a *inércia inerente aos sistemas de ensino,* que os tem levado a funcionar apaticamente na adaptação de seus assuntos internos às novas necessidades externas, ainda mesmo quando a escassez de recursos não constitui o principal obstáculo à adaptação. A quarta é a *inérica da própria sociedade* — o pesado fardo das atitudes tradicionais, dos costumes religiosos, dos padrões de prestígio e incentivo e das estruturas institucionais — que a tem impedido de fazer um melhor uso da educação e dos recursos humanos com vistas ao desenvolvimento nacional.

A superação da crise depende obviamente de substanciais ajustamento e adaptação mútuos *tanto* da parte da educação *quanto* da sociedade. Caso isto não aconteça, o crescente desajustamento entre a educação e a sociedade provocará inevitavelmente a ruptura dos sistemas educacionais — e, em certos casos, a ruptura de suas respectivas sociedades. Isto seria inevitável, porque enquanto continuarem a crescer e a mudar as necessidades educacionais de desenvolvimento nacional e enquanto aumentarem as pressões de demanda sobre os sistemas educacionais, não será possível contornar a situação recorrendo tão-somente ao aumento indiscriminado de recursos postos à disposição dos sistemas.

Os sistemas de ensino para poderem cumprir sua parte na contenção da crise, precisarão da ajuda de todos os setores da vida nacional e, em muitos casos, de apoio maior ainda, também de fontes localizadas fora das fronteiras do país. Necessitarão de mais dinheiro. Será, porém, muito difícil conseguir mais dinheiro, uma vez que a participação do ensino na renda e nos orçamentos nacionais já alcançou um ponto que restringe suas possibilidades de conseguir somas adicionais. Precisarão daqueles recursos reais que o dinheiro pode comprar e especialmente de uma parcela mais substancial dos melhores recursos humanos nacionais, não apenas para levar avante a atual tarefa do ensino, mas para aumentar sua qualidade, eficiência e produtividade. Isto requererá edifícios, equipamentos e material de ensino de melhor qualidade e em maior quantidade. Em muitos lugares, haverá necessidade de alimentos para alunos famintos, a fim de que possam ter condições para aprender. Acima de tudo, precisarão de muitas coisas que o dinheiro não pode comprar — idéias e coragem, determinação e uma nova predisposição para a auto-avaliação, reforçada por um desejo de aventura e mudança. Isto significa que os administradores escolares, por sua vez, devem estar preparados para enfrentar o desafio quanto à validade de seus sistemas. Assim como um adulto não consegue vestir as roupas que lhe serviam quando criança, um sistema de ensino não pode também resistir com êxito a imposições de mudança, quando tudo está mudando em torno dele.

A educação e especialmente o ensino não são certamente um remédio para todos os males do mundo, tanto quanto não são responsáveis pelo surgimento destes males. Na melhor das hipóteses, o ensino tem a seu dispor tempo e recursos limitados para satisfazer a todas as expectativas que os indivíduos e a sociedade possuem com relação ao processo educacional. É um esperançoso ato de fé — fé em que o ensino está oferecendo aquilo que é melhor para o indivíduo e para a sociedade e não está desperdiçando os escassos recursos e o tempo de todos (este, o mais escasso de todos os recursos), ao fazer coisas que sejam erradas ou sem importância. A este respeito, seria interessante indagar se o sistema está sendo orientado por uma fé cega e dogmática ou se a fé é iluminada por uma análise racional, pela reflexão e pela imaginação.

Um sistema de ensino poderá perder a capacidade de observar-se com clareza quando se agarra a práticas convencionais simplesmente por serem tradicionais, escraviza-se a dogmas hereditários com o intuito de manter-se à tona num mar de incertezas e, enfim, confere ao folclore a dignidade de ciência e coloca a inércia no plano dos princípios fundamentais. Tal sistema será uma sátira ao próprio ensino. Os indivíduos autenticamente superdotados terão ainda possibilidade de emergir de um tal sistema; mas não serão produtos dele e simplesmente sobreviverão a ele. Acima de tudo, do ponto de vista da sociedade, os recursos investidos em tal sistema estarão sendo malbaratados, porque uma elevada proporção de estudantes ficará mal preparada para servir a si mesma ou à sociedade.

Por outro lado, qualquer sociedade, por mais limitados que sejam seus meios, investirá criteriosamente se o sistema de ensino em questão tiver a coragem de observar o mandamento socrático: "Conhece-te a ti mesmo". Investirá criteriosamente se o sistema for objetivo no julgamento de seu próprio desempenho, se incessantemente examinar o testemunho vivo oferecido por seus próprios ex-alunos, de modo a estabelecer o que foi feito razoavelmente bem, o que foi mal feito e o que não foi feito, e se depois procurar corrigir-se à luz daquele testemunho. Os administradores de um tal sistema autoconsciente conseguem captar e combater os erros antes que eles se transformem em hábitos arraigados, capazes de resistir aos mais robustos ataques que mais tarde venham a ser desferidos.

Na situação presente, o próprio professorado, visto no seu conjunto, não demonstra grande propensão para a prática da autocrítica. Os professores também não procuram oportunidades de inovações que os ajudem a alcançarem melhores resultados nas salas de aula, onde estão sujeitos a tantas perturbações que pouco tempo têm para pensar. Com efeito, a crise mundial da educação está transpassada de ironia. Enquanto a crise ocorreu em meio a uma virtual explosão de conhecimentos, a educação — a principal criadora e transmissora de conhecimentos — tem falhado de modo geral na aplicação a sua própria vida interna das funções de pesquisa que exerce na sociedade. O ensino não foi capaz de infundir no professorado, para uso nas salas de aula, os novos conhecimentos e métodos, tão necessários para a correção do desajustamento entre o desempenho e as necessidades da educação. Coloca-se, assim, em uma posição ambígua. Exorta todos os demais a mudarem seu modo de agir, mas parece teimosamente resistente à inovação em seus próprios assuntos.

Por que esta resistência à mudança?

Não é por serem os professores mais conservadores que as outras pessoas. Houve uma época em que os fazendeiros, mesmo nos países mais adiantados, resistiam às inovações na agricultura; a forma como mudaram de ponto de vista poderá constituir uma analogia e uma moral para a educação. A agricultura como o ensino é uma vasta "indústria" de muitas "firmas" pequenas e dispersas, cada uma com seu próprio poder de decisão e ação. Assim como o ensino, ela carecia de métodos científicos para a análise de seus assuntos e de pesquisa científica para o aperfeiçoamento de suas práticas, eficiência e resultados. As pequenas fazendas dispersas, como as escolas, simplesmente não dispunham de meios para realizar suas próprias investigações científicas, desafiar as práticas tradicionais e criar outras novas e melhores. Assim, as práticas tradicionais tendiam a perpetuar-se como doutrinas sagradas e, por medida de segurança, eram adotadas de uma geração a outra.

Um dia, porém, os governos e as universidades passaram a organizar, em larga escala, para benefício de fazendeiros dispersos, pesquisas e projetos de desenvolvimento agrícola, completados por eficientes serviços de informação e assistência, que transmitiam os resultados de pesquisas comprovadamente vantajosos. Somente então os fazendeiros conseguiram libertar-se dos métodos tradicionais.

Enquanto este processo (com algumas exceções) se desenvolveu somente no contexto agrícola dos países mais adiantados, nada semelhante ocorreu ainda no setor da educação, mesmo nos países mais ricos. De modo geral, a tecnologia da educação surpreendentemente conseguiu alcançar poucos progressos além da fase do artesanato, enquanto a tecnologia e a produtividade de muitos outros setores da atividade humana, como a medicina, os transportes, a mineração, as comunicações e a indústria, deram largos passos. Talvez isto não deva surpreender tanto, uma vez que a educação é, sem dúvida, um dos mais complexos de todos os empreendimentos humanos. Educar uma nação e manter o sistema educacional desta nação ajustado a sua época parece ser muitas vezes mais difícil do que enviar um homem à Lua.

Já salientamos que, além da escassez de recursos e da inércia dos sistemas de ensino, a própria sociedade é causadora do atual desajustamento entre suas necessidades e como se apresenta o seu ensino. Este ponto exige maiores explicações.

Quando uma sociedade decide — como muitas o fizeram ultimamente — transformar seu sistema de ensino "elitista" em um sistema destinado à massa da população e quando, além disto, resolve usar o sistema como instrumento para o desenvolvimento nacional, passa a enfrentar muitos problemas novos. Um deles consiste em que embora muito mais pessoas desejem mais ensino, elas não querem necessariamente a *espécie* de ensino que, nas novas circunstâncias, seria a mais favorável para servir tanto aos melhores interesses futuros destas pessoas, quanto aos melhores interesses do desenvolvimento nacional. A maioria dos estudantes espera naturalmente que o ensino os ajude a conseguir um bom emprego na sociedade em desenvolvimento. Mas as preferências de trabalho são muitas vezes ditadas por uma hierarquia de prestígio das ocupações, oriunda do passado, e que já não se ajusta à nova hierarquia de requisitos de mão-de-obra exigidos pelo crescimento econômico. Quando a estrutura de incentivos e a demanda de empregos no mercado de trabalho refletem também a velha hierarquia de prestígio, acontece um sério desajuste entre as necessidades de mão-de-obra do país e a real demanda de mão-de-obra. Tal desajuste é em geral sinal de que a nação não está utilizando a mão-de-obra preparada e disponível da forma que mais convém ao desenvolvimento. Assim, o estudante ao escolher um ramo de ensino e o sistema educacional ao procurar mudar o fluxo de estudantes de maneira a atender aos reclamos do desenvolvimento nacional, são ambos colhidos por tensões cruzadas entre os objetivos do desenvolvimento estabelecidos para a sociedade e os padrões sociais de prestígio e incentivos que atuam no sentido contrário ao desenvolvimento. Em sentido mais amplo, portanto, a crise a que nos referimos não é simplesmente uma crise da educação, mas sim uma crise que abrange a sociedade na sua totalidade e também a economia.

Com este quadro de referência, podemos, neste ponto, voltar ao enunciado dos objetivos deste livro, tal como aparecem no Prefácio. O primeiro objetivo é o de reunir para análise os fatos significativos da crise mundial da educação, tornar explícitas suas tendências inerentes e sugerir alguns dos possíveis elementos da estratégia para enfrentar a crise. O segundo objetivo é apresentar um método para o exame do sistema de ensino, não de maneira fragmentária, mas *como* um sistema — um sistema com partes em interação que produzem seus próprios "indicadores" para estabelecer se a interação está indo bem ou mal.

As Figuras 1 e 2, que se seguem, formam um modelo conceptual para a aplicação da "análise de sistemas" a um sistema de ensino. Em contraposição ao significado que a expressão "análise de sistemas" tem em outros contextos, precisa desde logo ficar entendido que seu uso aqui não pressupõe o tratamento matemático de todos os aspectos em questão; funciona mais como uma ampla lente focalizada em um organismo de forma que este possa ser visto em sua inteireza, incluindo as relações entre suas partes e entre o organismo e seu meio.

Uma "análise de sistemas" de ensino assemelha-se, em alguns aspectos, àquilo que faz o médico quando examina o mais complicado e admirável de todos os sistemas — o ser humano. Nunca será possível, nem necessário, que o médico possua um conhecimento completo de todos os pormenores do sistema do ser humano e de seus processos funcionais. A estratégia do diagnóstico consiste em concentrar-se em relações a indicadores críticos, especialmente selecionados, inerentes ao sistema e entre o sistema e seu próprio ambiente. O médico, por exemplo, preocupa-se principalmente com as correlações entre indicadores críticos tais como batidas do coração, pressão sangüínea, peso, altura, idade, regime alimentar, hábitos de sono, dosagem de açúcar na urina, glóbulos brancos e vermelhos. Partindo destes indicadores, ele avalia como o sistema está funcionando e prescreve o que pode ser necessário para fazê-lo funcionar melhor.

O que o médico faz ao analisar o corpo humano, o administrador moderno realiza em sua "análise de sistemas" das operações e do planejamento nos mais variados campos, desde a loja de departamentos até as organizações militares. Os "indicadores" variam de um caso para outro, mas a estratégia permanece basicamente a mesma. Por extenso, isto é válido também para a análise de sistemas aplicada a um sistema educacional.

Não há incompatibilidade entre examinar um sistema educacional desta maneira e o ponto de vista consagrado de que a educação, embora um meio para muitos fins, é em primeiro lugar, e acima de tudo, um fim em si mesma. Não nos interessa discutir neste momento tal posição; importa agora examinar o *processo* organizado pelo qual a sociedade busca a educação e indagar se esse processo e seus resultados podem tornar-se mais relevantes, eficientes e eficazes dentro do contexto de cada sociedade.

O uso que fazemos da expressão "sistema educacional" compreende não apenas os vários níveis e tipos de ensino formal (primário, secundário, pós-secundário, geral e especializado), mas também todos os programas e processos sistemáticos de educação e ensino que acontecem fora do ensino formal. Referimo-nos, por exemplo, a treinamento de operários e agricultores, alfabetização funcional, treinamento em serviço, extensão universitária (ensino *extra-muros*), cursos de atualização profissional e programas especiais para a juventude. No seu conjunto, as atividades de educação formal e informal compreendem o esforço total organizado de um país, independentemente de como tais atividades sejam financiadas ou administradas.

É evidente que além destes amplos limites existem milhares de outros assuntos que, caso consideremos a aprendizagem em seu sentido lato, são também de natureza educativa e muitas vezes de modo bastante profundo. Incluem-se nesta categoria alguns aspectos tão comuns quanto o ar que respiramos — livros, jornais e revistas, cinema, rádio, televisão e acima de tudo a aprendizagem processada diariamente nos lares.

Neste livro, contudo, limitaremos nossa atenção àquelas atividades conscientemente organizadas com o propósito expresso de alcançar certos objetivos preestabelecidos de educação e ensino *.

Um sistema de ensino, tomado *como* um sistema, obviamente difere bastante do corpo humano — ou de uma loja de departamentos — naquilo que faz, como o faz, e nas razões por que o faz. Tem, contudo, em comum com todos os outros empreendimentos de produção, um conjunto de entradas (*inputs*) que são submetidas a um *processo* destinado a alcançar certas saídas (*outputs*) que devem levar à satisfação dos *objetivos* do sistema. Estes elementos formam um todo orgânico, dinâmico. Para avaliar a saúde de um sistema de ensino de maneira a poder melhorar seu desempenho e com inteligência planejar seu futuro, será necessário examinar de maneira unificada as relações entre seus componentes críticos.

* O Autor, no original inglês, emprega sempre a expressão *educational system*; mas ele próprio estabelece distinções entre *formal education*, *non-formal education* e outros tipos de educação e ensino que nos levaram a restringir o uso da tradução literal da expressão *educational system*, uma vez que em nossa língua, "sistema educacional" ou "sistema de educação" seriam expressões amplas demais. Assim, sempre que o Autor estuda e apresenta assuntos ligados ao ensino e à aprendizagem formais, processadas através de uma estrutura escolar, *educational system* vem traduzido por "sistema de ensino", expressão constantemente empregada nesse sentido, em documentos oficiais brasileiros. A tradução literal "sistema educacional" foi seguida quando a expressão se refere a um sistema mais amplo de educação que a especificamente oferecida por um sistema de ensino, como aqui o termo é entendido. (N. do E.)

Este não é, contudo, o modo usual de se considerar um sistema de ensino. Chamamo-lo de sistema, mas não o tratamos como tal. Os assuntos são tratados item por item, como num rol de lavanderia e cada um deles é tomado e examinado como uma unidade independente. O roteiro diário do atarefado administrador escolar é tipicamente uma mistura de "itens a resolver"; ele passa de um para outro tão rapidamente quanto pode, tendo pouco tempo para refletir sobre o modo como os assuntos se ajustam ou se contrariam entre si, ou com os de ontem e os de amanhã.

A Figura 1 — usando poucas palavras para explicá-la — apresenta um diagrama simplificado que mostra alguns dos mais importantes componentes internos de um sistema de ensino. Os dois exemplos seguintes ilustram a forma como eles se mantêm em interação.

Suponhamos que se tenha tomado a decisão de alterar, de alguma forma, os objetivos ou prioridades do sistema — por exemplo —, a decisão de diversificar o ensino secundário de modo a estabelecer uma trilha para o ensino superior e novos programas "terminais" orientados para o trabalho. A execução desta decisão pode requerer mudanças de longo alcance na estrutura acadêmica do ensino, nos currículos e métodos de ensino, nas instalações e equipamentos, na distribuição de professores e no fluxo de estudantes. Em uma palavra, cada um dos componentes do sistema será substancialmente afetado por tal mudança.

Do mesmo modo, sem qualquer mudança que atinja os objetivos básicos ou as prioridades, uma inovação significativa no currículo, tal como a adoção da "matemática moderna" em lugar da matemática tradicional, poderá determinar alterações profundas dos métodos de ensino e aprendizagem, que por sua vez provocarão mudanças nos horários de aula, nas instalações materiais e equipamentos e no número e quantidade dos professores necessários. Assim, esta reação em cadeia poderá ter consideráveis conseqüências nas necessidades de entrada do sistema e na qualidade de suas saídas.

Contudo, a Figura 1 não mostra tudo o que precisa ser examinado numa análise de sistemas. A figura trata unicamente dos componentes internos do sistema, sem levar em consideração o ambiente. Entretanto, como é a sociedade que proporciona ao sistema de ensino os meios de que necessita para poder funcionar — e o sistema de ensino, por sua vez, precisa oferecer contribuições vitais para a sociedade — outros elementos deverão ser acrescentados ao quadro da análise de sistemas. As entradas e saídas do ensino precisam ser examinadas em seus relacionamentos externos com a sociedade, pois estes poderão revelar não apenas as restrições de recursos que limitam o sistema, mas também os fatores que, em última análise, determinam a produtividade que possa oferecer à sociedade. Assim, a Figura 2 mostra os componentes múltiplos das entradas proporcionadas pela sociedade ao sistema educacional, seguidos das múltiplas saídas do sistema que fluem para a sociedade, sobre a qual produzem os mais diversos impactos.

A fim de esclarecer como as coisas acontecem, suponhamos que um sistema de ensino precise aumentar sua produção de cientistas e tecnólogos. Para tanto, ele necessita de mais professores especializados; estes, porém, existem em quantidades insuficientes, uma vez que o sistema os produz em proporções menores do que as reclamadas pelo mercado de trabalho. Para aumentar a produção, a educação precisa receber como entrada uma quantidade suficiente de tais pessoas retiradas de sua própria saída, já limitada. Mas, para conseguir seu intento, a educação precisa ser capaz de oferecer vantagens que superem as dos competidores no mercado de trabalho. Tal situação poderá exigir uma considerável modificação na política salarial relativa ao magistério.

As Figuras 1 e 2 suscitam muitas questões que serão tratadas mais adiante e que se referem a assuntos tais como o significado da "administração", a natureza da "tecnologia" da educação, o significado de "eficiência" e "qualidade", e dúvidas a respeito da precisão das entradas de recursos como indicadores da qualidade das saídas educacionais. Referem-se igualmente à necessidade de definir a diferença entre as

Fig. 1. Os Principais Componentes de um Sistema de Ensino

PROCESSO DE ENSINO

ntradas de ecursos

1. ***Objetivos e propriedades***
para orientação das atividades do sistema

2. ***Estudantes***
cuja aprendizagem é o principal objetivo do sistema

3. ***Administração***
para coordenação, direção e avaliação do sistema

4. ***Estrutura e horários***
para distribuição do tempo e do fluxo de estudantes pelos vários objetivos

5. ***Conteúdo***
a essência daquilo que os estudantes precisam aprender

6. ***Professores***
para ajudarem na aquisição de conteúdo e orientarem o processo de aprendizagem

7. ***Material didático***
livros, quadro-negro, mapas, filmes, laboratórios etc.

8. ***Instalações***
para abrigarem o processo

9. ***Tecnologia***
todas as técnicas usadas na realização do trabalho do sistema

10. ***Controles de qualidade***
normas de admissão, notas, exames, "padrões"

11. ***Pesquisa***
para aperfeiçoar o conhecimento e o desempenho do sistema

12. ***Custos***
indicadores da eficiência do sistema

Saídas de Ensino

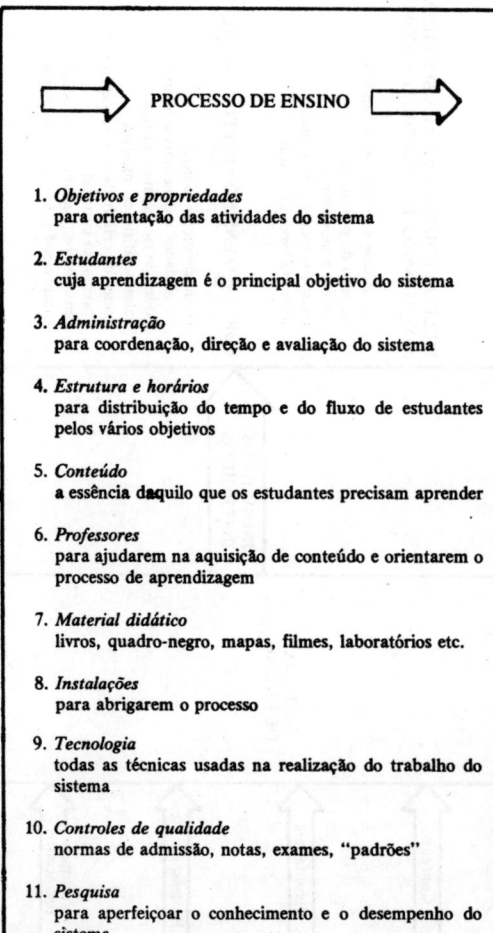

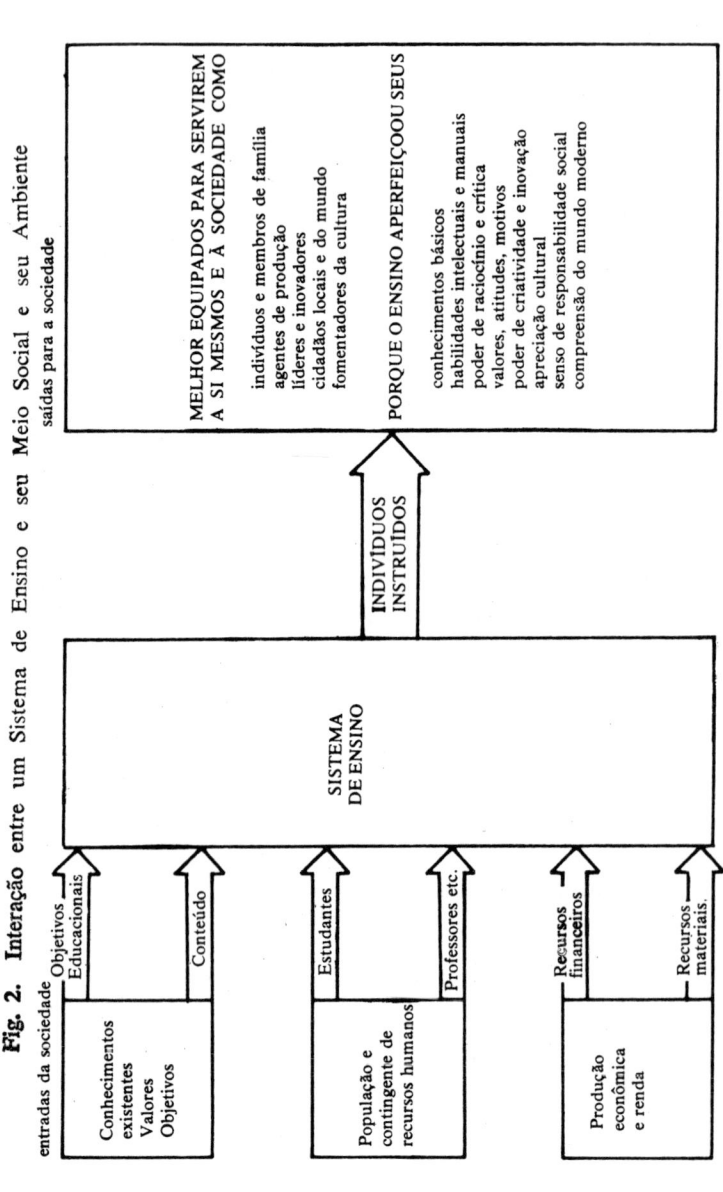

Fig. 2. Interação entre um Sistema de Ensino e seu Meio Social e seu Ambiente

maneiras interna e externa de avaliar a qualidade e a produtividade do desempenho de um sistema educacional, bem como a necessidade de indicar como estas diferentes perspectivas poderão conduzir a avaliações diferentes. Refere-se, ainda, à necessidade de identificar aqueles indicadores que sejam relevantes e fidedignos para avaliação do desempenho de um sistema educacional, tanto do lado da entrada quanto da saída.

Embora estes assuntos devam ser discutidos mais adiante, cabe aqui estabelecer um relacionamento mais nítido entre as duas figuras — a primeira, que trata dos aspectos internos de um sistema de ensino e a segunda, que mostra suas vinculações externas. Podemos resumir este relacionamento nos seguintes termos: em primeiro lugar, quando as condições externas provocam alterações nas entradas que vão para o sistema — como quando a escassez de recursos humanos e uma desfavorável estrutura de salários resultam em falta de professores — o efeito dentro do sistema poderá ser uma queda da quantidade e qualidade das saídas. Por outro lado, é admissível que a limitação da entrada possa provocar uma mudança na "tecnologia" e na utilização de recursos, com o propósito deliberado de impedir o declínio quantitativo e qualitativo das saídas. A análise de sistemas demonstra, assim, *não haver necessidade de padrões rígidos de respostas internas* aos quais o sistema educacional tenha de se apegar para enfrentar as limitações do ambiente. Amparado por esta análise, o sistema fica em condições de escolher sua resposta e a escolha que realmente fizer poderá ter uma influência considerável na quantidade e qualidade da sua saída, bem como em sua eficiência interna e produtividade externa.

A Figura 3 acrescenta uma dimensão internacional à análise de sistemas. Ela pressupõe que o país X foi analisado à luz das Figuras 1 e 2 reunidas. Acrescenta, porém, à análise as entradas de componentes importados, sob diferentes formas, de vários países estrangeiros, que passam a participar do processo do sistema educacional do país X, como professores ou estudantes estrangeiros, equipamento ou material didático importado, novos métodos de ensi-

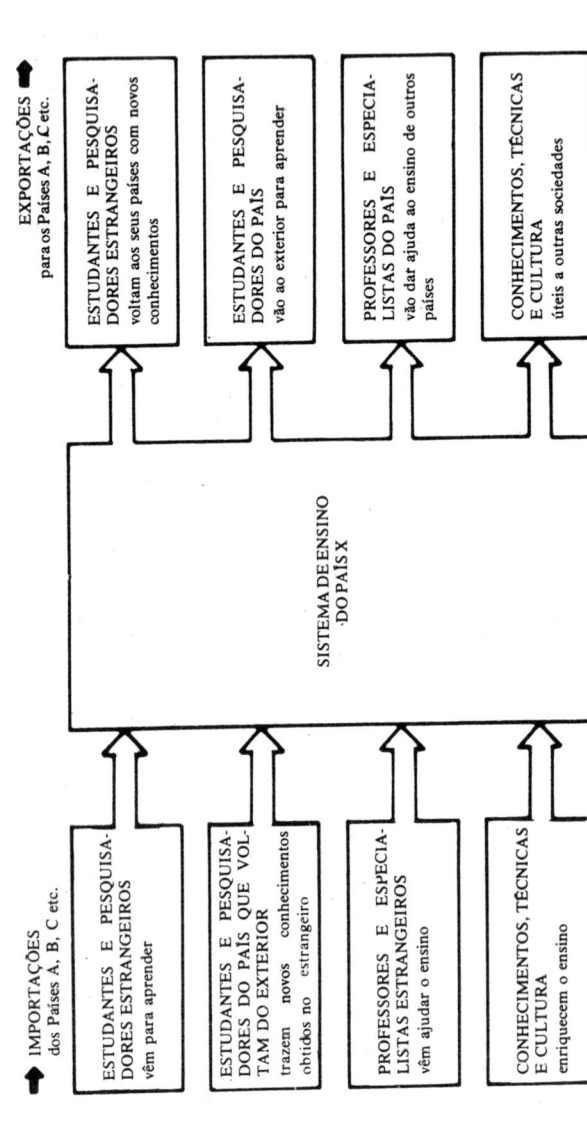

Fig. 3. A Interdependência dos Sistemas de Ensino do Mundo

no criados no exterior. Da mesma forma, a figura indica as saídas do sistema educacional do país X (professores, alunos, novas idéias de currículo etc.) que são exportados para se tornarem entradas em sistemas de ensino estrangeiros, completando o circuito de trocas educacionais entre países.

No que se refere à análise de sistemas, isto basta por enquanto. Os modelos esboçados acima proporcionarão o quadro de referência analítico em que este livro se apoiará. Dentro deste quadro de referência, examinaremos em maior profundidade os vários elementos e relações até aqui mencionados esquematicamente.

Teremos ainda de dizer algumas palavras de advertência sobre o material que apresentaremos nas páginas seguintes. Não pretendemos — nem poderíamos pretender — que o material dê uma visão completa da realidade. Temos plena consciência da fragilidade dos dados e instrumentos de que pudemos dispor para o exame e a comparação dos sistemas de ensino. Por uma série de razões do conhecimento dos estatísticos educacionais experientes, os números oficiais sobre assuntos como matrículas, taxas de evasão e reprovação, gastos e custos unitários devem ser considerados (especialmente nos países em desenvolvimento) com certa reserva. Não podemos culpar ninguém em particular — simplesmente "a situação é esta". Falando francamente, enquanto trabalhávamos neste livro, muitas vezes nos ocorreu a idéia de que se os sistemas financeiros mundiais fossem forçados a guiarem suas decisões tomando como base fatos da mesma qualidade daqueles que orientam os sistemas educacionais, as capitais do mundo seriam rapidamente tomadas de um pânico financeiro. A matéria-prima que conseguimos obter é formada de fragmentos de dados recentes ou atuais, algumas experiências informais de pessoas ligadas à educação, bem como de suas observações pessoais. Batemos também às portas de muitas outras fontes. Mas em especial recorremos muitíssimo aos dados da Unesco, bem como às pesquisas de campo realizadas pelo International Institute for Educational Planning.

Poderá ser vulnerável de ambos os lados um tal mosaico de generalizações, composto de tantas fontes diferentes. Primeiro à medida que os anos passam e revelam aquilo que os dias atuais escondem, há possibilidade de se descobrir que as generalizações estão bem longe da verdade. Segundo, nenhuma generalização tem a capacidade de abranger todos os aspectos excepcionais de casos especiais. Contudo, tendo de escolher entre o que seria melhor, abandonar qualquer tentativa de análise racional em planejamento, confiando o futuro ao jogo do acaso ou avançar para o futuro com alguma espécie de mapa racionalmente concebido, escolhemos esta última alternativa.

Fizemos também uma outra escolha.

Uma vez que boa parte do material aqui apresentado conduz a um quadro não muito cor-de-rosa do futuro, este livro poderia ser erroneamente tomado como um grito de desesperança e um apelo à resignação estóica em face do inevitável. Contudo, aceitamos o risco de sermos mal compreendidos, uma vez que a outra posição seria ainda pior — corromper a integridade das palavras, afirmando, em oposição à realidade, que tudo vai bem nos sistemas de ensino do mundo todo. A propósito, no próprio ato de apresentarmos o material que aparecerá nas páginas seguintes, colocamo-nos entre os otimistas, não por um preconceito do coração, mas sim devido a uma convicção da razão. Acreditamos firmemente que a crise mundial da educação poderá ser vencida sob uma condição: Que os povos interessados diagnostiquem honesta e sistematicamente seus problemas educacionais e planejem seu futuro educacional à luz do que descobrirem em seu autodiagnóstico. Se realmente fizerem isto e, especialmente, se os países agirem em cooperação, esta ação gerará as energias nacionais e a força de vontade necessárias para enfrentar os fatos tratados nas páginas que se seguem.

2. AS ENTRADAS DOS SISTEMAS DE ENSINO

Os estudantes vistos como entradas

CRESCIMENTO RÁPIDO DAS DEMANDAS SOCIAIS DE ENSINO. CRESCIMENTO DAS MATRÍCULAS E TAXAS DE PARTICIPAÇÃO. DESCOMPASSO ENTRE A DEMANDA SOCIAL E A CAPACIDADE DO SISTEMA DE ENSINO. O DESAJUSTE DAS TAXAS DE CRESCIMENTO ENTRAVA O DESENVOLVIMENTO NACIONAL. IMPACTO DA "EXPLOSÃO" POPULACIONAL NOS PAÍSES EM DESENVOLVIMENTO. ESTRATÉGIAS OPTATIVAS PARA ENFRENTAR AS DEFICIÊNCIAS DO SISTEMA DE ENSINO.

Começamos pelos alunos por serem eles as entradas primordiais de qualquer sistema de ensino. Seu aperfeiçoamento é o objetivo primordial do sistema, suas atitudes afetam enormemente o processo, e no final são eles a saída principal do sistema.

Quando mandamos as crianças à escola, esperamos que a experiência produza uma diferença desejável na vida delas. É claro que essas crianças são também moldadas por suas famílias, por seus amigos, pela igreja e por outras forças do ambiente, cada qual à sua maneira. Mas esperamos que a escola lhes dê algo que não podem obter alhures. Entre outras coisas, esperamos que a escola propicie às crianças os meios para levarem uma vida mais plena e satisfatória e para usufruírem o aspecto "humanístico" da educação como um fim em si mesmo. Tudo isto abrange a chamada dimensão "de consumo" do ensino. Também esperamos que a escola propicie às crianças os meios para se tornarem melhores cidadãos, para conseguirem empregos melhores, e contribuírem de maneira mais efetiva para o bem-estar social — isto compreende a chamada dimensão "de investimento" da educação. As duas dimensões não são mutuamente exclusivas.

O número de estudantes que procuram entrar para a escola, ou que procuram nela permanecer para prosseguir estudando, reflete a *demanda social* de ensino. Isto não apresenta o mesmo significado dos *requisitos de mão-de-obra* ligados ao desenvolvimento econômico e social. Os dois aspectos podem manter interação, mas se comportam com bastante independência. A demanda social do ensino, por razões que serão expostas em seguida, costuma crescer mais depressa que os requisitos de mão-de-obra, o que em algumas ocasiões leva ao "desemprego de diplomados".

Aqui vamos, num primeiro momento, considerar os estudantes como entradas do sistema de ensino, deixando para mais tarde o exame do ponto de vista da saída. Perguntamos, então: que forças explicam o recente crescimento explosivo na demanda social de educação? Os sistemas escolares têm sido capazes de atender a esta demanda? Em caso negativo, como têm enfrentado o conseqüente descompasso entre a oferta e a procura? Olhando para o futuro, o que é razoável esperar que aconteça com a tendência de demanda social e por que razões?

Há três razões principais para que a demanda social de ensino venha crescendo rapidamente desde o fim da Segunda Guerra Mundial. A primeira são as crescentes aspirações educacionais de pais e filhos. A segunda é a importância dada pelo poder público em quase todos os lugares do mundo ao desenvolvimento da educação como condição prévia do desenvolvimento nacional global, e a importância paralela dada ao imperativo democrático de maiores "taxas de participação na educação" — isso significa o envio de maior proporção de cada grupo de idade à escola, e por maior número de anos. A terceira razão é a explosão populacional que vem atuando como um multiplicador quantitativo da demanda social.

A interação destas três forças desde 1950 responde pelo fenômeno que é retratado pela Figura 4. As matrículas nas escolas primárias de todo o mundo cresceram mais de 50 por cento e nas escolas secundárias e superiores, mais de 100 por cento. Como os países em desenvolvimento partiram de uma base mais estreita, sua *porcentagem* de crescimento, especialmente no nível primário, foi muito maior que a dos países desenvolvidos. Em números absolutos, porém, os países desenvolvidos tiveram um crescimento muito maior na educação secundária e superior [1].

Os números globais de matrícula, que comparados com os de uma geração atrás mostram o dobro da proporção e do número das crianças do mundo de hoje expostas à escolarização formal, constituem a face iluminada do caso. Os números, porém, silenciam sobre o lado obscuro, uma vez que não revelam o imenso desperdício social e a tragédia humana representados pelos altos índices de evasão e reprovação e também escondem um grande número de dispendiosos "repetentes". E, mais importante ainda, os números nada dizem sobre a natureza, a qualidade e a utilidade do ensino recebido.

1. Ver Anexo 2.

Fig. 4. Crescimento Vertiginoso das Matrículas, Especialmente nas Regiões em Desenvolvimento

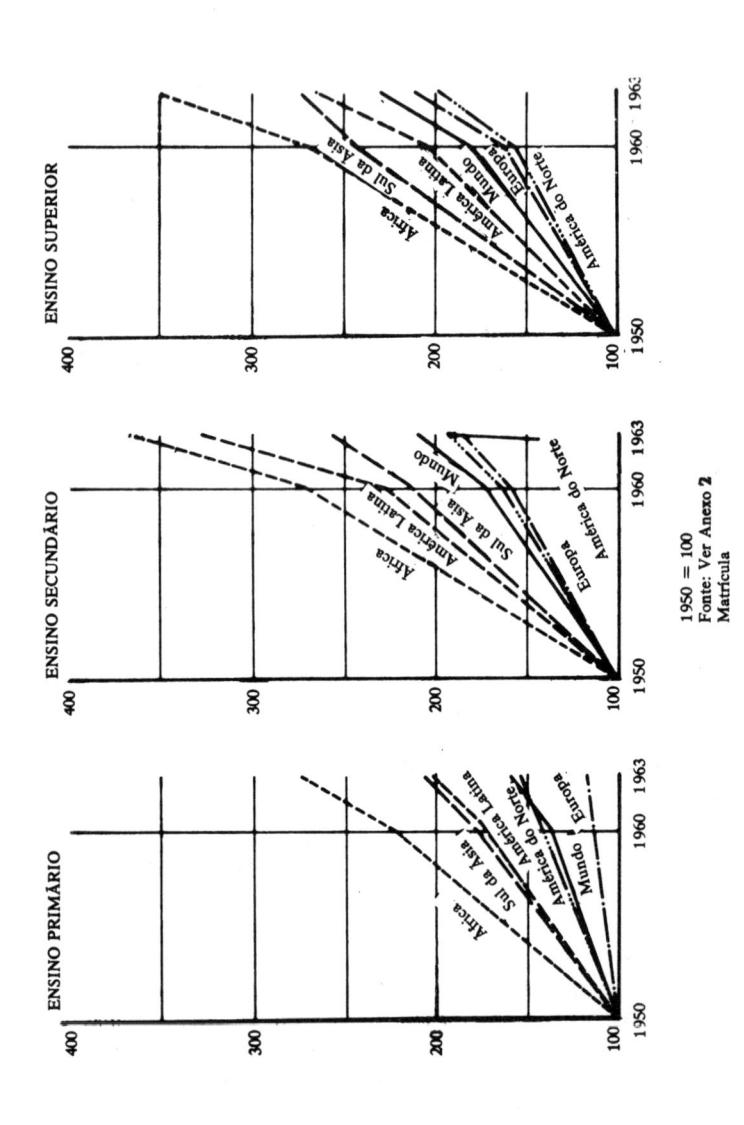

1950 = 100
Fonte: Ver Anexo **2**
Matrícula

Mais tarde voltaremos a tratar destes assuntos. O que precisa ficar registrado aqui é o duplo aspecto da crescente demanda de ensino. As curvas crescentes de matrículas refletem o efeito composto de uma expansão global do *tamanho absoluto* de cada grupo de idade, e um aumento da *porcentagem* de cada grupo de idade que participa do ensino nos diferentes níveis.

É verdade que, vistos retrospectivamente, muitos países apresentam um crescimento lento de seus índices de participação educacional. Nos últimos anos, contudo, a taxa de crescimento teve uma aceleração vertiginosa. Por quê? Uma razão crucial é que a demanda de ensino, alimentando-se de si mesma, cria sua própria dinâmica. Uma população que subitamente começa a obter mais ensino passa imediatamente a desejar ainda mais. Uma criança africana de pais analfabetos, que aprende a ler e contar na escola primária, deseja prosseguir na escola secundária e desta quererá passar para a universidade, caso isso esteja ao seu alcance. E mesmo que não consiga ir além da escola primária, insistirá para que *seus* filhos tenham melhor sorte. Desta forma, a demanda social de ensino é inexoravelmente complexa sem levar em consideração o que esteja acontecendo com a economia e quais os recursos disponíveis para o ensino. Este fenômeno não é específico dos países em desenvolvimento; manifestou-se de maneira marcante, durante os anos de pós-guerra, na Europa Ocidental e na América do Norte, no nível secundário e especialmente no nível superior.

Quais as implicações no futuro, determinadas pela tendência do ensino em gerar sua própria demanda? A história do ensino nos Estados Unidos e na União Soviética poderá oferecer uma idéia daquilo que está por acontecer nos demais países industrializados. Nos Estados Unidos, a população cresceu duas vezes e meia de 1900 até hoje. Só isto já seria suficiente para impulsionar as matrículas, mesmo que as taxas de participação tivessem permanecido constantes. Mas a demanda pública de educação, se não existissem outros fatores, não permitiria que as taxas permanecessem estacionárias. A proporção de matrículas na escola secundária, em relação à faixa etária, saltou de 12 por cento em 1900 para 90 por cento em 1967, enquanto, no mesmo período, as matrículas no ensino superior, relativamente ao grupo de idade correspondente, passaram de 4 para 44 por cento. A Figura 5 mostra o que isto, aliado ao surto de nascimentos

Fig. 5. Efeito do Surto de Nascimento do Período de Pós--Guerra. E das Crescentes Taxas de Participação, nas Matrículas das Escolas Superiores e Universidades dos Estados Unidos, 1939-1965

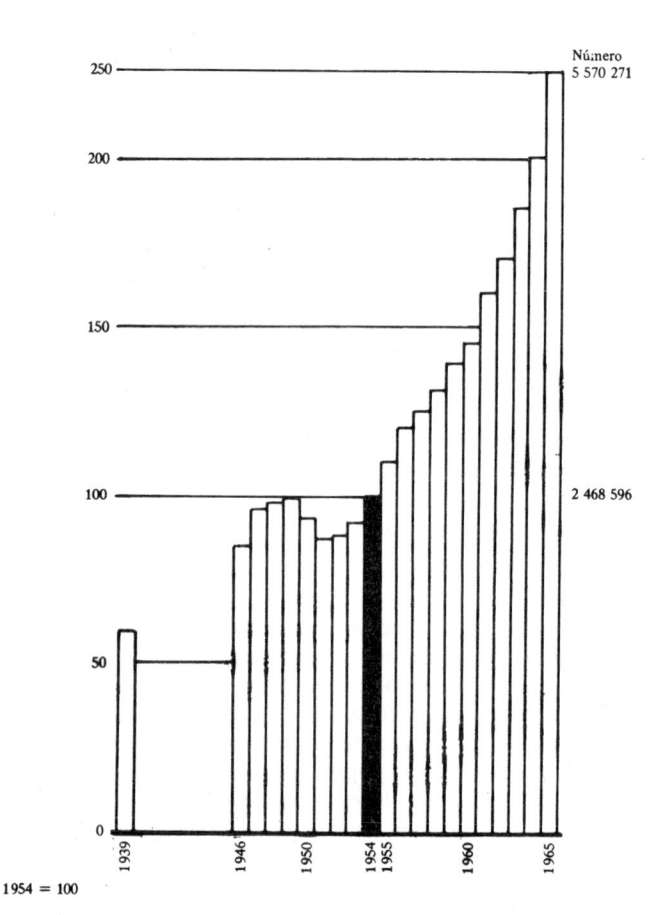

1954 = 100

Fonte: U.S. DEPARTMENT OF HEALTH, Education and Welfare, *Digest of educational Statistics*, Washington, D.C., Office of Education, 1965 and 1966.

do período de pós-guerra, tem significado para as matrículas no ensino superior dos Estados Unidos. O total de matrículas em todos os níveis de ensino já ultrapassa 57 milhões — bem mais que um quarto de toda a população. Assim os Estados Unidos tornaram-se uma "sociedade instruída" consistindo o ensino sua maior indústria [2].

Em 1967, a União Soviética, ao comemorar o qüinquagésimo aniversário da Revolução de Outubro, possuía boas razões para festejar suas conquistas no campo educacional. Partindo, em 1914, de um sistema de ensino verticalmente desenvolvido, mas estreito, a União Soviética mais que triplicou, em 1966, o número de estudantes primários e secundários por 10 000 habitantes, enquanto no ensino superior esta mesma proporção foi multiplicada por mais de 21 vezes, tudo concomitantemente a um substancial aumento da população [3].

A partir da Segunda Guerra Mundial, os países da Europa Ocidental também se movimentaram na mesma direção. Embora os números da Tabela 1, referentes aos diferentes países não possam ser comparados inteiramente, mostram em cada um dos casos um aumento substancial das taxas de participação.

Em virtude da relação vital entre educação e crescimento econômico, vale a pena inserir aqui um aspecto analisado sob dois ângulos. De um lado, os países industrializados da Europa alcançaram muito de seu atual crescimento econômico com índices muito baixos de participação no ensino, acima do nível primário. Contudo, levaram muito tempo para chegarem à situação econômica atual. Por outro lado, há motivos para acreditar que os maiores índices de participação dos Estados Unidos, da União Soviética e do Japão, em etapas relativamente mais iniciais de seu desenvolvimento, pagaram dividendos substanciais na promoção de seus altos níveis atuais de avanço econômico e tecnológico [4]. Elementos participantes dos

---

2. Ver Anexo 3.
3. K. NOZHKO, *et al.*, *Educational Planning in the USSR*, inclusive o relatório de uma missão do IIEP à URSS, sob chefia de R. Poignant (Paris, Unesco/IIEP, 1968); ver também o Anexo 4.
4. Ver, por exemplo, E. F. DENISON, "Measuring the Contribution of Education (and the Residual) to Economic Growth" em

TABELA 1. Crescimento das Taxas de Participação no Ensino em Países da Europa Ocidental

Nível de ensino	Proporção de matrículas em porcentagens	
	1950	1963
Secundário		
Grécia	35	47
Irlanda	34	50
Itália	29	63
Holanda	62	111[a]
Portugal	11	39
Espanha	17	31
Áustria (15-19 anos)	22	36,7[b]
Suécia (16-18 anos)	25	44[b]
Superior		
Áustria (20-24 anos)	1,9	5,6[b]
(25 e 26 anos)	0,8	1,7[b]
França (1.º ano do ensino superior)	5,0	13,8[c]
República Federal da Alemanha (1.º ano do ensino superior)	4,2[d]	5,8
Suécia (19-24 anos)	10	21[b]

Fontes: UNESCO, *Statistical Yearbook, 1965* (Paris, 1966); R. POIGNANT, *L'Enseignement dans les pays du Marché commun* (Paris, Institut pédagogique national, 1965); OECD, *Educational Planning and Economic Growth in Austria, 1965-1975* (Paris, Directorate for Scientific Affairs, 1968); OECD, *Educational Policy and Planning. Sweden* (Paris, Directorate for Scientific Affairs, 1967).

a. Inclui estudantes mais jovens e/ou mais velhos que o "grupo de idade" em que foi baseada a proporção de matrícula.
b. Números de 1965.
c. Números de 1964.
d. Números de 1957.

mais recentes debates sobre o "atraso tecnológico" e o "atraso administrativo" da Europa Ocidental com relação aos Estados Unidos, apontaram o atraso do ensino europeu, como uma das causas fundamentais desses dois tipos de atraso [5].

Quanto aos países em desenvolvimento da Ásia, América Latina e África, têm sido ultimamente leva-

The Residual Factor and Economic Growth (Paris, OECD, 1964); T. H. SCHULTZ, *Education and Economic Growth* (Chicago, University of Chicago Press, 1961); Th. W. SCHULTZ, *The Economic Value of Education* (Nova York e Londres, Columbia University Press, 1964); S. STRUMILIN, "The Economics of Education in the USSR" em *International Social Science Journal*, Paris, Unesco, XIV, n. 4 (1962).

5. Ver, por exemplo, J. J. SERVAN-SCHREIBER, *Le Défi américain* (Paris, Denoel, 1967); e OECD, *The Over-all Level and Structure of Research and Development Efforts in OECD Member Countries* (Paris, OECD, 1967).

dos a acompanhar firmemente a trajetória educacional dos países adiantados devido a motivos relacionados com o crescimento econômico e a eqüidade social. Para eles, o crescimento dos índices de participação têm constituído um assunto de alta prioridade e os resultados de seus esforços podem ser observados na Tabela 2, a partir de 1950. (Os números devem ser tomados apenas como indicadores, pois as estatísticas oficiais de matrículas dos países em desenvolvimento apresentam uma tendência para exagerar a realidade.)

O que até este ponto foi dito de maneira implícita pode agora ser declarado explicitamente. A relação crucial entre demanda social e capacidade de um sistema de ensino em satisfazer a essa demanda é um indicador-chave no diagnóstico de qualquer sistema de ensino. De seu lado, os líderes políticos não precisam recorrer às estatísticas para medir o desajustamento desta relação, pois o percebem intuitivamente pelos crescentes protestos que a cada dia enfrentam.

De acordo com o teste do indicador-chave que acabou de ser explicado, o quadro mundial do ensino apresenta a situação que passamos a expor. A despeito do notável crescimento das matrículas escolares depois de 1950, o crescimento não acompanhou o ritmo ainda mais rápido da demanda social de educação. A defasagem entre o desejo de educação e a admissão nas escolas é maior nos países em desenvolvimento, onde, mesmo agora, os índices de participação no ensino elementar estão freqüentemente abaixo de 50 por cento. Mas nestes países a defasagem é freqüentemente ainda maior, proporcionalmente, nos níveis secundário e superior, devido em parte à prioridade anteriormente dada à escola primária. Esta última prioridade já pôs em marcha a poderosa dinâmica pela qual a demanda educacional vem rapidamente alimentando-se de si mesma.

Todos os países em desenvolvimento enfrentam, assim, um grave problema, que jaz no bojo de sua crise educacional. O fato encorajador de que a população está entusiasticamente reclamando educação é contrabalançado pela ameaça de que graves conseqüências políticas e sociais podem surgir, caso a de-

TABELA 2. Índices Crescentes de Matrículas em uma Amostra de Países em Desenvolvimento

PAÍSES	NÍVEL PRIMÁRIO (porcentagem de alunos de 5 a 14 anos)			NÍVEL SECUNDÁRIO (porcentagem de alunos de 15 a 19 anos)		
	1950	1955	1960	1963		
	1950	1955	1960	1963	1950	1955	1960	1963

PAÍSES	1950	1955	1960	1963	1950	1955	1960	1963
África								
Camarões	25	37	57	79	0,7	2	5	8
Níger	1	2	4	7	0,1	0,2	0,5	0,8
Nigéria	16	27	35	31	1	2	5	6
Tunísia	18	26	44	57	9	11	15	20
Ásia								
Afeganistão[a]	3	4	5	9	0,5	0,7	1	3
Indonésia[b]	29	39	42	45	3	7	9	10
República da Coréia	53	54	60	69	20	36	32	38
Paquistão	16	19	22	25	15	15	16	22
América Latina								
Argentina	66	71	69	68	21	28	32	37
Bolívia	24	34	38	49	9	12	15	19
Brasil	28	33	45	50	10	12	18	25
Venezuela	40	44	70	72	6	11	27	34

Fonte: UNESCO, *Statistical Yearbook, 1965* (Paris, 1966), pp. 117-137.
a. Somente ensino público.
b. Exceto Irian Ocidental.

manda não for satisfeita. Como superar a grande e crescente defasagem entre a florescente aspiração do povo por mais ensino e a limitada capacidade do sistema de ensino para satisfazer a tal aspiração?

De uma forma menos aguda, mas ainda marcante, muitos dos países adiantados enfrentam o mesmo problema. Este ponto foi explicitamente declarado pelo Ministro da Educação da França, Sr. Christian Fouchet, em uma reunião em Caen, em fins de 1966, na qual eminentes professores de ciências criticavam impiedosamente as condições da educação francesa:

> Nenhum Ministro da Educação da França, nenhuma universidade francesa jamais tiveram que enfrentar tantos problemas quanto os senhores e eu. Não foi senão a partir de 1940, que se deu um aumento da população; até então, não houve uma real demanda de ensino ou qualquer revolução científica. Durante os últimos vinte anos, ao contrário, tem havido explosões em todos os setores [6].

A realidade do mesmo dilema tem sido expressa de diferentes maneiras por outros países industrialmente avançados. As universidades inglesas, por exemplo, foram forçadas por uma escassez de vagas nos anos recentes a recusar mais de um quarto dos candidatos qualificados que as procuraram. Entre 1955, as escolas secundárias e técnicas comerciais da Áustria recusaram admissão, a cerca de 2,7 a 22,2 por cento de candidatos qualificados [7]. No período letivo de 1966-67, 6 500 candidatos qualificados solicitaram admissão nas faculdades médicas da República Federal da Alemanha; e só havia 2 800 vagas. Em 1966, foi rejeitado cerca de um quarto dos aspirantes às universidades do Estado de Vitória, na Austrália [8]. Inúmeros outros exemplos poderiam ser apresentados relativos a países adiantados.

Há alguma razão para crer que esta alta do mercado do ensino irá declinar nos anos futuros? Ao contrário, os indícios sugerem que as forças do passa-

---

6. *Bulletin quotidien du Colloque de Caen* (nov. 1966).
7. Ver Anexo 5.
8. COMMITTEE ON HIGHER EDUCATION, *Higher Education; The Demand for Places in Higher Education. Appendix One to the Report of the Committee Appointed by the Prime Minister under the Chairmanship of Lord Robbins, 1961-63* (Londres, HMSO, 1964), Parte IV, p. 120; COMMONWEALTH OF AUSTRALIA, *Third Report of the Australian Universities Commission, Australian Universities 1964-69* (Canberra, Commonwealth Government Printer, 1966).

do próximo que explicam a crescente demanda social de ensino não só continuarão, mas poderão até aumentar de intensidade. Além disso, os indícios dizem que a intensidade das pressões humanas abrangidas por estas forças levará a um ponto de saturação no caso dos países em desenvolvimento — isto, por causa do índice de crescimento extraordinariamente alto de sua população jovem.

Este último ponto justifica um exame calmo e objetivo. Muitos países em desenvolvimento apresentam uma exagerada, mas compreensível, sensibilidade a quaisquer comentários que digam respeito ao seu extraordinário crescimento populacional. Qualquer comentário deste tipo soa a seus ouvidos como uma indesejável interferência externa nos aspectos mais íntimos de sua vida familiar. É importante, por isto, definir com precisão o que se tem em vista realmente. Não se trata de saber se estes países podem, em última análise, ter uma população maior, melhor educada e melhor alimentada que a atual. Muitos deles dispõem de recursos naturais básicos para manterem populações maiores, caso haja tempo suficiente para o desenvolvimento de tais recursos. Mas, o que está em jogo é a questão de prazos e de índices relativos de crescimento e isso é um dos aspectos de um outro problema mais amplo de *crescimento não-equilibrado* que afeta todo o processo de desenvolvimento nacional, como as seguintes proposições poderão sugerir:

> Se a população crescer mais depressa que a produção de alimentos, em cada ano haverá menor quantidade de comida disponível para cada pessoa.
>
> Se o sistema de ensino crescer mais depressa que o Produto Nacional Bruto, e se ele o fizer por certo número de anos, mais cedo ou mais tarde ele terá que atrasar seu crescimento até que a economia o alcance.
>
> Se o sistema de ensino produzir diplomados mais depressa que a economia tiver capacidade para lhes oferecer emprego, o desemprego aumentará, entre os diplomados.

Se a população infantil expandir-se mais depressa que a capacidade do sistema de ensino para absorvê-la e dar-lhe uma instrução decente, haverá ou uma taxa de participação mais baixa que a desejável ou escolas de má qualidade superlotadas.

Se todos estes índices críticos de crescimento — econômico, agrícola, demográfico, e educacional — tornarem-se gravemente desequilibrados, o processo de desenvolvimento da nação no seu conjunto, estará em dificuldades, não apenas economicamente, mas também social e politicamente.

Voltaremos à questão do desequilíbrio quando tratarmos das entradas financeiras para o sistema de ensino, e depois, também da adequação das saídas do ensino às necessidades dos recursos humanos. Neste ponto, a principal proposição a ser apresentada sobre crescimento populacional subdivide-se em dois tempos: presente e futuro. Quanto ao presente, o aumento da população em idade escolar na maioria dos países em desenvolvimento claramente excede até aqui, daquilo que o sistema pode absorver sem deixar de fazer um trabalho que possa ser considerado aceitável. Quanto ao futuro, certos fatos cruciais escondidos sob estatísticas brutas de crescimento populacional, prenunciam um estado de desequilíbrio ainda mais grave entre as demandas em perspectiva que os sistemas de ensino receberão e a capacidade desses sistemas para dar acolhida a tais demandas.

Um conjunto de fatos mostra que em muitos países em desenvolvimento a população jovem vem crescendo mais rapidamente que a população total, devido ao aperfeiçoamento das condições sanitárias que produziram um decréscimo mais acentuado na mortalidade infantil que na mortalidade adulta. Assim, por exemplo, na América Central estima-se que a população *total* vem crescendo na proporção de 3,25 por cento nos últimos anos, enquanto a população *em idade escolar* tem aumentado na proporção de 3,75 por cento. A Figura 6 apresenta uma visão mais ampla da situa-

Fig. 6. A População em Idade Escolar dos Países em Desenvolvimento está Crescendo muito Rapidamente...

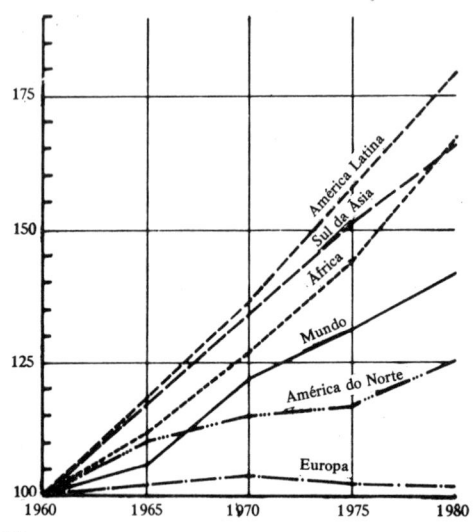

1960 = 100
Fonte: Ver anexo 6.
... e mais rapidamente que a população total

Região	População	1960	1970	Índice Anual de Crescimento
África Norte[a]	Idade Escolar (5–14 anos)	17 174	22 656	2,75
	Total	65 955	86 712	2,75
Oeste	Idade Escolar (5–14 anos)	23 478	31 117	2,85
	Total	85 973	112 862	2,75
Leste[a]	Idade Escolar (5–14 anos)	18 927	22 420	1,75
	Total	75 032	90 397	1,90
Sul da Ásia Sudeste	Idade Escolar (5–14 anos)	52 024	74 218	3,70
	Total	218 866	282 032	2,60
Médio Sul	Idade Escolar (5–14 anos)	138 938	184 097	2,85
	Total	579 906	730 334	2,30
América Latina América Central	Idade Escolar (5–14 anos)	12 523	18 011	3,75
	Total	46 811	64 595	3,25
Sul Tropical	Idade Escolar (5–14 anos)	29 068	40 546	3,40
	Total	112 479	152 896	3,15

Fonte: Unesco, STATISTICAL YEARBOOK, 1965 (Paris, 1966). [a]Essas regiões parecem constituir "as exceções que provam a regra", mas podem simplesmente resultar de dados populacionais falhos.

ção no mundo [9]. Sempre que existe tal descompasso, os índices globais de crescimento populacional poderão seriamente subestimar o crescimento da clientela potencial dos sistemas de ensino.

Um segundo conjunto de fatos mostra-nos que o crescimento já rápido da população em idade escolar nos países em desenvolvimento poderá ser ainda mais rápido no futuro. Isso virá a acontecer a despeito do espetacular declínio dos índices de mortalidade nos últimos anos, existe um grande potencial para um declínio ainda maior. A título de ilustração: o índice de mortalidade infantil na Europa Ocidental é em média de 20 por 1 000, enquanto na América Latina tem sido ultimamente da ordem de 80 por 1 000. Recentemente, a média nos países africanos tem estado na vizinhança de 100 por 1 000 [10]. Há um contraste revelador entre o índice de mortalidade infantil de 128 por 1 000 na Birmânia, o índice inferior a 30 por 1 000 em Hong Kong e Singapura [11].

Podemos ter uma idéia do que estas forças populacionais provocam nas matrículas escolares pelo exame de alguns casos ilustrativos. O primeiro é proporcionado por Uganda (Figura 7). Uganda e muitos outros países em situação similar terão que expandir consideravelmente suas matrículas na escola primária nos próximos quinze anos apenas para evitar declínio nas taxas de participação. Isto é, terão que expandir ainda mais depressa a fim de evitar o crescimento do número absoluto de jovens sem qualquer tipo de escolarização e, por isto mesmo, condenados ao analfabetismo permanente.

Outra visão de como o crescimento da população *mais* o crescimento das taxas de participação afetarão as matrículas escolares futuras é proporcionada pela Figura 8. Ela mostra as projeções contidas no relatório de 1966 da Comissão de Educação da Índia [12].

Ainda outra visão do mesmo fenômeno aparece na Tabela 3, abaixo, referente a alguns países indus-

---

9. Ver também Anexo 6.
10. NAÇÕES UNIDAS, *Demographic Yearbook* (Nova York, 1961 e 1964).
11. Ver Anexo 7.
12. Ver Anexo 8.

Fig. 7. As Escolas Precisam Expandir-se Depressa para Acompanhar o Crescimento da População — o Exemplo das Escolas Primárias de Uganda

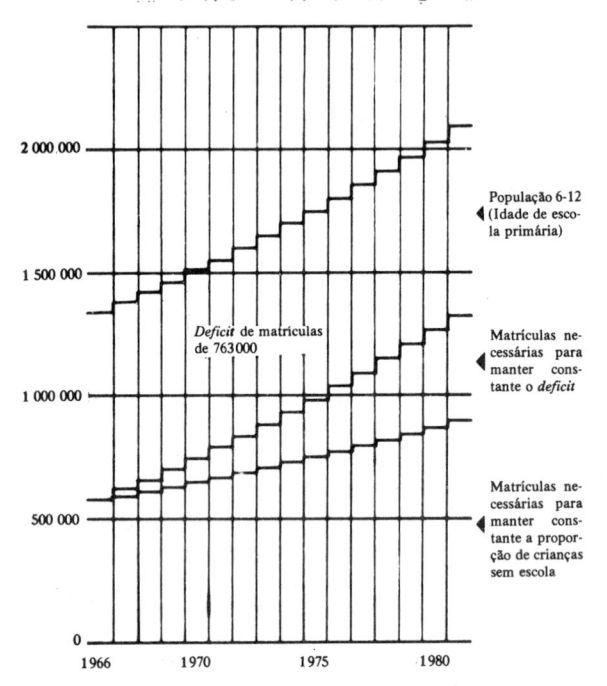

◄ População 6-12 (Idade de escola primária)

Deficit de matrículas de 763 000

◄ Matrículas necessárias para manter constante o *deficit*

◄ Matrículas necessárias para manter constante a proporção de crianças sem escola

1966　　1970　　1975　　1980

Nota: O *deficit* de matrículas é igual ao grupo de crianças em idade escolar menos o grupo de crianças matriculadas.
Fonte: Estimativas do IIEP, preparadas a partir de dados do Governo de Uganda em *Educational Statistics, 1965* (Kampala, Ministério da Educação e Trabalho pelo Progresso, Segundo Plano Qüinqüenal, 1966-71 (Entebbe, Imprensa Oficial).

trialmente desenvolvidos e educacionalmente avançados. Seu "surto de nascimentos" do período de pós-guerra já declinou um pouco. Ele exerceu forte pressão nas escolas elementares na década de 50, mas ainda influencia bastante os escalões superiores dos sistemas de ensino. Contudo, a história não acaba aqui. Quando os bebês de pós-guerra começarem a ter os seus próprios bebês — o que já estão fazendo — isto provocará o aparecimento de novos contingentes populacionais a serem atendidos pelos sistemas de ensino. Juntando-se isso com o crescimento das taxas de participação no ensino encontrar-se-á uma explicação para as tendências de crescimento projetadas na Tabela 3 (que tem muita possibilidade de estar errando para menos).

TABELA 3. Tendências Recentes e Projetadas para a Matrícula em Países Industriais
(em milhares)

Países	Ano	Primário	Secundário	Superior
França	1951	5 358	1 181	162
	1961	7 301	2 509	283
	1964	7 406	3 112	412
	1972	7 280	4 980	792
Holanda	1950	1 615	325	30
	1960	1 915	655	40
	1965	1 965	725	65
	1970	2 105	760	80
	1975	2 375	805	110
Áustria	1955	—	127	17
	1963	905	135	40
	1970	1 116[a]	159	44
	1975	1 184[a]	217	50
Irlanda	1963-64	496	132	16
	1970-71	515	173	24
Estados Unidos	1949	22 207	6 453	2 659
	1959	32 412	9 600	3 216
	1965	35 900	12 900	5 400
	1970	37 300	15 000	6 959
	1973	38 000	16 000	7 951

Fontes: (França): R. POIGNANT, *Education and Economic and Social Planning in France* (Paris, a ser publicado); (Holanda): OECD, *Educational Policy and Planning, Netherlands* (Paris, Directorate of Scientific Affairs, 1967); (Áustria): OECD, *Educational Planning and Economic Growth in Austria, 1965-1975, op. cit.*; (Irlanda): OECD, *Investment in Education, Ireland* (Paris, Directorate for Scientific Affairs, 1966); (Estados Unidos): U. S. DEPARTMENT OF HEALTH, Education and Welfare: (passado), *Digest of Educational Statistics* (Washington, D. C., 1965), pp. 114-116; (projeção), *Projection of Educational Statistics*, 1973-74 (Washington, D. C., 1964), p. 3.

a. Educação compulsória.

Fig. 8. Projeção do Impacto do Crescimento da População Jovem e do Crescimento das Taxas de Participação nas Matrículas da Índia (1950 = 100)

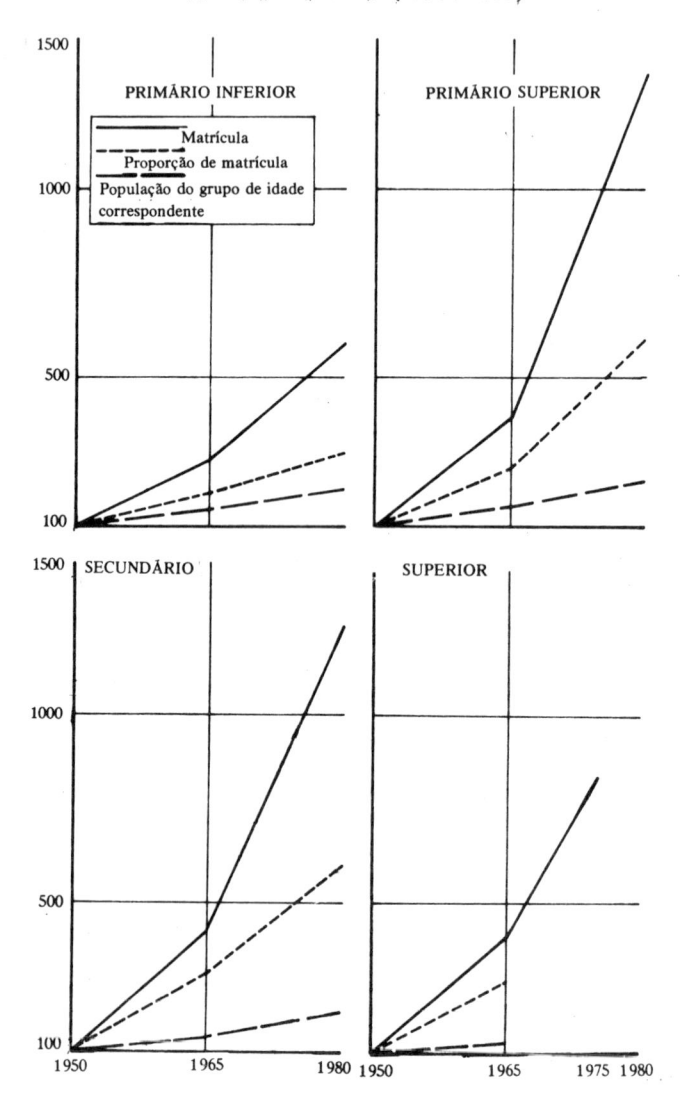

PRIMÁRIO INFERIOR

— Matrícula
--- Proporção de matrícula
— — População do grupo de idade correspondente

PRIMÁRIO SUPERIOR

SECUNDÁRIO

SUPERIOR

Fonte: Preparada a partir de dados fornecidos por: GOVERNO DA ÍNDIA, *Relatório da Comissão de Educação (1964-66), Educação e Desenvolvimento Nacional* (Nova Delhi, Ministério da Educação, 1966).

Há inúmeras estratégias que um sistema de ensino pode usar para enfrentar o descompasso entre a demanda e a existência de vagas nas escolas. Ele pode, assumindo uma posição extrema, escancarar as portas, deixar que entrem quantos quiserem, permitir que permaneçam o tempo que lhes aprouver e que prossigam até onde lhes pareça bem. Se isto for feito em um período compacto, haverá matrículas volumosas, classes superlotadas e, provavelmente, uma súbita queda na qualidade. Esta estratégia pode satisfazer à demanda social, ao menos aparentemente, mas à custa de uma tempestade de protestos contra os altos índices de evasão, a baixa qualidade e o desperdício dos recursos públicos. A Índia e alguns países da América Latina tiveram esta experiência.

No extremo oposto ao sistema de "portas abertas", está a política pela qual todos (sendo possível) recebem oportunidade de matrícula na escola primária, mas um processo rigorosamente seletivo controla o prosseguimento dos estudos pós-primários. Desta forma, o ensino elementar serve para peneirar os alunos mais brilhantes, sendo assim possível manter no ensino secundário e superior um número controlado de estudantes e a qualidade ser mais diretamente preservada. Esta política de seletividade e promoção competitivas, baseada no desempenho acadêmico individual, parece à primeira vista justa e democrática. Ela faz do exame, o árbitro imparcial que decide quem pode prosseguir no ensino secundário e superior: aceita os "mais capazes" e impiedosamente rejeita os demais; mas confere a um número maior de jovens a marca de "fracasso" que a de "sucesso". A estratégia tem a finalidade de produzir uma "elite instruída" que proporcionará à sociedade uma liderança da qual ela realmente necessita.

De fato, ela é admiravelmente eficiente para atender a tal propósito, mas até um certo ponto, e por longo tempo funcionou bem para muitos dos países adiantados do mundo atual.

A mesma estratégia, contudo, encontra agora dificuldades em quase todas as partes do mundo e determinantes de tal situação levam-nos de volta a questão da crescente demanda social de ensino. Em primeiro lugar, as famílias não se conformam com uma resposta negativa, por estarem convencidas de que as crianças precisam de pelo menos ensino secundário para poderem progredir no mundo atual. E nos países industrializados, um maior número de pessoas estão convencidas de que o ensino secundário é suficiente. Em segundo lugar, um sistema altamente seletivo, baseado em exames abertos e competitivos, tem apenas a *aparência* de ser democrático. Na prática não o é — em virtude da distorção social inerente ao sistema acadêmico, quaisquer que sejam as doutrinas políticas do país. Seus "padrões" e sistemas de exames inevitavelmente inclinam as escalas para o lado das crianças cujos pais receberam educação e que, por isto, podem proporcionar a seus filhos um bom vocabulário e um ambiente culturalmente rico. As escolas julgam os alunos especialmente por sua destreza verbal, e esta é em grande parte adquirida *fora* da escola. O jovem que traz para a escola um bom vocabulário, acompanhado por todas as suas implicações, apresenta uma forte vantagem inicial e pelo mesmo motivo tenderá a manter-se, através do sistema, à frente de um colega igualmente brilhante mas proveniente de um meio culturalmente mais pobre.

A distorção social dos sistemas de ensino aparentemente democráticos tem sido repetidamente demonstrada em estudos a respeito das origens sócio-econômicas dos estudantes europeus que conseguiram ingressar nas escolas secundárias e nas universidades [13]. Na França, por exemplo, a probabilidade de receber ensino universitário corresponde a 58,5 por cento para os filhos de profissionais liberais, contra menos de 2 por cento para os filhos de trabalhadores agrícolas e operários [14]. A distorção é particularmente forte, em países mais velhos como os da Europa e da América Latina, que tiveram por longo tempo uma elite instruída suficientemente numerosa e um sistema social altamente estruturado. Tal problema não é importante na África de hoje, pois sua elite instruída tem

---

13. Ver anexo 9.
14. BOURDIEU, P. & PASSERON, J. In: *Les Héritiers. Les étudiants et la culture* (Paris, Editions de Minuit, 1964).

sido tão diminuta que qualquer expansão substancial do ensino atingirá fortemente as famílias que tenham tido poucas oportunidades de escolarização. Nas gerações posteriores, contudo, quando a África já tiver formado uma elite instruída mais ampla, poderá aparecer por lá também o problema da distorção como tem acontecido até nos países socialistas da Eupora Oriental.

Há ainda uma outra razão para que um sistema de ensino altamente seletivo e elitista, implantado em países industrializados veja-se ameaçado de enfrentar dificuldades, a não ser que se modifique drasticamente.

Ela se prende ao fato de que o mesmo sistema elitista que obtém êxito com os jovens aos quais favorece, desperdiça os recursos humanos representados por aqueles que rejeita, que por sua vez se recebessem uma oportunidade indiscutivelmente justa para ingressar nas escolas mais adiantadas, muito aproveitariam com isso e transfeririam os benefícios para sua própria sociedade. Nenhuma economia moderna caso deseje prosperar, poderá suportar um tal desperdício de talento humano [15]. E também qualquer povo democrático, se tiver possibilidade de encontrar uma saída, não toleraria para sempre um sistema de ensino que negue igualdade de oportunidades para jovens de capacidade intelectual igual, mas de origem social desigual. Contudo, enunciar o problema é muito mais fácil do que resolvê-lo; e certos tipos de esforços a que recorrem para resolvê-lo, poderão arruinar profundamente qualquer esforço educacional.

O que acabou de ser dito tem um sentido diverso no caso de um país que ainda está num estágio inicial de seu desenvolvimento educacional e econômico. Em um país assim, um sistema seletivo não será mais fácil de ser levado avante do ponto de vista político, mas justificar-se-á sua adoção devido a motivos de ordem prática. Primeiro, porque o país não possui condições econômicas para sustentar um sistema mais aberto; segundo, porque se tentar adotá-lo, poderá

15. Ver anexo 10.

atrasar o crescimento e assim postergar o dia em que estará de fato em condições de sustentá-lo.

É bastante ilustrativo o caso da Tanzânia. Este país tem procurado manter a escolaridade primária ao nível quantitativo de 50 por cento do grupo de idade, com o objetivo de preservar os escassos recursos destinados à expansão do ensino secundário e superior, considerados como pré-requisitos vitais para seu crescimento econômico [16]. Na situação atual, nesse país e em qualquer outro lugar da África Oriental, apenas cerca de uma em cada dez crianças que completam a escola primária consegue vaga nas escolas secundárias. As perspectivas não são melhores para o aluno que termina a escola secundária e deseja ingressar na universidade. Refrear a expansão da escola primária e aplicar um regime de admissão altamente seletiva ao ensino secundário e superior não constituem, no caso de Tanzânia, uma política permanente; são antes encarados como uma necessidade transitória que possibilitará a instalação de um sistema de ensino equilibrado, evitar que os níveis mais elevados sejam esmagados por uma avalancha de estudantes, e, ainda, um aceleramento do crescimento econômico. Esse país tem como objetivo último o ensino primário universal e maiores índices de participação nos níveis superiores. Tal estratégia, contudo, assestada para atingir mais rapidamente objetivos a longo prazo, é possível de enfrentar a curto prazo pressões extremas da parte daqueles cujas oportunidades educacionais foram abruptamente cerceadas.

Podemos resumir em poucas palavras o panorama mundial da "entrada de estudantes". Em toda parte, realmente todos os anos mais e mais estudantes estarão batendo às portas das escolas. Nos países industrializados as pressões serão maiores acima do nível secundário; nos países em desenvolvimento, serão elas fortes em todos os níveis. Mesmo no caso extremamente improvável de os índices de nascimento subitamente declinarem de modo acentuado no mundo todo, isto traria pouco alívio para o "problema dos

---

16. Ver, por exemplo, G. SKOROV, *Integration of Educational and Economic Planning in Tanzania*, African Research Monographs, n. 6 (Paris, Unesco/IIEP, 1966).

números" em educação nos anos que ainda virão. Em todos os países a sorte já está lançada. Os alunos da escola primária dos próximos 6 a 12 anos, os alunos da escola secundária dos próximos 12 a 18 anos, e os alunos da escola superior dos próximos 18 a 24 anos, já estão entre nós — podemos contar suas cabecinhas.

Professores — Uma questão de qualidade e custo

DESVANTAGEM COMPETITIVA DO ENSINO. RAZÕES PARA A FALTA DE PROFESSORES. PERSPECTIVAS DE MELHORIA. PERSPECTIVAS AMBÍGUAS PARA OS SALÁRIOS. EFEITOS DAS ESTRUTURAS DE SALÁRIOS DE PROFESSORES. CAPACIDADE DE TREINAMENTO DE PROFESSORES. ALTOS ÍNDICES DE PERDA. O PROBLEMA DO PROFESSOR RURAL.

Depois dos alunos, são os professores, as maiores e mais cruciais entradas de um sistema de ensino e também, de longe, as entradas mais dispendiosas, mesmo quando seus salários são baixos. Os professores, na verdade, estão no âmago da crise educacional, e por muitas razões. Por enquanto examinaremos os fatores relativos ao suprimento de professores e especificamente assuntos como salários, *status* e custos de professores. Mais adiante veremos outros fatores inerentes ao trabalho em si dos professores, isto é, como eles fazem uso do seu tempo.

Inicialmente precisa ser dito que o problema do suprimento de professores não é uma simples questão de números. É primeiro e acima de tudo uma questão de qualidade — conseguir-se um número suficientemente grande daquilo que é considerado como de boa qualidade. Um professor conseguiu apresentar essa questão em poucas palavras: "Em geral, disse ele, podemos encontrar um número suficiente de indivíduos dispostos a manter a ordem na sala de aula, mas nosso problema é encontrar em grande números indivíduos *que também possam ensinar*". Assim considerado e inserido no contexto mais amplo da sua posição no quadro da mão-de-obra do país, o problema do suprimento de professores parece ter sua origem em três fatos desfavoráveis.

Primeiro, o ensino sendo uma indústria de produção de massa exige trabalho intensivo, e, permanece ligado à tecnologia do artesanato.

Segundo, o ensino, em contraste com outras indústrias, é tanto um produtor quanto um consumidor de mão-de-obra de alto nível; para bem servir os outros consumidores de mão-de-obra — e sempre melhor cada geração — ela precisa constantemente reaver uma certa quantidade de sua própria saída, para obter uma melhor produção na safra seguinte.

Terceiro, e um fato relacionado com os dois precedentes: na competição para reaver uma quantidade suficiente de seus próprios produtos da melhor qualidade o ensino normalmente leva desvantagem. Muitas vezes ela acaba ficando com uma alta proporção de candidatos de "segunda ordem". Isso acontece porque os outros competidores possuem maiores recursos que o ensino, para estabelecerem padrões de salários mais atraentes. Tal explicação aplica-se especialmente às indústrias modernas de capital intensivo, cujas novas tecnologias e crescente produtividade permitem substanciais aumentos de vencimentos e salários sem aumentos correspondentes nos custos reais da produção. Em compensação um aumento de 10 por cento no salário no setor do ensino normalmente representa um aumento de 7 a 8 por cento no "custo de produção" total.

Estes fatos econômicos desfavoráveis determinam repercussões de longo alcance no *status* social do professorado e na atratividade geral do ensino. Eles conseguem pôr em movimento uma variante educacional da lei de Gresham, a de que um número excessivo de maus professores expulsará do mercado os bons professores. Há é claro, inúmeras e honrosas exceções a essa generalização. Mas nem por isso ela deixa de ser válida. Enquanto a empresa educacional crescer incessantemente relacionada com a economia como um todo e enquanto conservar seu caráter de dependente direta do trabalho, quando as empresas competidoras voltam-se mais intensivamente para o capital, será progressivamente mais difícil para o ensino acompanhar os salários competitivos, capazes de atrair pessoal altamente qualificado. À medida que malogra, ela contribui para uma queda em espiral do *status* do professor, tornando assim ainda mais difícil atrair precisamente o tipo de pessoas de que precisa para melhorar a qualidade e a produtividade do ensino.

Neste ponto uma série de perguntas específicas deve ser apresentada. Que vem acontecendo com o suprimento de professores nos últimos dez anos, e quais suas perspectivas no futuro? Será passível de melhoria o suprimento potencial de professores e no caso afirmativo, um número suficiente dos melhores elementos deste potencial estará disposto a dedicar-se ao ensino? Poderá ser melhorado o atual contingente de professores mal qualificados? Quanto isso custará e existirão recursos suficientes?

Não é segredo o fato de que na última década a maioria dos países foi atingida pela escassez de professores. Esta condição refletiu, de modo geral, tanto a escassez geral de mão-de-obra qualificada quanto a posição de inferioridade ocupada pelo ensino na competição do mercado de trabalho. Em muitos países refletiu também o atraso no desenvolvimento da capacidade de formar professores. A mais aguda escassez de professores bem qualificados atingiu as áreas de ciências, matemática e diversas disciplinas técnicas, naqueles mesmos lugares nos quais foi também maior a escassez geral de mão-de-obra. O resultado líquido destes vários fatores foi uma queda generalizada das exigências de qualificação dos professores.

Felizmente é possível registrar alguns modestos sinais de melhoria. Em um número razoável de países os efeitos combinados de um suprimento de mão-de--obra de alto nível, de "reciclagem" de professores, e de providências anteriores à formação de professores, determinaram um aumento na quantidade e na proporção de professores qualificados [17]. Mas tal melhoria tem um sabor "relativista", uma vez que baseou-se numa situação bastante precária: o ponto de partida para a expansão e o aperfeiçoamento. Ainda mais: aquilo que em termos estatísticos, pode parecer um aperfeiçoamento do contingente de professores, talvez

17. Ver Anexo 18.

não passe de um meio de aperfeiçoamento de rótulos. Não queremos absolutamente dizer que seja sempre assim, mas acontece, por exemplo, quando o programa de treinamento em serviço atribui aos professores certificados que não correspondem a um melhoramento comensurável em sua competência profissional.

Há boas razões para admitir que nos próximos anos o suprimento de professores tende a melhorar. Contudo esta esperança apóia-se em uma premissa básica ambígua: a de que enquanto em muitos países a própria saída do ensino cobrir a defasagem entre a procura e a oferta de mão-de-obra de nível mais alto, o ensino terá possibilidade de reclamar maior participação nesta saída a fim de atender a suas próprias necessidades.

A base sólida desta premissa poderá ser observada em dados provindos de países em desenvolvimento. Na Índia, por exemplo, a oferta de diplomados pela escola secundária e pela universidade alcançou (e de fato excedeu) a procura efetiva do mercado, exceto em certos campos especializados. Isto também aconteceu em algumas partes da América Latina. Da mesma forma, um país africano, a Nigéria, que outrora parecia enfrentar uma insolúvel escassez de mão-de-obra, começou recentemente a preocupar-se com a colocação de seu contingente grandemente aumentado de diplomados pela universidade [18]. Em muitos países industrializados, o equilíbrio entre a oferta e a procura de mão-de-obra, e conseqüentemente a oferta de professores, parece também melhorar decididamente. A França pode ser citada como um exemplo. Já passou a época de maior pressão, na qual a "magra" população nascida nos anos anteriores à guerra tinha de propiciar professores para a nutrida safra de bebês de pós-guerra. A esta altura, estes bebês já têm idade suficiente para serem eles mesmos professores, e já declinou um pouco a taxa marginal de nascimentos [19]. Acrescente-se a este um outro

18. CERYCH, L. *The Integration of External Assistance with Educational Planning in Nigeria.* African Research Monographs, n. 14 (Paris, Unesco/IIEP, 1967).

19. Em termos amplos, podemos dizer que os estudantes que estão agora (1968) na escola, no ensino primário, secundário ou superior, nasceram depois de 1945, enquanto os professores de todos

exemplo, apresentado mais sob a forma de opinião que de um fato concreto. Um eminente educador americano previu, recentemente, que deverá acontecer uma reversão no "mercado de vendas" de Ph. D's (doutores em filosofia) para ensino em escolas superiores. Segundo esta previsão, por volta de 1968 a 1970 haveria um crescimento rápido da oferta, contra uma estabilização da demanda, conforme mostra a Figura 9.

Até aqui, muito bem. Há, contudo, um ponto fraco na premissa que estamos examinando. De fato, nada garante que a educação conseguirá atrair um contingente cada vez maior de elementos da melhor qualidade provindo da crescente oferta de mão-de--obra de alto nível. Essa dúvida relaciona-se com os salários do professor, as estruturas dos salários de docentes, e a relação dessas duas circunstâncias com a capacidade que cada país apresenta para pagar os crescentes custos de professor por aluno. Além disso, há outros fatores que complicam a situação, como a capacidade de formação de professores, os índices de perdas de professores, a atração para as cidades e a fuga das zonas rurais, escassez de professores para certas áreas especiais, e a grande necessidade que alguns países têm de recrutar professores estrangeiros.

A qualidade futura do corpo docente em todos os países será decisivamente influenciada pelo que acontecer com os salários dos professores *em relação a outros salários*. Por isso, precisamos fazer aqui uma pergunta crucial. O que pode acontecer e o que provavelmente acontecerá com estes salários? A resposta variará enormemente de país para país, dependendo de uma série de fatores como nível e velocidade do desenvolvimento econômico, tendência dos salários em

os níveis de ensino foram recrutados entre pessoas nascidas antes de 1945. Este fato pode ser importante para alguns países. Na França, por exemplo, além do *deficit* de nascimentos durante as duas guerras mundiais, houve uma forte diminuição da taxa de nascimento de 1922 a 1940. Desde a Segunda Guerra Mundial, ao contrário, sofreu-se um acentuado aumento da taxa de nascimento, que recentemente começou a declinar.

Esta importante mudança na taxa de nascimento pode por si mesma responder pela relativa escassez de professores. É claro que esta situação é apenas temporária e certamente apresentará melhoras no futuro, quando será possível recrutar pessoal docente das gerações mais numerosas nascidas depois de 1945.

Fig. 9. Número Disponível de Doutores (Ph. D's) *versus* Número Necessário para Manter a Qualidade do Corpo Docente ao Nível de 1963-64, nos Estados Unidos

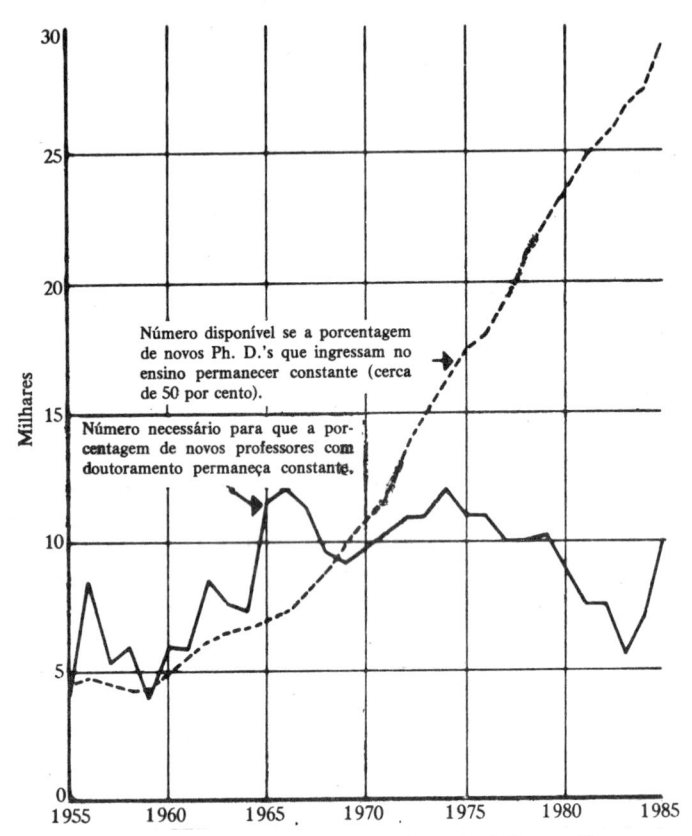

Número disponível se a porcentagem de novos Ph. D.'s que ingressam no ensino permanecer constante (cerca de 50 por cento).

Número necessário para que a porcentagem de novos professores com doutoramento permaneça constante.

Milhares

Fonte: ALLAN M. CARTTER, *The Journal of Human Resources*, Madison, University of Wisconsin (Summer, 1966), I, n. 1.

competição, prioridade dada à expansão e ao aperfeiçoamento da educação e da taxa de inflação. Acima de tudo, variará na dependência do equilíbrio entre a oferta e a procura de mão-de-obra de alto nível em geral.

Observamos há pouco que em muitos países o equilíbrio entre a oferta e a procura tende a melhorar não só devido ao aumento da saída do ensino, mas também, em alguns casos em virtude do ritmo lento do crescimento econômico, combinado com uma estrutura deficiente do mercado e dos incentivos de emprego. Deixando de lado, porém, aspectos mais sutis, podemos citar o caso da Índia para mostrar o que acontece com os salários dos docentes quando diminui o valor da escassez de professores. Na Índia, o aparecimento de um assim chamado "excedente de mão-de-obra instruída", combinado com a inflação de preços, teve simplesmente um efeito de rebaixamento nos salários dos professores, embora o impacto se tenha distribuído de modo desigual. Após um ajustamento de 65 por cento no aumento do custo de vida efetuado entre 1950 e 1966, os professores primários ganhavam somente de 9 a 16 por cento de renda real durante este período de dezesseis anos, os professores secundários perderam 6 por cento, e os professores universitários ganharam ou perderam de 5 a 10 por cento, de acordo com o lugar em que estivessem trabalhando [20].

A corrida contra a inflação e os efeitos do "abrandamento" do problema da mão-de-obra não são exclusivos da Índia. Na maior parte da América Latina, embora haja exceções, a situação típica consiste em estar a renda real dos professores atrasada com relação à corrida dos preços inflacionários, e depois, durante um breve período conseguir alcançá-los, graças a um aumento de salários de professores e logo em seguida ficar de novo para trás. Visando equilibrar o orçamento doméstico, muitos professores têm sido forçados a acumular outros empregos (o que também acontece em muitos países da Ásia e do Oriente Médio). De modo geral, pode-se afirmar com segurança que se a inflação não ceder — especialmente na América Latina — o perdedor será o ensino.

Muitos países em desenvolvimento enfrentam a crua realidade de que não são boas, nos próximos anos, as perspectivas de aumentos significativos na renda real dos professores. O "abrandamento" do mercado de mão-de-obra e as contenções dos orçamentos impedirão estes aumentos. A inflação, onde quer que ocorra, tornará as coisas ainda piores. Por razões que trataremos mais tarde, os obstáculos aos

20. Ver Anexo 12.

aumentos de salários de professores costumam ser mais fortes onde tais salários já constituem um alto múltiplo da renda média *per capita,* como acontece na maior parte da África.

Nos países industrializados há perspectivas mais brilhantes para estes aumentos, embora mesmo em tais casos seja necessária uma palavra de alerta. O estudo citado há pouco sobre as perspectivas de oferta e procura de Ph. D.'s nos Estados Unidos, concluiu que "os formados em escolas superiores podem experimentar de novo (tal como na década de 40) uma queda em sua posição relativa de renda". Como isso vai acontecer em cada país, dependerá do aumento da oferta de mão-de-obra vir a ser mais do que compensado pela pressão para cima exercida pela competição das indústrias produtivas em ascensão. Com o tempo, os salários dos professores nos países desenvolvidos certamente serão aumentados, como já aconteceu antes, por força do aumento progressivo da renda real em toda a economia. Mas se o aumento dos salários dos professores continuar em desvantagem em relação aos outros salários, o ensino continuará a receber a parcela mais pobre do suprimento de mão-de-obra disponível. O tempo é um fator da maior importância. Não basta que os salários dos professores sejam aumentados — eles precisam ser imediatamente aumentados.

Até aqui temos tratado apenas do aspecto geral dos salários dos professores, porém as estruturas destes salários exercem, também, uma forte influência no recrutamento e na mobilidade dos professores nas despesas que o sistema de ensino tem com o pessoal docente. Tudo isto devido a um motivo: na maioria dos países a estrutura típica dos salários de professores compreende aumentos automáticos e provisões para aposentadoria, com base no tempo de serviço. Enquanto a idade média do magistério permanece constante ou diminui, isto não produz aumentos anuais significativos nos custos. Mas quando começa a esmorecer a expansão do ensino a média de idade dos professores tende a aumentar. Neste ponto, já alcançado em muitos países, começam a consumir uma parcela cada vez maior do orçamento anual os pagamentos dos "aumentos automáticos" e das aposentadorias.

No caso de muitos países em desenvolvimento são, contudo, ainda mais importantes as grandes diferenças de salário entre o nível inicial dos professores mal qualificados e o pagamento de professores plenamente qualificados. Em situações como essas, aumentam consideravelmente o custo do sistema o aperfeiçoamento de professores mal qualificados por meio de treinamento em serviço ou então sua substituição por professores qualificados. Mais uma vez encontramos na África um caso extremo, ainda que instrutivo, exemplificado pelas estruturas de salário da Nigéria do Norte e de Uganda [21]. Nestes dois lugares, por exemplo, um "professor primário *qualificado*" que atinge o salário mais elevado, ganha quatro vezes mais que um "professor primário *não-qualificado*" em início de carreira. Em Uganda, um professor secundário formado em universidade pode alcançar um salário quase três vezes maior que o de um professor secundário novato, também formado, mas sem um grau universitário completo. Não é preciso imaginação para saber o que acontece quando um sistema de ensino da África consegue rápidos progressos na "reciclagem" de seus professores. O mesmo se aplica, em menor escala, na realidade, a todos os sistemas de ensino. Estas estruturas de salários de professores são devoradoras em potencial do orçamento da educação. Estamos, porém, apenas começando a compreender a totalidade das implicações de tal fato.

Tem-se tido, às vezes, a esperança de que, com o tempo, os países africanos possam neutralizar o aumento do custo dos professores, substituindo os professores estrangeiros pelos locais. Até certo ponto talvez possam fazê-lo, mas esta possibilidade não deve ser superestimada, pois em alguns casos poderá ela apresentar um efeito contrário. Por exemplo, nas antigas colônias britânicas da África, um professor estrangeiro muitas vezes custa cerca de 40 por cento mais que um local e sua substituição talvez economizasse dinheiro. Mas um professor estrangeiro volun-

21. Ver Anexo 13.

tário — do Corpo de Paz, por exemplo — custa, em geral, menos ao país que um professor local. Muitos países africanos de língua francesa estão largamente providos de professores franceses regulares. Seu custo para o país é aproximadamente o mesmo que o de um professor local, uma vez que o governo francês costuma pagar toda ou quase toda a necessária suplementação de salário. Estes países também possuem professores voluntários menos dispendiosos, cuja eventual substituição poderia determinar um aumento nos custos. Num balanço geral, a substituição de professores estrangeiros, pagos ou voluntários, pode fazer relativamente pouca diferença para os custos do ensino de muitos países africanos.

De qualquer modo, provavelmente, este processo durará ainda bastante tempo. Os países africanos, conscientes de sua grande dependência de professores estrangeiros, principalmente para o ensino secundário e superior, têm-se esforçado por produzir seus próprios professores. Alguns foram bem sucedidos quanto ao aumento no sistema de professores locais, mas mesmo assim continuou a crescer o número total de professores estrangeiros, em virtude da rápida expansão do ensino. Na Nigéria do Norte, por exemplo, no período de 1961-1964, a porcentagem de professores estrangeiros diminuiu de 68 para 56 por cento, mas o aumento numérico foi de 670 para 785 [22]. A repetição deste caso em outros lugares indica que, a despeito dos árduos esforços despendidos pelos países africanos visando africanizar suas escolas, muitos deles continuarão a ter ainda por muitos anos grande necessidade de professores estrangeiros. Isto se aplica, particularmente, a muitos dos países africanos de língua francesa.

Até aqui, levamos em consideração as implicações exercidas pelas estruturas de salários dos professores nos custos futuros de ensino e constatamos que, especialmente para os países em desenvolvimento, elas acarretam aumentos consideráveis. Mudando agora de foco, que se poderá dizer sobre tais implicações com relação ao recrutamento — ajudam ou atrapalham o recrutamento de bons professores?

22. Ver Anexo 14.

A resposta será uma mistura de coisas boas e coisas más, salpicadas com uns poucos condicionantes. As disposições relativas a aumentos automáticos baseados em anos de serviço, benefícios de aposentadoria, longos períodos de férias e estabilidade em certas circunstâncias, poderão ser todas elas favoráveis na orientação do recrutamento, caso não oferecerem vantagens ainda maiores, os tipos competitivos de emprego. As grandes diferenças de salário entre os vários níveis de qualificação dos professores proporcionam incentivos para os jovens capazes e ambiciosos no sentido de lutarem pela promoção, *caso* tenham facilidade para realizar bons programas de treinamento em serviço. Da mesma forma, as grandes diferenças entre os salários de professores primários, secundários e universitários poderiam ser atraentes para estes jovens, *caso* exista realmente uma razoável possibilidade de promoção de um para outro nível. Todas essas condicionantes são cruciais. A forma como serão resolvidas variará de um lugar para outro, bem como seu real efeito líquido sobre o recrutamento.

Será necessário agora impor a realidade a este aparente rasgo de otimismo. Na maioria dos países, os professores raramente rompem as cadeias que os prendem aos demais professores seus iguais e conseguem ultrapassá-los na escala de promoção. É mais prováyel surgir uma promoção especial e quando ela por fim acontece é pela passagem de um cargo docente para um cargo administrativo, no mesmo nível de ensino. Mas enquanto isto, os professores de "qualificação" semelhante a esses que assim foram promovidos, permanecem na sala de aula, sejam excelentes ou medíocres, e continuam a subir na escala de salários com a mesma velocidade, simplesmente porque ingressaram na mesma época. Estas estruturas mecânicas de salário não recompensam ou desencorajam quer o bom trabalho, quer o trabalho medíocre na classe escolar e baseiam-se na pressuposição implícita, sabidamente falsa, de que todos os professores são igualmente bons e assim permanecerão, exceto alguns poucos melhores do que os demais que conseguem escapar, quando passam a ocupar uma posição administrativa melhor remunerada.

Seria difícil conceber uma estrutura de salário melhor calculada para desencorajar os estudantes mais brilhantes e mais ambiciosos a se interessarem pela carreira docente ou mais capaz para induzir os melhores professores a fugirem da docência e ingressarem na administração. Dizendo isto, contudo, devemos confessar ser difícil encontrar uma outra alternativa. O tópico "promoção por mérito", tem sido debatido em muitos países e vem se defrontando com forte oposição da parte das organizações de professores que sempre apresentam bons argumentos contra esse tipo de promoção. Alguns sistemas tentaram o princípio de promoção baseada no mérito e dizem ter alcançado bons resultados, mas estes constituem nitidamente uma minoria. Muitas universidades encontraram uma solução parcial para o problema, com o sistema de categorias profissionais diversificadas, mas muitas vezes isto tem acarretado outros problemas próprios a esse sistema. A realidade pura e simples é que se os professores essencialmente executam o mesmo serviço, torna-se difícil estabelecer diferenças em suas recompensas, não importando quanto possam eles variar em qualidade e em resultados obtidos. Mais adiante voltaremos a este assunto.

Há ainda um outro aspecto muito importante devido ao qual a estrutura de salário dos professores da maioria dos países, desenvolvidos ou não, contribui negativamente para a solução dos mais sérios tipos de escassez de professores. Quando começa a diminuir a escassez de professores, já se sabe de antemão que esse alívio far-se-á sentir, em primeiro lugar, no caso de professores de áreas "gerais", como artes e estudos sociais. A escassez será mais duradoura, contudo, naquelas áreas em que sempre se apresentou mais aguda como as das ciências, matemática e as técnicas. Estamos aqui diante de uma espécie de círculo vicioso. A orientação que leva ao pagamento uniforme dos professores, independentemente da matéria lecionada, impõe uma séria dificuldade competitiva para atrair aquelas categorias especiais de professores que são melhor remunerados em outros lugares. Um claro exemplo pode ser encontrado na Áustria, onde um relatório de 1967 afirma que no futuro "a matemática e especialmente a geometria, será a disciplina para a qual encontrar-se-á mais dificilmente um número de professores (secundários)". O relatório continua, afirmando que um licenciado em matemática percebia em 1967, como professor de escola secundária, um salário inicial de 3 450 *schillings* austríacos por mês. Em uma das firmas internacionais com subsidiárias na Áustria, seu salário inicial mensal será de 6 000 a 6 500 *schillings* [23]. Este pode ser considerado um caso extremo, mas encontramos atualmente problemas dessa ordem em muitos países, inclusive nos Estados Unidos [24].

Que podem fazer os sistemas de ensino para enfrentar este tipo do problema? Eles não dispõem de recursos para pagar *todos* os professores no nível que seria necessário para conseguir em um número suficiente de bons professores de matemática, ciências e disciplinas técnicas. Por outro lado, não podem conseguir os professores de que necessitam, caso ofereçam um pagamento uniforme. O malogro na solução do problema simplesmente o agrava ainda mais, por retardar o aumento de produção de formados nestas áreas, que talvez pudesse vir a aliviar a escassez. Dois especialistas que examinaram o impacto da política de salários uniformes no recrutamento de professores de matemática, ciências e disciplinas técnicas, nos Estados Unidos, chegaram à seguinte conclusão: "Não sabemos de outra indústria ao fixar os salários que dê tão pouca atenção à situação do mercado" [25].

A escassez geral de professores, e não apenas de casos especiais, é ainda mais agravada pelas condições vigentes nas fontes de preparo: escolas de formação

23. OECD, *Austria: Study on the Demand for and Supply of Teachers* (Paris, Directorate for Scientific Affairs, 1968).
24. Ver Anexo 15.
25. "... É bastante generalizada a adoção de salários uniformes, particularmente nos distritos escolares unificados, embora não em todos. Isto é, para professores com a mesma formação e experiência, os salários são idênticos. Portanto, o professor de 1.ª série recebe o mesmo que o professor de Física da 12.ª série. Todos os professores têm aumento automático de salário à medida que ganham experiência (ou à medida que passa o tempo), e eles podem também melhorar sua renda assumindo responsabilidade por mais aulas..." de J. KERSHAW & R. McKEAN, *Systems Analysis and Education*, Research Memorandum n. 2473-FF (Santa Mônica, Calif., Rand Corporation, out. 1959), p. 59.

de professores. Parece estar agora expandindo-se mais rapidamente a capacidade apresentada pelos sistemas de ensino para formar professores, relegada durante o período no qual se prestou mais atenção ao grande aumento das matrículas. Os números deverão crescer consideravelmente, mas vemo-nos de novo diante da questão da qualidade. Para que haja uma melhora qualitativa, e não apenas quantitativa, é preciso que as escolas de formação de professores recebam um aumento de entrada de professores universitários de elevado padrão e alunos de bom potencial. Em muitos países este é precisamente o ponto fraco. Há carência de professores universitários competentes destinados à formação de professores, em parte porque as escolas de formação de professores freqüentemente permanecem isoladas da pesquisa e não estão colocadas no tronco principal do sistema. O conseqüente desprestígio que as instituições de formação de professores oferecem àqueles que poderiam tornar-se bons professores faz com que deixem de se filiarem à causa da educação. Tal atitude só poderá ser removida por um ataque cerrado contra as condições que levam os estudantes a evitarem as escolas de formação de professores e, portanto, a se desviarem da carreira docente. Em alguns países, como a França, esse problema parece não existir, mas muitos outros o consideram um assunto muito sério.

Ainda um outro fator contribui para complicar a questão do suprimento de professores. É a elevada "taxa de abandono" entre os professores qualificados, verificada em alguns países (felizmente, não em todos). Um estudo recente feito na Noruega descobriu "indícios de que o abandono da carreira docente aumentou nos últimos anos" [26]. No Reino Unido, "de cada 1 000 mulheres que ingressam no ensino, apenas 913 encontram-se ainda trabalhando nas escolas, seis anos depois — e (o que parece ser ainda mais inquietador) de cada 1000 homens, apenas 677 permanecem no magistério, após seis anos" [27]. Mas isso faz parte de

---

26. OECD, *A Case Study in the Application of Teacher Demand and Supply Models in Norway* (Paris, Directorate for Scientific Affairs, 1968).

27. *Times* (Londres), 20 jun. 1967.

uma história mais comprida. A recente escassez de mão-de-obra, bem como as mudanças na política social, levaram alguns sistemas de ensino a recorrerem com maior intensidade à contribuição da mulher. Na Áustria, as mulheres constituem três quintos do professorado primário [28]; no Reino Unido, três quartos (no nível secundário, dois quintos) [29], e a situação é comparativamente semelhante nas escolas dos Estados Unidos. Mas a vantagem conseguida com essa solução é prejudicada pelo fato de a educação perder fragorosamente na competição com o casamento e os filhos.

Existe uma complicação a mais quando a política social do país estabelece que professores (quer sejam homens ou mulheres), devem receber igual salário por trabalho igual. Esta poderia parecer uma política social altamente desejável. Mas suponhamos que o restante da economia não siga esta política? Suponhamos que para trabalho idêntico se paguem salários substancialmente mais elevados para os homens que para as mulheres? Segue-se daí, que os salários do ensino, suficientemente altos para atrair mulheres competentes, podem não ser suficientes para interessar os homens competentes, ou para segurá-los na carreira docente caso tenham ingressado. Deparamos com uma situação irônica. O ensino adotando a iniciativa de aplicar uma política social desejável, com a qual a maioria das pessoas concorda *em princípio,* — e, conseqüentemente, os alunos — acaba com isso sendo profundamente prejudicado.

Por fim chegamos a um problema geográfico de suprimento de professores que continuará afligindo muitos países, mesmo depois de terem conseguido um bom equilíbrio entre a oferta e a procura de professores. Esse problema poderá ser expresso por uma enfática pergunta feita em uma velha canção norte-americana: "Como vamos segurá-los na fazenda?" Os sistemas de ensino dos países de economia agrícola enfrentam o eterno problema humano de conseguir número suficiente de professores para as escolas rurais, onde são muito necessários, mas onde a vida rural não oferece muitos atrativos; na verdade são tão pou-

---

28. Ver OECD, *A Case Study...*, op. cit.
29. Ver Anexo 16.

cos os atrativos que os professores tendem a concentrar-se nas cidades, enquanto o ensino rural fica nas mãos de professores menos qualificados. Também, neste caso, a estrutura de salário e os símbolos de *status* conspiram contra uma solução, pois salários e *status* mais elevados são atribuídos ao ensino urbano, ficando o ensino rural sem incentivos especiais.

A maioria dos problemas que acabamos de passar em revista a respeito da "entrada de professores" pode ser traduzida por uma pergunta que abrange muitos aspectos: "Os sistemas educacionais terão condições para *arcar com o ônus* de possuírem ao mesmo tempo mais e melhores professores?" Para esta questão dirigimos agora nossa atenção.

Dinheiro: O poder aquisitivo do ensino

COMPETIÇÃO E PRIORIDADES. FATORES PRINCIPAIS QUE AFETAM A POSIÇÃO FINANCEIRA DO ENSINO. AUMENTO DOS GASTOS POR ALUNO. AUMENTO DA PARTICIPAÇÃO DO ENSINO NOS ORÇAMENTOS GLOBAIS. TENDÊNCIAS NAS NAÇÕES INDUSTRIALIZADAS. ANGÚSTIAS FINANCEIRAS DAS NAÇÕES EM DESENVOLVIMENTO. IMPLICAÇÕES ORIUNDAS DE SEU CRESCIMENTO POPULACIONAL.

A questão dos recursos financeiros esteve presente, ainda que de maneira velada, em quase tudo o que dissemos até este ponto. Enfrentaremos agora diretamente ao assunto, fazendo a seguinte pergunta: O dinheiro — ou a falta de dinheiro — coloca-se na raiz da crise educacional? Quanto será necessário, de onde virá, e quais as possibilidades de se conseguir dinheiro suficiente e o que acontecerá se não for possível obter todo o dinheiro necessário?

Para podermos penetrar com maior clareza nestas questões, precisamos desde logo afastar o velho chavão de que "não existe problema do ensino, que o dinheiro não possa solucionar". Esta meia-verdade costuma impedir que as pessoas percebam nitidamente a possibilidade de os problemas educacionais terem outras origens. Na verdade, há, além do dinheiro, sérios entraves que podem reduzir a rapidez de expansão, de mudança e de melhoramento de um sistema de ensino

— e por vezes esses outros obstáculos poderão ser mais pertinazes que o próprio fator dinheiro. Contudo, apesar dessa afirmação, estamos ainda diante do fato de que o dinheiro é uma entrada absolutamente crucial de qualquer sistema de ensino. Ele propicia o poder aquisitivo indispensável para que o ensino obtenha seus recursos humanos e materiais. Com muito pouco dinheiro, o ensino fica desarmado e caso possa contar com uma maior amplitude de recursos, seus problemas tornar-se-ão mais controláveis, embora não desapareçam de todo.

As questões acerca de recursos financeiros propostas acima não podem ser dissociadas do meio social ambiente; a educação é apenas uma parte da teia inconsútil de elementos que compõem a vida em sociedade. Em qualquer tempo, a economia de uma sociedade só pode dispor de uma certa renda. A quantia destinada à educação é subtraída das quantias disponíveis para outros fins. Por esse motivo, as solicitações da educação com respeito aos recursos nacionais enfrentam solicitações competidoras de outras importantes necessidades materiais, como investimento na agricultura e na indústria, estradas e habitações e, também importantes necessidades sociais, como a saúde, o seguro para a velhice e o desemprego. Infelizmente, em muitos países é o orçamento militar o mais sério adversário do ensino. Mas a própria educação divide-se na competição pelos recursos — podem existir rivalidades entre a escola primária e a secundária, entre a secundária e a superior; entre a formação de professores e a construção de salas de aula; e, o que é muito importante, entre a educação formal e a não-formal.

Esta competição exige a formulação, explícita ou implícita, da ordem de prioridades nacionais. O estabelecimento destas prioridades é, contudo, um assunto reconhecidamente penoso, especialmente quando argumentos de força igual levam a uma situação difícil. A análise racional dos fatos pode ser de alguma ajuda. Mas, no fim, as prioridades são estabelecidas, não pelos cálculos do planejador, mas por um processo político — um processo marcado às vezes por disputas orçamentárias entre ministérios ou entre estes e o poder legislativo, ou mesmo dentro do legislativo. O resultado reflete, em geral uma mistura de valores da sociedade, bem como o poderio das forças relativas dos diferentes grupos de pressão. Precisamente por isto, é importante que os líderes educacionais dominem não apenas o seu campo, mas também a linguagem e as técnicas dos economistas, a fim de se apresentarem melhor preparados para a defesa de seus programas na "batalha anual do orçamento". A eloqüência não substitui a análise dos fatos na decisão de tais batalhas.

Possuindo cada país suas próprias prioridades, as respostas às questões acima propostas não poderão ser as mesmas em qualquer parte. É preciso dar atenção às diferenças, com suas tonalidades. Mas, em qualquer contexto, as dimensões financeiras da crise educacional poderão ser vistas com maior clareza, caso a lente focalizada sobre o que tem acontecido e o que provavelmente vai acontecer conpuser-se de três indicadores principais: as tendências dos gastos e custos por aluno; a tendência dos gastos totais com educação; e as tendências das porcentagens do produto e da renda nacionais gastos com a educação.

Tomemos o primeiro destes indicadores. São bastante precários os dados sobre custo por aluno e este é um setor carente de pesquisas, que seriam altamente compensadoras. Os dados que puderam ser coligidos apontam principalmente para uma direção. Tanto nos países adiantados quanto nos países em desenvolvimento, os custos por aluno, em todos os níveis, medidos em preços correntes ou constantes, parecem ter aumentado nos últimos quinze anos. A principal razão para isto é a tendência já apontada de aumento dos custos dos professores.

Diante desses elementos, um economista concluiria que a educação é "uma indústria de custo crescente" — que seus custos de entrada (a preços constantes) para cada unidade de saída seguem, através dos anos, uma curva ascendente. Se é este o caso, como parece ser, as implicações são sérias e de longo alcance. Com efeito, isto significa que a cada ano e indefinidamente, um sistema de ensino precisa de mais recurso simplesmente para conseguir os mesmos resultados do ano anterior. Se, além disto, ele quiser fazer mais e melhor, precisará de um aumento orçamentário ainda maior — isto sem falar no problema da inflação. Voltaremos a este assunto, quando discutirmos o funcionamento interno dos sistemas de ensino. Por enquanto ficamos na análise de alguns dados mais disponíveis.

Os países industrializados apresentam evidência mais consistente da curva ascendente de gastos por aluno. Isto é mostrado na Figura 10. Alguns destes aumentos refletem sem dúvida um aperfeiçoamento de ano para ano da qualidade do produto do ensino. Há, porém, casos evidentes nos quais apresentam-se, lado a lado, a queda da qualidade e a ascensão dos custos. De qualquer forma, parece bastante claro que o simples aumento de qualidade de modo algum pode ser responsabilizado por todos os aumentos dos custos reais por aluno.

Nos países industrializados haverá algum indício de que a curva ascendente dos custos unitários possa apresentar uma parada ou uma reversão? A resposta, infelizmente, é negativa. Teoricamente ela poderia ser retardada por uma maior abundância de mão-de-obra qualificada para o ensino, combinada com a diminuição da procura de tal mão-de-obra da parte dos demais empregadores. Mas enquanto a produtividade do trabalho em outros setores continuar a crescer, como tudo indica, a educação caso queira conquistar uma boa posição na partilha adequada da mão-de-obra qualificada, terá de manter uma razoável paridade com os salários pagos pelos outros setores. Enquanto isto, se a produtividade dos professores não crescer na mesma proporção dos salários — e há pouca razão para acreditar que o faça — os custos por aluno continuarão subindo. Esta possibilidade é confirmada por um estudo pioneiro — e um tanto controverso — realizado recentemente no Reino Unido, cujas conclusões afirmam que a produtividade da educação vem realmente declinando na Inglaterra [30]. O autor não pretende ser infalível, nem afirma a aplicabilidade universal de suas descobertas,

---

30. Cf. MAUREEN WOODHALL, *Productivity Trends in British Secondary Education, 1950-1963*, trabalho apresentado no Seminário para Professores de Planejamento Educacional e Economia da Educação, realizado de 5 a 16 de junho de 1967, no IIEP, Paris (mimeografado).

Fig. 10. Gastos por Aluno (a Preços Constantes) nos Países Industrializados

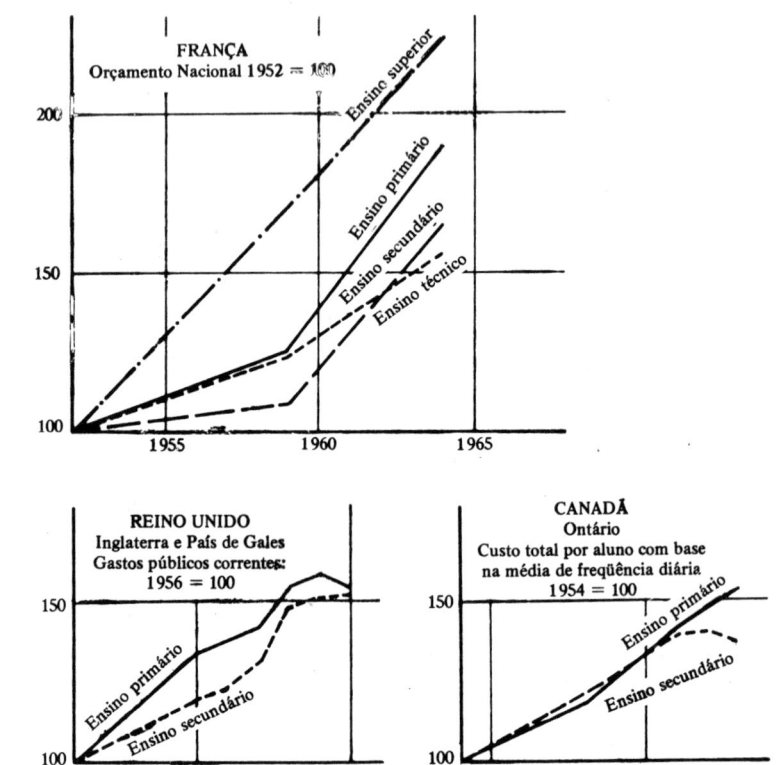

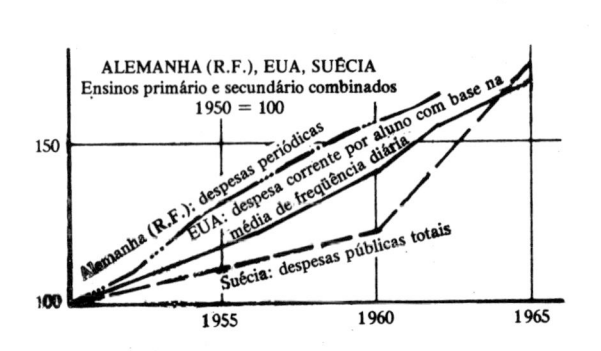

FRANÇA
Orçamento Nacional 1952 = 100
- Ensino superior
- Ensino primário
- Ensino secundário
- Ensino técnico

REINO UNIDO
Inglaterra e País de Gales
Gastos públicos correntes:
1956 = 100
- Ensino primário
- Ensino secundário

CANADÁ
Ontário
Custo total por aluno com base na média de freqüência diária
1954 = 100
- Ensino primário
- Ensino secundário

ALEMANHA (R.F.), EUA, SUÉCIA
Ensinos primário e secundário combinados
1950 = 100
- Alemanha (R.F.): despesas periódicas
- EUA: despesa corrente por aluno com base na média de freqüência diária
- Suécia: despesas públicas totais

Fonte: Ver Anexo 17.

porém há boas razões para se suspeitar de que caso fossem feitos em outros lugares, estudos semelhantes, seriam tiradas conclusões muito parecidas.

No caso das nações em desenvolvimento, os esparsos dados de que se pode dispor permitem a composição de um quadro um tanto desnorteante, como o da Figura 11. De modo geral os dados indicam crescimento dos custos por aluno, mas em alguns casos nota-se diminuição dos custos, pelo menos por períodos curtos. Infelizmente, estes casos trazem pouco consolo. Pelo que sabemos deles, esta *aparente* diminuição dos custos por aluno é devida a cinco fatores principais: 1) a desatualização dos salários dos professores diante de uma inflação galopante; 2) o emprego de professores leigos, cujos salários são bem menores que os dos professores qualificados; 3) o aumento do número de alunos por professor, como conseqüência da superlotação das classes; 4) a mudança da infra-estrutura do sistema escolar, com a adoção de tipos menos dispendiosos de escolas, como por exemplo menos internatos e mais escolas para alunos externos; e 5) o sistema de escolas funcionando em mais de um período. Devido à natureza da maioria destes cinco fatores, parece razoável concluir que em muitos dos casos nos quais os custos unitários parecem estar diminuindo, o fenômeno é ilusório. Aquilo que num determinado período de tempo está sendo medido nem sempre é o mesmo produto, mas um produto cuja qualidade está decaindo ou cuja composição vem sofrendo alterações.

Esta conclusão precisa, no entanto, ser melhor esclarecida, a fim de que se possam reconhecer alguns casos isolados nos quais parece estar havendo uma real redução dos custos de um produto de igual ou melhor qualidade. Talvez os exemplos mais evidentes sejam encontrados nas novas universidades africanas, cujos custos por aluno, segundo os relatórios, têm diminuído, à medida que as matrículas, inicialmente baixas, vão crescendo no sentido da capacidade planejada para estas instituições. Mas esta é uma economia limitada no tempo, e não uma tendência duradoura. E ainda com respeito a estas reduções, é preciso reconhecer que o custo por aluno na maioria das universidades africanas continua extraordinariamente alto,

Fig. 11. Evolução Variável das Despesas Correntes por Aluno em Diversos Países em Desenvolvimento

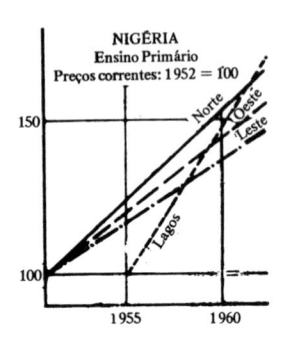

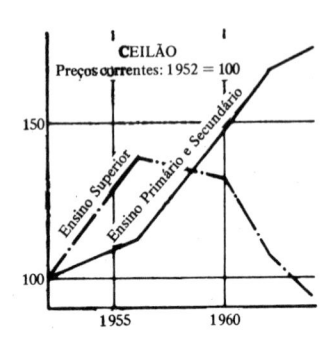

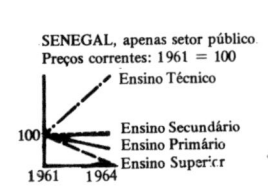

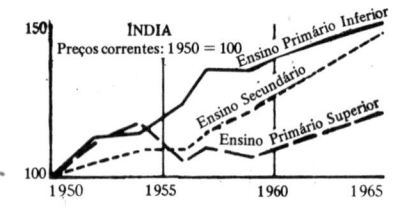

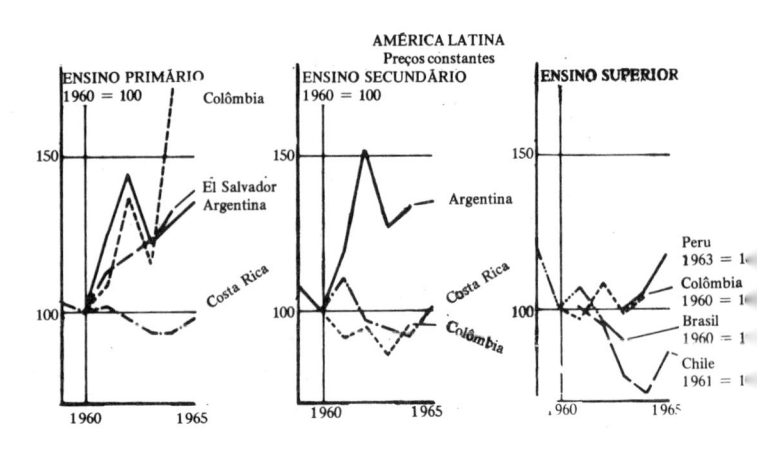

Fonte: Ver Anexo 18.

quando submetido a dois critérios: primeiro, a capacidade econômica dos países africanos para mantê-las; e segundo, o custo do ensino de igual nível na Europa.

No futuro, os países em desenvolvimento poderiam combater a alta dos custos por aluno, tal como até certo ponto fizeram no passado, recorrendo a várias providências, caso estejam dispostos a pagar o pesado preço da perda de qualidade. Poderiam fazê-lo, por exemplo, por meio da manutenção de uma elevada proporção de professores leigos nos níveis mais baixos de salário, ou evitando aumentar os salários dos professores, ou evitando despesas com livros de textos e outros materiais didáticos essenciais, ou continuando a superlotar as salas de aula, ou ainda ampliando o sistema de períodos desdobrados. Mas todas estas medidas, além de suas implicações negativas do ponto de vista da qualidade, possuem limitações práticas. A superlotação das classes atinge o limite máximo quando literalmente não é possível enfiar mais um aluno. Da mesma forma, o desdobramento de períodos só vai até o ponto em que se torna necessário o tresdobramento. Se é pequeno o número de livros de texto, o fato de não dobrar o seu número leva a uma pequena economia. É difícil justificar a manutenção de professores leigos quando as escolas normais e as universidades estão produzindo elevado número de professores qualificados. Resistir aos pedidos de aumento de salário dos professores — ainda que apenas para acompanhar a inflação ou os aumentos concedidos a outros setores da economia — não constitui tarefa fácil. Os professores podem ser um grupo de pressão muito mais poderoso nos países em desenvolvimento que nos países industrializados, precisamente porque constituem uma grande fração da pequena e poderosa elite de pessoas diplomadas. Parece, portanto, inevitável a conclusão de que os países em desenvolvimento já esgotaram, em grande parte, os recursos convencionais de combate à alta dos custos unitários.

Contudo, se atentarmos para o que já foi discutido sobre os aumentos automáticos inerentes às estruturas de salários de professores, seremos forçados a chegar a uma conclusão mais ampla: nos anos futuros os custos unitários e os gastos por aluno deverão aumentar mais rapidamente nos países em desenvolvimento que nos países industrializados. Como alternativa, poderá ocorrer uma tal queda de qualidade que o investimento no ensino passe a ser um "desinvestimento".

Por estas razões, cremos que o planejador escolar responsável, qualquer que seja o país, enfrenta um imperativo moral. Ele precisa ter a coragem de permitir aumentos consideráveis nos custos unitários, ao calcular os encargos financeiros das metas arrojadas de expansão do ensino, especialmente quando estas vêm acompanhadas de uma política de melhoria da qualidade. Seria mera fantasia contar com inovações geradoras de economia que ainda fossem introduzidas, com o objetivo de manter estáveis os custos por aluno. Tal fantasia poderá provocar um declínio ainda maior da qualidade e enganar perigosamente as autoridades e o público em geral, dando margem ao desencanto e ao cinismo.

As previsões desagradáveis que nos vimos obrigados a fazer baseiam-se na pressuposição de que o ensino continuará sendo o que tem sido até hoje. Mas é admissível, pelo menos em teoria, que apareçam no ensino inovações capazes de reduzir enormemente os custos, a ponto de tornar nossas previsões um grande erro de cálculo. Neste caso, seríamos os primeiros a rejubilarmo-nos com o feliz evento. Infelizmente, porém, não vemos até o momento qualquer impulso de renovação capaz de livrar os sistemas de ensino dos graves apuros financeiros que terão de enfrentar nos próximos dez anos.

Estes apuros tornam-se ainda mais evidentes quando atentamos para o segundo e terceiro indicadores — a tendência para crescimento dos gastos educacionais e sua relação com a produção da economia e os orçamentos públicos. Virtualmente por toda parte, os gastos educacionais vêm crescendo rapidamente nos últimos dez a quinze anos, não apenas em valores absolutos, mas também como porcentagens do PNB, da renda nacional, e dos rendimentos públicos totais.

O lado positivo da questão mostra que todos os povos e nações estão dando uma importância maior e uma prioridade mais alta para a educação. Mas o lado negativo nos diz que os gastos educacionais não podem continuar aumentando indefinidamente no mesmo ritmo. Os orçamentos nacionais precisam dar conta também de outras necessidades importantes. A educação não poderá continuar a exigir uma participação crescente nos recursos disponíveis, sem determinar graves tensões e distorções na sociedade e na economia. Isto não é uma questão de filosofia ou de ponto de vista, mas sim de aritmética elementar.

É claro que a aritmética não tem a pretensão de impedir que os orçamentos referentes ao ensino continuem crescendo. Ela quer somente dizer é que existe um momento em que o ritmo do crescimento orçamentário do ensino precisa ser melhor ajustado ao ritmo geral de crescimento da economia, e dos rendimentos públicos totais. Quando isto ocorrer, os sistemas de ensino receberão aumentos orçamentários anuais menores que anteriormente — principalmente se o ritmo de crescimento econômico da nação for lento. Além disto, uma grande parcela do aumento orçamentário de cada ano estará de antemão comprometida para cobrir os inevitáveis aumentos de custo dos programas em andamento. Os administradores escolares terão assim reduzida sua autonomia para expandir e melhorar o ensino e para realocar recursos do ensino com o objetivo de aperfeiçoar o equilíbrio e a produtividade do sistema.

É impossível generalizar quanto ao ponto em que terá início este processo. Haverá obviamente grandes diferenças entre os países, dependendo de suas tradições, valores, objetivos, e, acima de tudo, seu estágio de desenvolvimento e seu ritmo de crescimento econômico. Mas é inevitável que todos atinjam este ponto, mais cedo ou mais tarde. Na verdade, este ponto já foi atingido em numerosos países, tanto em desenvolvimento quanto desenvolvidos.

A Figura 12 mostra o que está acontecendo com as finanças do ensino em países *industrializados*. Os países citados são bastante representativos. A maioria passou de um gasto de 2 a 4 por cento do PNB com o ensino, em 1955 (para muitos, um aumento considerável em comparação com 1950), para um

Fig. 12. Nos Países Industrializados, as Despesas Totais com o Ensino

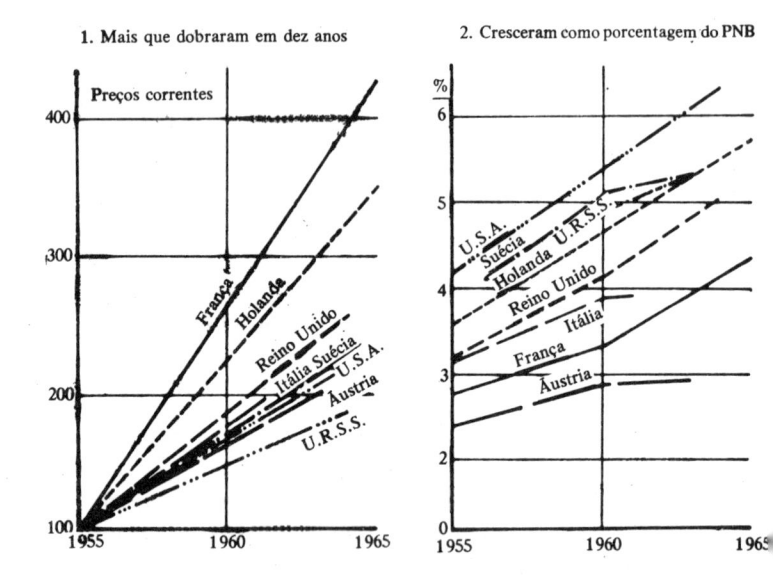

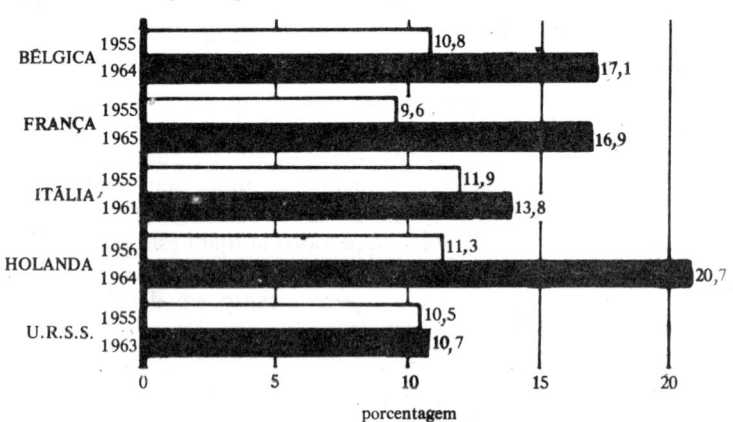

1. Mais que dobraram em dez anos

2. Cresceram como porcentagem do PNB

3. Cresceram como porcentagem dos orçamentos públicos totais

País	Ano	Porcentagem
BÉLGICA	1955	10,8
	1964	17,1
FRANÇA	1955	9,6
	1965	16,9
ITÁLIA	1955	11,9
	1961	13,8
HOLANDA	1956	11,3
	1964	20,7
U.R.S.S.	1955	10,5
	1963	10,7

Fonte: Ver Anexo 19.

gasto de 4 a 6 por cento, em 1965. Há razões para admitir que estas porcentagens continuarão a subir por alguns anos nos países industrializados, embora num ritmo mais lento, contanto que seu crescimento econômico permaneça firme.

Esta expectativa concorda com projeções recentes feitas para diversos países desenvolvidos. Na França, o fenômeno talvez seja até certo ponto transitório. A França tem estado — e ainda está — experimentando uma extraordinária expansão das instalações escolares de todos os níveis, ao custo anual de 1 por cento do PNB. Embora estes gastos de capital possam mais tarde diminuir, eles serão mais do que contrabalançados por gastos necessários para operar e manter as novas instalações. No entanto um observador de fora poderá achar inevitável que as despesas globais da França com educação alcançarão ou excederão a marca dos 6 por cento do PNB, logo depois de 1970 [31]. Projeções recentes feitas para a Holanda — os cálculos podem ter sido feitos por baixo — indicam um aumento das despesas com o ensino de 5,7 por cento do PNB em 1965 (era 2,9 por cento em 1950) para 6,3 por cento em 1970 [32]. Nos Estados Unidos, previsões de matrícula publicadas pelo Escritório de Educação indicam um aumento das despesas totais de educação de 6,3 por cento do PNB, em 1965, para 6,7 por cento ou mais, por volta de 1975 [33].

Os dados precedentes e outros demonstram que por volta de 1970, ou logo depois, a maioria dos países da Europa Ocidental e da América do Norte estariam gastando com o ensino de 6 a 7 por cento de seu PNB. Devido às consideráveis diferenças na definição e na avaliação do PNB entre os países ocidentais e a União Soviética, é difícil estabelecer-se comparações, e estas poderão levar a equívocos. Mas a julgar pelos dados disponíveis, os gastos soviéticos com o ensino em relação à renda e à produção nacional total são atualmente comparáveis aos dos Estados Unidos e aos níveis mais altos dos países da Europa Ocidental.

31. Ver Anexo 19.
32. Ver Anexo 20.
33. Ver Anexo 21.

Tal como para os outros países industrializados, seria razoável esperar para a União Soviética um aumento na área do ensino, apesar do elevado nível já alcançado.

A maioria dos países industrializados precisará levar avante esta curva ascendente dos gastos com o ensino, mas alguns deles enfrentarão muita dificuldade. O Reino Unido, por exemplo, encontra-se presentemente em sérias dificuldades. Até que se acelere o crescimento econômico e sejam afastadas as dificuldades da balança de pagamentos, o país fará sacrifícios até mesmo para manter os atuais serviços de ensino, quanto mais para aumentá-los e melhorá-los em consonância com as metas anunciadas [34]. Diversos países da Europa continental têm anunciado ultimamente grandes reformas do ensino primário e secundário e ousados planos de expansão do ensino superior; porém ao realizarem os levantamentos dos custos, descobrem a necessidade de adiamentos impostos por restrições financeiras. Muitas destas surpresas desagradáveis estão sem dúvida reservadas para outros países.

Embora os países industrializados possam sofrer atrasos e inconveniências devido a razões de ordem financeira, o ponto crucial de sua crise educacional não é a escassez de recursos, mas, como já observamos antes, a inércia dos sistemas de ensino tradicionais, fortalecida por alguns setores de opinião pública, que retarda sua adaptação ao ambiente, tornando-os cada vez mais obsoletos e irrelevantes.

Nos países *em desenvolvimento,* a história é bastante diferente. As autoridades escolares desses países estão cada vez mais convencidas de que terão de enfrentar sérias dificuldades financeiras, que talvez, logo cheguem a uma situação sem solução. As taxas de crescimento econômico destes países, embora variem muito, mostram-se, em geral, desapontadoras [35]. Em contraposição à meta de crescimento de 5 por cento estabelecida para a Década de Desenvolvimento das Nações Unidas — na época (1961) muito criticada

---

34. Ver, por exemplo, a edição de 22 de junho de 1967 do *Times* de Londres.
35. Ver Anexo 22.

por ser modesta — os atuais resultados mostram uma média calculada em 4,25 por cento, colocando-se muitos países bastante abaixo deste nível [36]. Até pequenas variações de porcentagem na taxa de crescimento econômico passam a assumir o significado de enormes diferenças — em uma ou outra direção — quanto à capacidade dos países em desenvolvimento para fortalecerem seus sistemas de ensino. Tal fato crucial não deve ser superestimado. Por um lado, os países precisam aumentar o desempenho de seus sistemas de ensino para acelerar o desenvolvimento econômico, mas por outro, antes que sua economia se desenvolva não podem aumentar muito os investimentos com o ensino. Parece o problema do ovo e da galinha. Infelizmente, apenas uma minoria dos países que enfrentam esta situação foi capaz de alcançar o ponto de "arranco", a partir do qual passa a ser assegurado um crescimento econômico auto-sustentado.

Em muitos países, a situação é ainda mais grave quando se examina o que está ocorrendo com os gastos orçamentários e com os compromissos financeiros acumulados. O setor de "serviços sociais" dos orçamentos públicos tem proliferado rapidamente, deixando pouco espaço para os investimentos essenciais ao desenvolvimento. Igualmente vêm proliferando as repartições públicas e tornando-se bastante dispendiosas. As dívidas externas apresentam um crescimento intenso e, em muitos casos, alcançaram proporções assustadoras. Um crescente número de países tem-se sobrecarregado tragicamente com grandes gastos militares e policiais. E ultimamente vem ocupando o centro das atenções o problema crítico da alimentação que passou a exigir urgentes soluções.

Com todos estes fatos diante dos olhos, não se precisa de uma bola de cristal para prever que a maioria dos países em desenvolvimento terá cada vez maior dificuldade para aumentar a quota destinada ao ensino no total dos recursos. Para muitos deles será difícil até mesmo manter a quota atual. Seus líderes precisarão de grande sabedoria e coragem para atravessa-

---

36. NAÇÕES UNIDAS: *The United Nations Development Decade at Mid-Point. An Appraisal by the Secretary-General* (Nova York, 1965).

rem com êxito os difíceis problemas econômicos que têm pela frente. E precisarão mais do que isto — necessitarão de ajuda exterior ainda maior que aquela que já estão recebendo. A alternativa para muitos desses países é o agravamento da crise, com repercussões no resto do mundo.

Além das dificuldades financeiras *gerais* dos países em desenvolvimento, os sistemas de ensino apresentam alguns problemas especiais. O primeiro deles é o efeito da explosão populacional nos orçamentos. Já aludimos ao exemplo de Uganda quando salientamos a necessidade de um grande aumento no número das escolas elementares, nos próximos quinze anos, para poderem apenas acompanharem a expansão da clientela. A Figura 13 apresenta estimativas daquilo que, por si mesmo, o crescimento da população, poderia provocar no orçamento do ensino primário de Uganda. (Quanto a este particular os pressupostos e métodos usados nesta figura [37] poderiam ser utilizados por outros países para diagnosticarem sua própria situação.) Uma das estimativas mostra o custo da manutenção do "índice de participação" (cerca de 47 por cento) nos anos futuros. Outra, mostra o custo para manter constante o número absoluto de crianças que *não* freqüentam escola.

Outro problema espinhoso para os países em desenvolvimento — especialmente para a África — é o da relação entre os salários dos professores e a renda *per capita*. A renda *per capita* é um indicador aproximado da capacidade econômica da nação para sustentar a educação e outros serviços, uma vez que os recursos para pagamento destes serviços saem principalmente das rendas do total da população. A Tabela 4 mostra a posição deste indicador em vários países. Talvez a melhor forma de ilustrar a questão seja mostrar um contraste. Nos Estados Unidos, professor típico de escola primária ou secundária ganha acima de duas vezes a renda *per capita*. Assim, para cada novo professor admitido, o orçamento escolar precisa ser aumentado de uma quantia aproximadamente igual à renda média de dois membros da população. Em um

37. Ver Anexo 23.

Fig. 13. O Crescimento da População Jovem faz Aumentar as Despesas com o Ensino — o Exemplo do Ensino Primário em Uganda

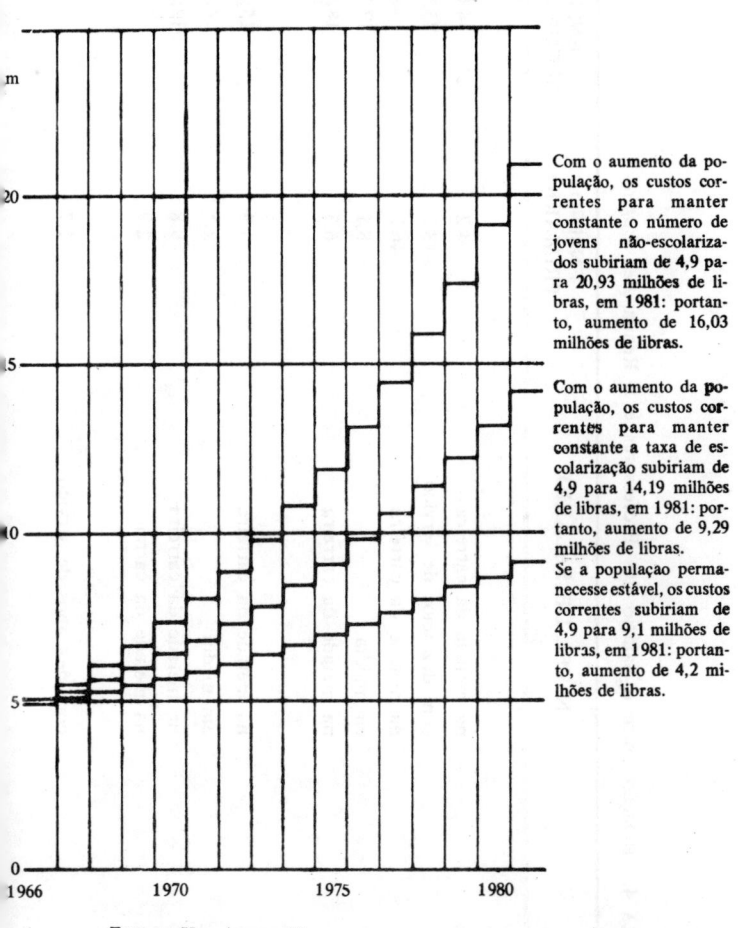

Com o aumento da população, os custos correntes para manter constante o número de jovens não-escolarizados subiriam de 4,9 para 20,93 milhões de libras, em 1981: portanto, aumento de 16,03 milhões de libras.

Com o aumento da população, os custos correntes para manter constante a taxa de escolarização subiriam de 4,9 para 14,19 milhões de libras, em 1981: portanto, aumento de 9,29 milhões de libras.

Se a população permanecesse estável, os custos correntes subiriam de 4,9 para 9,1 milhões de libras, em 1981: portanto, aumento de 4,2 milhões de libras.

Fonte: Ver Anexo 23.

país africano, porém, a admissão de mais um professor significa um aumento do orçamento escolar de uma quantia igual à renda média de 20 a 30 membros da população. A admissão de um professor universitário significará um aumento consideravelmente maior. Em outras palavras, em comparação com o que recebem seus compatriotas, os professores africanos são melhor pagos que os professores da maioria dos países

TABELA 4. Relação entre o Salário dos Professores e a Renda *Per Capita*

PAÍSES	NÍVEL DE SALÁRIO	ENSINO PRIMÁRIO	ENSINO SECUNDÁRIO
África			
Gana (1961)	na metade da carreira	4,2	14,0
Madagáscar (1965)[a]	com dez anos de serviço	18,2	23,7
Níger (1961)[a]	na metade da carreira	46,2	—
Senegal (1961)	em média	8,1	17,3
Rodésia do Sul (1961)	na metade da carreira	6,3	18,5
Ásia			
Birmânia (1962)	na metade da carreira	3,9	15,1
Índia (1966)	em média	2,5	4,6
Coréia, Rep. da (1962)	na metade da carreira	9,8	12,4
Paquistão (1962)	na metade da carreira	2,9	7,8
América Latina			
Argentina (1963)	com dez anos de serviço	1,7	3,0

Chile (1963)	com dez anos de serviço	2,7	4,8
Equador (1963)	com dez anos de serviço	5,3	7,6
	máximo	5,6	15,7
México (1963)			
Panamá (1963)	com dez anos de serviço	3,6	9,0
Nações industrializadas			
Áustria (1962)	na metade da carreira	1,1	1,6
Japão (1963)	em média	1,9	2,8
Reino Unido (1964)	em média	2,6	3,0
Estados Unidos (1965)	em média	2,1[b]	2,1[b]

Fontes: Nações Unidas, *Monthly Bulletin of Statistics* (maio, 1967); Confederação Mundial de Organizações do Professorado (WCOTP): *Survey of the Status of the Teaching Profession in Asia* (Washington, D.C., 1963); WCOTP, *Survey of the Status of the Teaching Profession in the Americas*, preparado por Margarita Davies Washington, D.C., 1964); WCOTP, *Survey of the Status of the Teaching Profession in Africa* (Washington, D.C., s.d.); P. Guillaumont, D. Garbe, P. Verdun, *Les Dépenses d'enseignement au Sénégal*, Monographies Africaines, n. 5 (Paris, Unesco/IIEP, 1967); J. Hallak, R. Poignant, *Les Aspects financiers de l'enseignement dans les pays africains d'expression française*, Monographies Africaines, n. 3 (Paris, Unesco/IIEP, 1966); OECD, *Educational Planning and Economic Growth in Austria, 1965-1975* (Paris, Directorate for Scientific Affairs, 1968); Reino Unido, Departamento de Educação e Ciência, *Statistics of Education*, 1965 (Londres), Partes I e II; Estados Unidos, *Digest of Educational Statistics* (Washington, D.C., 1965).

a. PNB per capita.
b. Média combinada do ensino primário e o secundário.

industrializados. Mas, ao mesmo tempo, seu padrão de vida é, em média, inferior. Em menor grau que na África, o mesmo aplicar-se-á a muitos outros países em desenvolvimento.

Estas diferenças flagrantes entre os salários de professores e a renda *per capita* ajudaram, sem dúvida, a atrair pessoas para o magistério. Esta situação, porém, não durará, isto é, não persistirá caso o ensino continue a se expandir. Isto, por uma simples razão: os sistemas de ensino não disporão de meios para admitir mais professores nas mesmas bases, enquanto procuram melhorar os salários dos atuais professores. Além disto, com a expansão do ensino, seu valor de extrema escassez, a base para os salários altos, irá gradativamente diminuindo. Todas essas circunstâncias, não alteram nosso ponto básico: o ensino nos países em desenvolvimento continuará sendo, por muito tempo, um bem altamente dispendioso se relacionado com o poder aquisitivo da população.

Este mesmo assunto poderá ser analisado sob outro ângulo, através do prisma dos dados de população. Tais dados indicam que os países em desenvolvimento são muito "mais jovens" que os países desenvolvidos. Em geral, a metade de sua população é composta de jovens de 19 anos ou menos, enquanto a média de idade para a maioria dos países industrializados é de 30 a 35 anos. Isto significa que, nos países em desenvolvimento, a população em idade de trabalhar, apesar de proporcionalmente menor, precisa suportar encargos — inclusive os encargos com o ensino — muito maiores, representados por aqueles que estão abaixo da idade de trabalhar. A título de ilustração pode-se mencionar que na França e na República Federal da Alemanha existem cerca de cinco pessoas em idade de trabalhar para cada criança em idade escolar. Em Gana, na Índia e no Marrocos, a proporção é de dois e meio adultos em idade de trabalhar para cada criança em idade escolar [38].

Contudo, a despeito deste pesado fardo, os gastos com o ensino cresceram mais acentuadamente nos países em desenvolvimento, relativamente a seus re-

---

38. Ver Anexo 24.

cursos, que nos países mais adiantados. A Figura 14 dá uma amostra deste fato. Existe uma grande margem de erro para a maioria dos dados, mas o quadro geral formado por eles é razoavelmente verdadeiro. A maioria destes países dobrou ou mesmo triplicou seus

Fig. 14. Despesas Globais com o Ensino nos Países em Desenvolvimento

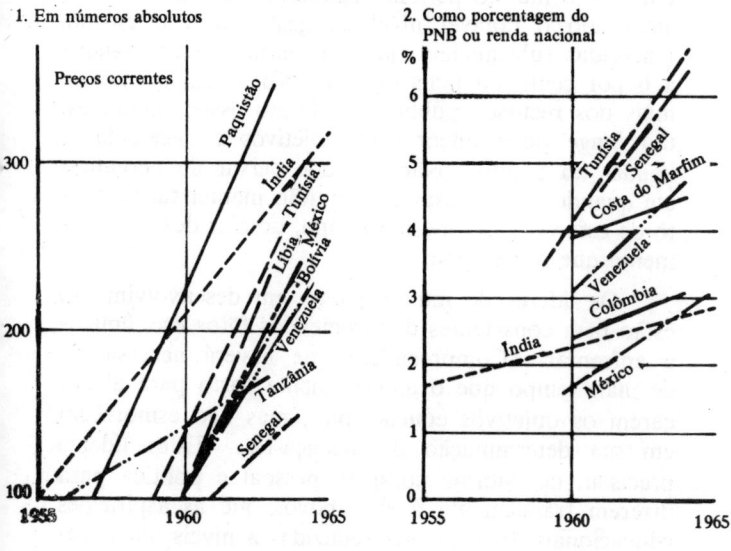

1. Em números absolutos

2. Como porcentagem do PNB ou renda nacional

3. Como porcentagem dos orçamentos públicos totais

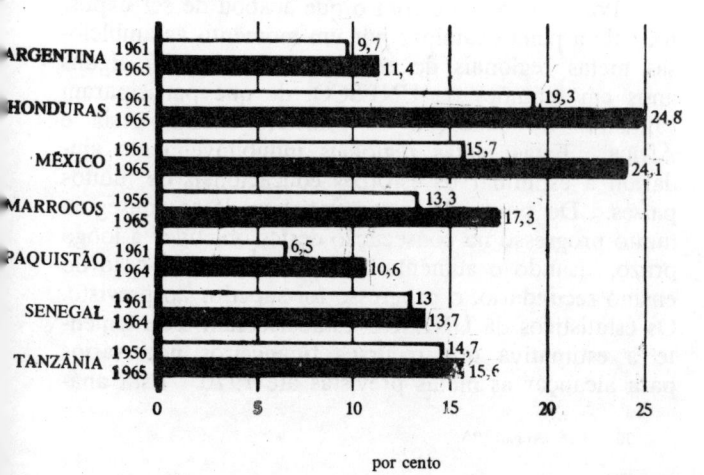

País	Ano	%
ARGENTINA	1961	9,7
	1965	11,4
HONDURAS	1961	19,3
	1965	24,8
MÉXICO	1961	15,7
	1965	24,1
MARROCOS	1956	13,3
	1965	17,3
PAQUISTÃO	1961	6,5
	1964	10,6
SENEGAL	1961	13
	1964	13,7
TANZÂNIA	1956	14,7
	1965	15,6

por cento

Fonte: Ver Anexo 25.

gastos com o ensino, num período de cinco a dez anos [39]. Muitos dos países latino-americanos que aplicavam no ensino de 1 a 2 por cento do PNB, no início da década de 50, estão hoje aplicando de 3 a 4 por cento. Alguns, como o México e Honduras, estão agora aplicando no ensino uma quantia equivalente a 25 por cento de suas rendas públicas totais. Durante o mesmo período alguns países africanos têm alcançado o notável nível de gastar com o ensino, (incluídas substanciais ajudas externas) o equivalente a 6 por cento ou mais de seu PNB, e um quinto ou mais dos recursos públicos. Mesmo assim, ainda estão longe de alcançar seus objetivos e necessidades ligadas ao ensino. Não se pode deixar de perguntar até quando esses países conseguirão manter tal aumento de esforço e, ao mesmo tempo, desejar desesperadamente que o consigam.

Os líderes de muitos países em desenvolvimento estão bem conscientes dos tremendos fatos econômicos a enfrentar. Compreendem que haverá necessidade de mais tempo que o anteriormente gasto para alcançarem os objetivos educacionais, mas não esmorecem em sua determinação de alcançá-los. Estes líderes precisam de enorme coragem pessoal e política para dizerem francamente a seus povos que as aspirações educacionais precisam ser reduzidas a níveis mais realistas e a prazos mais exeqüíveis.

Por relacionar-se com o que acabou de ser exposto, vale a pena examinar por um momento as ambiciosas metas regionais de educação adotadas há alguns anos em reuniões da UNESCO, de que participaram Ministros da educação da América Latina, Ásia e África. Estas metas regionais indubitavelmente ajudaram a estimular os esforços educacionais de muitos países. Do ponto de vista estatístico, já se conseguiu muito progresso na consecução destes objetivos a longo prazo, visando o aumento de matrículas. No caso do ensino secundário, o progresso foi superior ao previsto. Os estatísticos da UNESCO estabeleceram recentemente a estimativa dos recursos financeiros necessários para alcançar as metas previstas até 1970. Esta aná-

---

39. Ver Anexo 25.

lise demonstrou que, para cumprirem o cronograma estabelecido, as nações africanas como um todo (embora com variações entre elas) teriam de reservar para o ensino em 1970 perto de 7 por cento do PNB. Para o mesmo fim, os países da América Latina teriam de gastar 5,43 por cento do PNB e os países da Ásia, 4,26 por cento. Neste ponto, a participação no ensino primário seria de 71 por cento do grupo de idade na África, 74 por cento na Ásia, e 100 por cento na América Latina [40]. Contudo, estes números impressionantes não nos permitem avaliar as dificuldades a superar, porque as pressuposições econômicas subjacentes a estas estimativas inclinam-se para o lado otimista. Pressupôs-se, por exemplo, que haverá uma taxa de crescimento anual de 5 por cento na América Latina e na Ásia, e de 4,39 por cento na África. Pressupôs-se mais que inovações geradoras de poupança e várias outras medidas ligadas ao ensino evitariam o aumento dos custos unitários (exceto aumentos moderados no ensino primário da África, e do ensino primário e superior da Ásia). É claro que estas estimativas não prevêem o que vai acontecer, nem têm a pretensão de ser um plano de ação, mas revelam de modo flagrante a magnitude das medidas de caráter econômico e de poupança requeridas para que possam ser atingidas as metas estabelecidas há vários anos atrás.

Não podemos deixar de, novamente, citar o caso da Índia, que nos tem sido tão útil para ilustrar muitos dos problemas analisados neste livro. A Comissão de Educação da Índia teve não só a audácia de apontar os grandes aumentos de matrícula e melhoramentos na qualidade que a seu juízo deveriam ser alcançados até 1985, mas, também, a coragem de revelar suas formidáveis implicações financeiras. Estes dados estão resumidos na Figura 15. Para que os objetivos da Índia possam ser atingidos, haverá necessidade, conforme estimativas, de sextuplicar os gastos educacionais totais (a preços constantes), de 1965 a 1985, e de quintuplicar os gastos *per capita*. Na pressuposição favorável de que a economia da Índia crescerá a 6 por cento ao ano durante este período, as despesas com o ensino

---

40. Ver Anexo 26.

Fig. 15. As Perspectivas Financeiras do Ensino na Índia

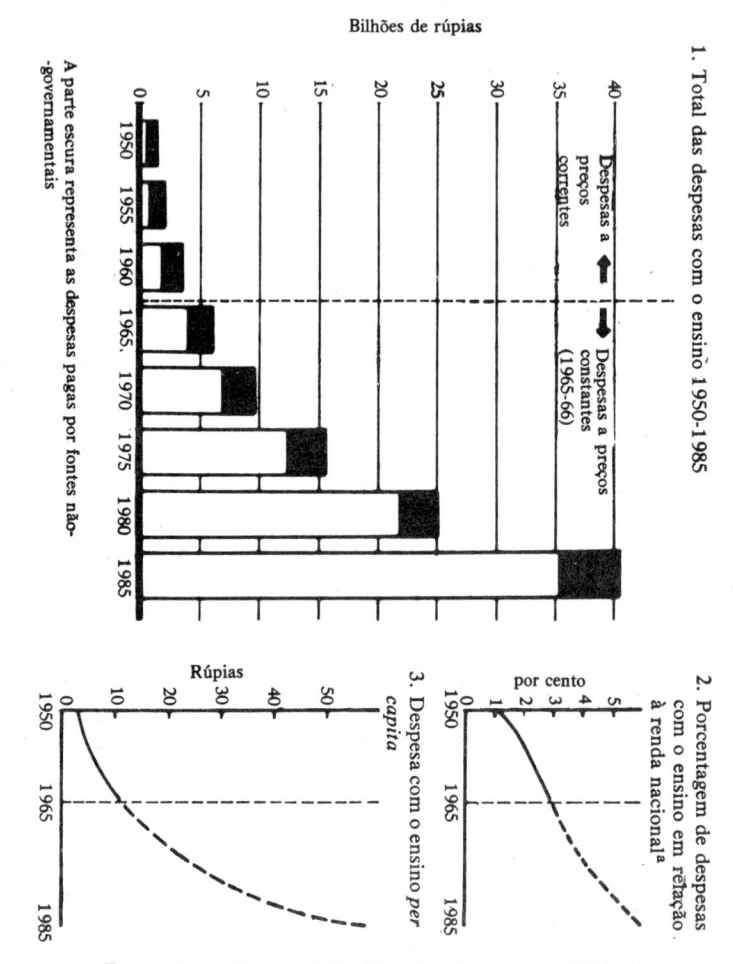

Bilhões de rúpias

1. Total das despesas com o ensino 1950-1985

Despesas a preços correntes

Despesas a preços constantes (1965-66)

A parte escura representa as despesas pagas por fontes não-governamentais

2. Porcentagem de despesas com o ensino em relação à renda nacional[a]

3. Despesa com o ensino per capita

Rúpias

por cento

Fonte: ÍNDIA, *Report of the Education Commission (1964-66)*..., *op. cit.* (Nova Delhi, Ministério da Educação, 1966).
a. Na pressuposição de que o PNB cresça a 6 por cento ao ano, de 1965 a 1985.

terão que passar de 2,9 por cento do PNB, em 1965, para 6 por cento, por volta de 1985. Uma nação consciente de tais dificuldades, precisa estar realmente animada de muita convicção, coragem e confiança, para propor-se a alcançar um objetivo tão ambicioso.

Os elementos de informação a respeito do assunto crucial de entradas financeiras e tendências de custos que pudemos colher e examinar levaram-nos, infelizmente a um quadro inquietante do futuro, especialmente no que se refere aos países em desenvolvimento. Se um número suficiente de pessoas tomar consciência destas dificuldades e se dispuser a fazer algo a respeito delas, então este quadro sombrio poderia adquirir uma perspectiva mais alentadora. Este seria o caso, por exemplo, se ocorresse a seguinte combinação de fatos: um substancial aumento de ajuda externa a países em desenvolvimento, *mais* um amplo corte, por toda parte, dos atuais elevados gastos militares e sua realocação para usos pacíficos, *mais* uma aceleração do crescimento econômico, *mais* grandes melhoramentos na eficiência dos sistemas de ensino. Mas em vista do atual estado de coisas, a feliz conjunção destes fatos parece apenas um sonho distante. Ela não constitui uma base realística para um planejamento escolar imediato.

Isto basta quanto à entrada dos sistemas de ensino. Passaremos, agora, ao exame do que está acontecendo — e deverá acontecer — com a saída. Mais adiante observaremos o processo que lhes é intermediário.

3. AS SAÍDAS DOS SISTEMAS DE ENSINO: ADEQUAÇÕES ÀS NECESSIDADES

Produtos acabados e produtos inacabados

DIFICULDADES PARA A MENSURAÇÃO DAS SAÍDAS DO ENSINO. AUMENTO DO NÚMERO DE PRODUTOS INACABADOS. REPROVAÇÃO E EVASÃO. CONSEQÜÊNCIAS DE DIFERENTES CRITÉRIOS DE ADMISSÃO. VISÃO GERAL DA SITUAÇÃO.

Recorrendo-se aos padrões atualmente conhecidos, é impossível medir a produção total e o eventual impacto de um sistema de ensino. Poderemos ter uma idéia do problema, se imaginarmos uma escola cuja saída total seja um único estudante. No dia de sua formatura, que espécie de saída ele representa? A resposta implica uma multiplicidade de saídas — por exemplo, os fatos e conceitos que aprendeu, o estilo de pensamento que adquiriu e também mudanças que possam ter ocorrido em seus pontos de vista, valores, ambições e conduta pessoal. Se indagarmos, ainda, como tudo isto afetará sua vida futura, a de sua família e a sociedade, a dificuldade cresce enormemente. Estas relações de causa e efeito são muitas vezes tão inconsistentes quanto uma linha traçada na água. Se a questão é difícil de precisar quando se trata de um só aluno, ela será infinitamente mais imprecisa, quando se referir a uma multiplicidade de fluxos de estudantes que percorrem os vários cursos do sistema por períodos de duração variável.

É quase impossível um julgamento completo e preciso sobre as saídas de um sistema de ensino; contudo, pode-se fazer um julgamento aproximado e útil. A base útil, ainda que imprecisa, que escolhemos é uma combinação de diversos indicadores possíveis para a saída, a adequação e a produtividade de um sistema de ensino, os quais serão considerados abaixo.

A medida mais fácil para a saída de um sistema é o número de estudantes que saem. Alguns saem prematuramente, antes de completarem o curso. Estes são atingidos pela evasão ou pela reprovação — dependendo de terem saído voluntariamente ou de terem sido rejeitados pelo sistema por meio do mecanismo de exames e notas. Outros estudantes lutam até completarem o ciclo, e então saem para enfrentar o "mundo real" ou prosseguem estudos no ciclo seguinte.

É importante distinguir entre produtos "acabados" e "inacabados". É verdade que os produtos inacabados não constituem uma perda completa, uma vez que aqueles alunos que saem antes de terminado o curso sempre levam algo de útil, mais ou menos em proporção ao tempo em que permaneceram no sistema, embora o sistema não lhes tenha dado tudo o que se pretendia. Mas é importante notar que as sociedades e os próprios sistemas de ensino fazem uma nítida distinção entre produtos acabados e inacabados. É claro que em muitas sociedades em desenvolvimento, o simples fato de ter ido à escola por algum tempo, de ter aprendido a ler, já distingue a pessoa, coloca-a no mundo moderno e dá-lhe um *status* especial. Ter freqüentado a escola secundária ou a universidade, mesmo sem terminar o curso, já permite ao indivíduo o privilégio de pertencer à "elite instruída". Em uma

Fig. 16a. Aumento da Produção de Alunos Diplomados: África

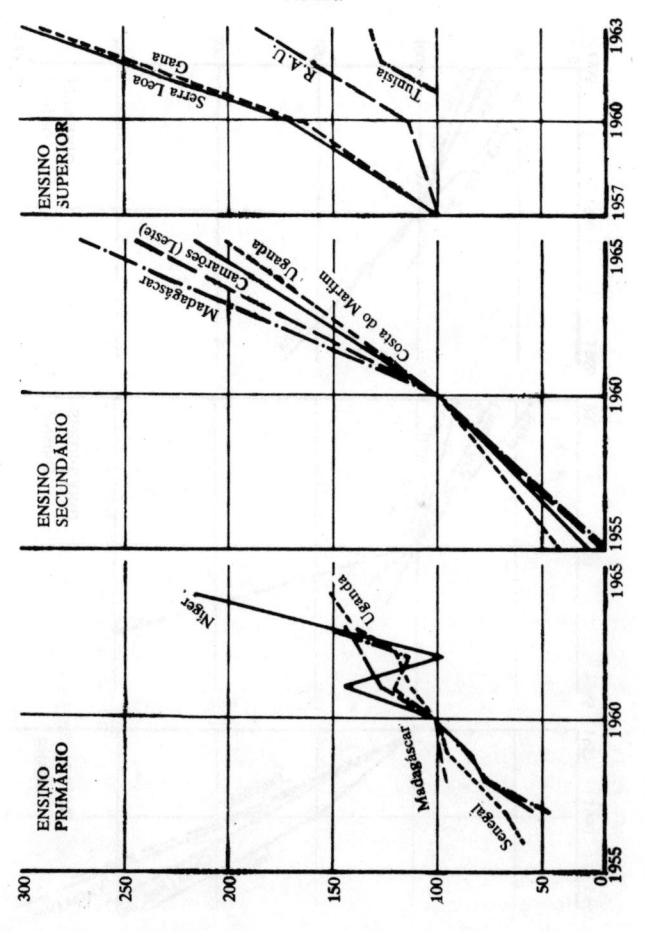

Fonte: Ver Anexo 27.

sociedade em que as conquistas educacionais — simbolizadas por certificados e graus acadêmicos — estão intimamente relacionadas com as categorias de emprego preferidas e com o *status* social, o estudante que termina o curso tem perspectivas ocupacionais muito mais promissoras. Por outro lado, aquele que abandona o curso ou é reprovado, queima importantes oportunidades para o futuro. Quando há tanta coisa

Fig. 16b. Aumento da Produção de Alunos Diplomados: Ásia

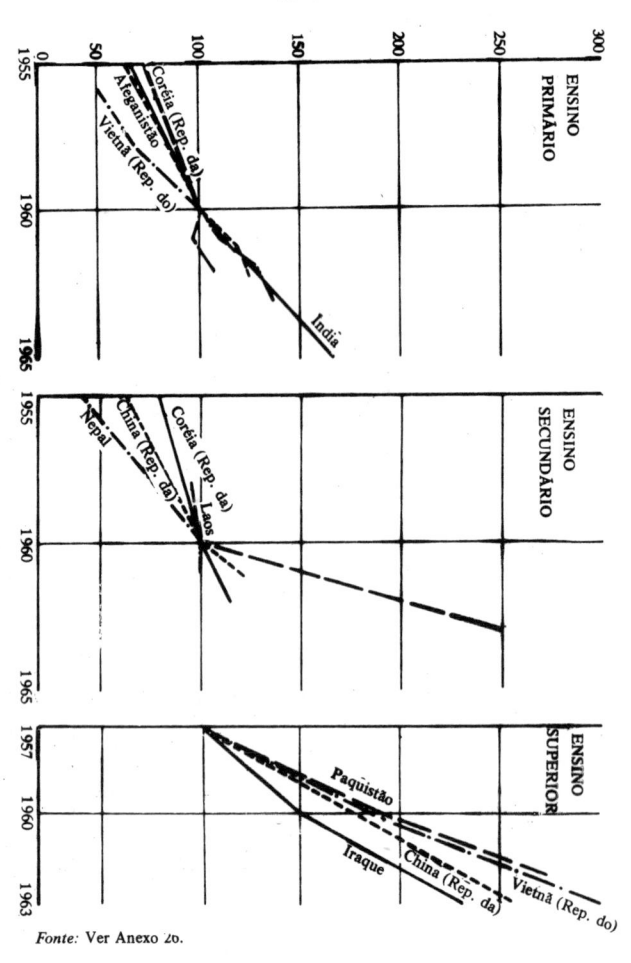

Fonte: Ver Anexo 20.

em jogo, inclusive o *status* social de toda a família, não é de se admirar que haja tanta ansiedade por ocasião dos exames e concursos vestibulares, quer seja em Dar-es-Salaam, em Paris ou em Ribeirão Preto. São justamente estas ansiedades e aspirações, como vimos na discussão sobre demanda social, que constituíram a principal força de expansão das matrículas nos últimos dez anos.

A Figura 16*a-d* mostra o aumento de produtos "acabados", nos últimos anos, relativa a uma amostra

Fig. 16c. Aumento da Produção de Alunos Diplomados: América Latina

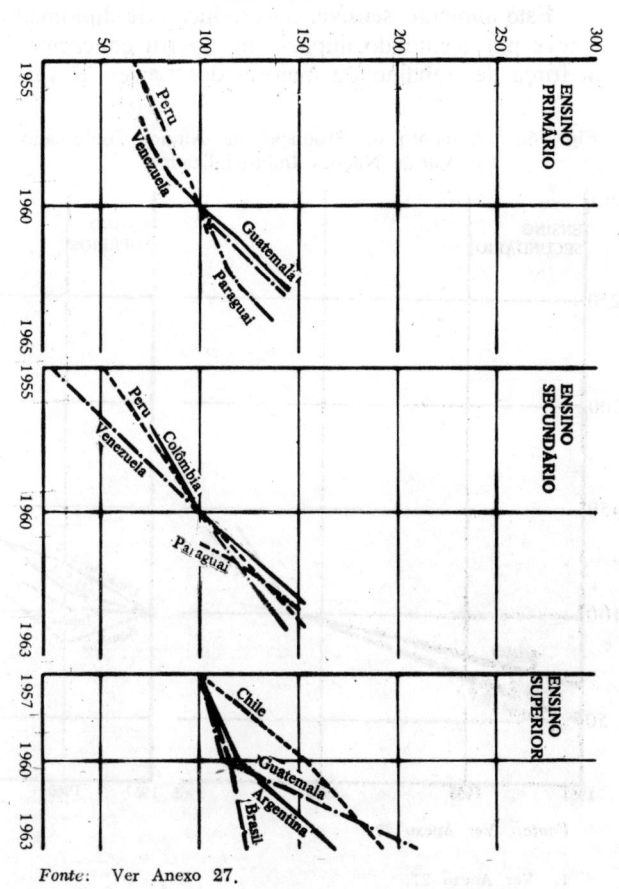

Fonte: Ver Anexo 27.

de países de várias regiões do mundo. Tal como se poderia esperar, a produção da escola primária aumentou verticalmente nos países em desenvolvimento, pois eles iniciaram a década de 60 muito longe da escolarização universal, e ainda têm um longo caminho a percorrer. Mas em todas as regiões, aumentou consideravelmente a produção do ensino secundário e superior. Em muitos países, a "pirâmide educacional" de que falam os planejadores tornou-se mais encorpada, passando a parecer-se mais com uma pirâmide real, em contraste com sua aparência anterior que lembrava uma lança encravada em uma caixa larga e achatada [1].

Este aumento sensível na produção de diplomados já teve um acentuado impacto no "perfil educacional" da força de trabalho da maioria dos países, elevando

Fig. 16d. Aumento da Produção de Alunos Diplomados: Várias Nações Industrializadas

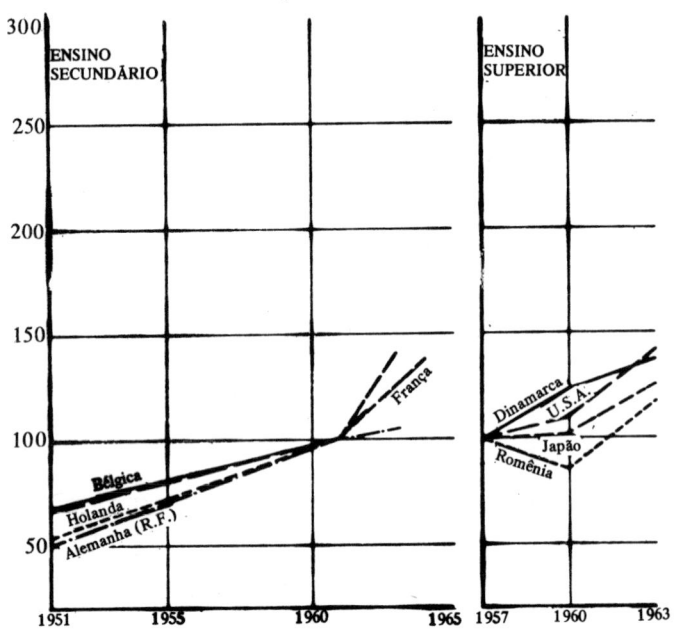

Fonte: Ver Anexo 27.

1. Ver Anexo 27.

consideravelmente para os anos vindouros seu potencial. Contudo, a maioria dos sistemas de ensino, tanto quanto podemos julgar pelos dados imperfeitos de que dispomos, têm apresentado no mesmo período, uma produção ainda maior de saídas "inacabadas". Este fato fala por si mesmo do desajustamento existente entre os sistemas de ensino e seu meio social. O assunto merece atenção.

Lembramos que quando falamos das entradas de estudantes, estabelecemos uma comparação entre sistemas "abertos" e sistemas "altamente seletivos". Será necessário, agora, acrescentar um outro ponto: ainda que os dois tipos de sistema produzam um grande número de produtos inacabados, eles o fazem com um impacto diferente, tanto psíquico, quanto físico.

Vejamos, em primeiro lugar, o sistema seletivo. Este sistema tende a preocupar-se menos com o destino dos alunos que o abandonam antes do tempo, porque, como já dissemos, sua missão tradicional, acima do nível primário, tem sido a de separar os alunos mais promissores e formar com eles uma elite instruída a ser utilizada na direção dos assuntos da sociedade. Por este processo de crivo e rejeição, o sistema condena muitos alunos ao "malogro", antes mesmo que eles tenham oportunidade de decidir se vão continuar lutando ou se desistirão. Em tais circunstâncias, o aluno "malogrado" pode ficar marcado para o resto da vida.

Vejamos, agora, o sistema aberto. Este sistema tem menor número de reprovados, mas muito mais alunos desistentes. Sua missão expressa é a de dar a cada criança oportunidade de desenvolver plenamente sua potencialidade, qualquer que seja ela. Mas quando é elevada a taxa de evasão, os administradores de tal sistema podem ser atormentados por um sentimento de culpa, resultante da suspeita de terem sido os causadores da perda de oportunidades futuras dos desistentes.

Alguns países da Europa Ocidental, como a França e a Inglaterra, estão passando pela difícil transição de um sistema altamente seletivo para um sistema mais aberto. Até o momento, a filosofia social e os objetivos mudaram mais que as estruturas, os exames e as práticas do sistema de ensino. O sistema francês mostra até que ponto se pode chegar. Nos últimos anos, fracassou quase a metade dos alunos do liceu que fizeram o exame de *baccalauréat* para ingresso na universidade. Além disso cerca de 40 por cento daqueles que conquistaram o *bac* e conseguiram entrar na universidade não foram além do primeiro ano [2]. Estes índices de reprovação altos e cumulativos e ainda tudo o que representam, têm sido alvo de severas críticas de estudantes, pais, e de muitos educadores. Contudo, o problema não é absolutamente apenas francês, e com diferentes versões, poderá ser encontrado na maior parte da Europa.

A versão americana seria considerada uma versão excepcional. Há muitos anos, os educadores dos Estados Unidos vêm se preocupando com as numerosas desistências registradas entre os estudantes do ensino secundário, logo após terem ultrapassado o limite de idade de freqüência obrigatória; preocuparam-se, também, com a baixa motivação acadêmica dos mesmos estudantes nos momentos finais de sua "formação", pouco antes de alcançarem a "liberdade". Quer como resultado de ingentes esforços por parte das escolas para melhorarem a situação, quer devido a fatores ambientais, verifica-se que têm baixado consideravelmente através dos anos as elevadas taxas de evasão do ensino secundário. Há quarenta anos, completavam o curso secundário, nos Estados Unidos, apenas 30 por cento dos estudantes matriculados na 5ª série primária; atualmente, a proporção é de 70 por cento [3]. Ironicamente, porém, o problema da evasão passou a ser motivo de preocupação no nível seguinte do ensino. Os educadores americanos estão agora perturbados pelo fato de que mais de metade dos estudantes que ingressam nos cursos superiores básicos (*junior colleges*) não os terminam [4].

Passando dos países desenvolvidos para os países em desenvolvimento, encontra-se muitas vezes uma forma ampliada do mesmo conflito entre os objetivos

2. Ver R. POIGNANT, *L'Enseignement dans les pays du Marché commun, op. cit.*
3. Ver Anexo 28.

sociais e a realidade do ensino. A maioria dos países em desenvolvimento tem como objetivo mais elevado a organização de um sistema aberto de ensino, capaz de proporcionar a cada jovem o desenvolvimento pleno de suas potencialidades. Eles compreendem que não podem ter um tal sistema da noite para o dia, e assim cada um deles visando alcançar esse objetivo procura seguir esta ou aquela estratégia a longo prazo.

Por exemplo, a Índia e muitos países latino-americanos iniciaram desde logo uma política liberal de admissões. Disso resultou: salas de aula terrivelmente superlotadas, elevadas taxas de evasão e críticas generalizadas sobre a "baixa qualidade" do ensino. Há nestes países importantes exceções — em especial as relacionadas com as antigas escolas secundárias de "renome" e as novas instituições técnicas, científicas e médicas, nas quais a matrícula é rigorosamente regulamentada uma vez que os números não devem exceder os limites estabelecidos e a qualidade preservada. Estas instituições de prestígio constituem virtualmente um sistema isolado dentro do sistema mais amplo — ilhas de excelência num mar de mediocridade. À luz da experiência americana, alguém poderia defender a idéia da manutenção de uma diversidade de instituições com amplas diferenças de qualidade. Mas quando a qualidade cai abaixo de um mínimo tolerável, em vasta escala, a idéia perde sua força. Já observamos, no caso das nações da África Oriental, como algumas estão procurando conter por enquanto as matrículas na escola primária, a fim de poderem organizar o ensino secundário e superior. Em tais níveis pós-primários, nos quais se segue uma política seletiva, a quantidade parece estar sendo mantida, enquanto relativamente baixa a taxa de evasão e de reprovação, graças ao rigoroso peneiramento prévio. Os "prejudicados" não são tanto os rejeitados pelo sistema mas um daqueles que nem sequer conseguiu nele ingressar. Isto pode ser interessante do ponto de vista estatístico, mas não serve de consolo para

---

4. Ver BURTON R. CLARK, *The Open Door College: A Case Study* (Nova York, McGraw-Hill, 1960), e L. L. MEDSKER, *The Junior College: Progress and Prospect* (Nova York, McGraw-Hill, 1960).

aqueles cujas aspirações educacionais foram prejudicadas.

São notoriamente pouco precisos os dados disponíveis a respeito da evasão escolar nos países em desenvolvimento. Por esta razão, as estatísticas apresentadas na Tabela 5 apenas sugerem a ordem de importância do problema. Contudo, algo pode ser dito aqui, com toda franqueza. Na verdade, em todos os países em desenvolvimento, qualquer que seja sua política de admissão ao ensino secundário e ao superior é enorme a evasão no nível primário e isso tem sido uma crescente causa de preocupação. Nestes países, é muito comum que pelo menos metade das crianças que ingressam na primeira série primária abandone a escola antes de completar a quarta série, sem ao menos ter adquirido alfabetização permanente. Não se pode dizer que o investimento feito com sua instrução esteja inteiramente perdido, mas certamente uma grande parte se esvaiu, consumindo uma fração substancial do investimento total feito por estes países no setor do ensino. E o que é pior, a maioria destes desistentes prematuros está condenada a se juntar ao contingente de adultos analfabetos, na posição mais ínfima da escala social, e irão formar a "geração sacrificada". Falta acrescentar que dados globais como os que aparecem na Tabela 5, escondem o importante fato social de que a evasão é muito maior nas áreas rurais que nas urbanas. Pode ser também maior para as meninas que para os meninos, dependendo da tradição local, quanto as atitudes com relação à mulher.

Quais as tendências para o futuro? Quanto aos produtos acabados do ensino pode-se com segurança predizer que seu número continuará a crescer praticamente por toda parte, devido ao grande número de alunos já atendidos e do número ainda maior à espera de atendimento. A taxa de crescimento dependerá, naturalmente, em cada caso, de variáveis como recursos financeiros, tendências da população, expansão da capacidade do sistema e o tipo de política de admissão e exames adotado.

É menos clara a perspectiva para os produtos inacabados. Caso possa ser considerada como um indicador a experiência dos Estados Unidos, muitos siste-

TABELA 5. Estimativa da Evasão no Ensino Primário em alguns Países em Desenvolvimento

PAÍSES	PORCENTAGEM				
	1.ª Série	2.ª Série	3.ª Série	4.ª Série	5.ª Série
África					
Rep. Cent. Afr.	21,8	11,7	9,6	7,1	8,0
Daomé	24,5	12,8	10,7	11,0	5,7
Madagáscar	18,1	10,6	13,6	23,4	9,2
Níger	12,6	4,8	12,0	5,0	11,9
Togo	3,1	1,9	1,0	2,0	10,9
Alto Volta	19,2	17,3	7,3	16,7	8,2
Ásia					
Afeganistão	4,0	1,5	2,0	7,0	4,0
Ceilão: Urbano	15,6	7,5	9,7	10,6	8,1
Rural	17,4	11,4	11,7	12,8	9,8
Filipinas	9,2	6,8	7,6	10,0	8,5
Tailândia	12,0	5,0	6,0	–	6,0
América Latina					
Argentina	13,4	5,6	7,6	10,0	10,1
Costa Rica	7,1	10,7	10,6	11,5	10,7

Fontes: (África): IEDES, *Les Rendements de l'enseignement du premier degré en Afrique francophone, III* (Paris, 1967); (Ásia, Afeganistão e Ceilão): UNESCO, "The Problem of Educational Wastage at the First Level of Education in Asia", em *Bulletin of the Unesco Regional Office for Education in Asia*, v. 1, n. 2 (Bangkok, 1967); (Filipinas e Tailândia): Ministério da Educação, Japão, em cooperação com a UNESCO, *Education in Asia* (Tóquio, 1964), p. 63; (América Latina, Argentina): CONSELHO NACIONAL DE DESENVOLVIMENTO, *Educación, recursos humanos y desarrollo económico y social* (Buenos Aires, 1966), p. 42; (Costa Rica): dados inéditos.

mas da Europa Ocidental contarão no futuro com um aumento no problema da evasão e da reprovação nos níveis secundário e superior, à medida que se elevem as taxas de participação e se preencham os vazios da pirâmide escolar. Estes sistemas, porém, conseguirão mudar esta tendência se apressarem a adaptação de suas novas clientelas às estruturas, práticas e processos de exames. Os Estados Unidos, de seu lado, continuarão sem dúvida lutando com o problema da evasão nos níveis secundário e superior; por uma extensão natural, haverá crescente preocupação com os já numerosos casos de Ph. D.'s inacabados.

Quanto aos países em desenvolvimento, é difícil prever qualquer declínio rápido das pesadas taxas de evasão no ensino elementar, ainda que para muitos a taxa possa ir diminuindo, em especial onde as barreiras dos exames forem sendo substituídas por uma política de "promoção social". Sabemos ainda muito pouco a respeito das causas do fenômeno em cada uma das situações. Em que medida resulta, por exemplo, de fatores culturais e econômicos locais ou de um ensino deficiente e maçante, especialmente na zona rural? A resposta a estas perguntas exige mais pesquisas locais. Enquanto isso, não se pode ter certeza sobre quais as medidas mais adequadas para corrigir a situação, quanto elas custariam e qual a sua eficácia.

Uma coisa, porém, é certa, ainda que carregada de ironia. Se qualquer país em desenvolvimento pudesse repentinamente resolver o problema da evasão no ensino primário, ele se veria às voltas com um problema igualmente terrível — o de encontrar pessoal e recursos para atender ao aumento do número de alunos nas últimas séries primárias e nas séries subseqüentes. Se nada mais pode ser dito em favor da evasão, pelo menos sua influência nas primeiras séries primárias tem diminuído a pressão nos níveis mais elevados.

É difícil encontrar países em desenvolvimento que, tendo anteriormente adotado uma política liberal de admissão, disponham-se a frear as matrículas no ensino secundário e no superior; poderão eles quando muito, adotar alta seletividade nas instituições mais novas, mais especializadas, com o fito de controlar a quantidade e manter elevada a qualidade. Mas isto só contribui para aumentar a pressão em outros setores do ensino superior, que se tornam o receptáculo dos refugos das instituições mais seletivas. Na América Latina e na Índia, por exemplo, poder-se-ia defender vigorosamente uma política mais seletiva em todo o ensino superior, com base na experiência e no bom senso econômico e pedagógico. Mas seriam quase intransponíveis os obstáculos políticos que se oporiam a tal seletividade. Por outro lado, na maior parte dos países africanos, que vem adotando uma seleção rigorosa, a qualidade é preservada com mais facilidade, bem como são evitados muitos problemas correlatos. Contudo, como tem aumentado bastante a procura de vagas nas escolas, talvez se torne cada vez mais difícil para eles a manutenção da seletividade.

Como já assinalamos anteriormente, as estatísticas sobre conclusões de curso e evasão são úteis como indicadores da saída do sistema de ensino, mas em si mesmas não constituem base suficiente para a avaliação do desempenho. A rigor, nenhum indicador tem esta virtude; precisamos recorrer a um número tão grande quanto possível e usar uma combinação de indicadores para base de julgamento. Apesar de estarmos, ainda, procurando os processos para essa verificação, teríamos de ir mais longe e indagar em que medida a saída do ensino está ajustada às necessidades de mão-de-obra do desenvolvimento nacional.

Adequação às necessidades de mão-de-obra

INDICADORES DA ADEQUAÇÃO. UTILIDADE E LIMITAÇÕES DOS ESTUDOS SOBRE MÃO-DE-OBRA. A INADEQUAÇÃO DOS FORMADOS NOS PAÍSES EM DESENVOLVIMENTO. INVERSÃO DA PROPORÇÃO DE PESSOAL DE NÍVEL TÉCNICO E DE NÍVEL SUPERIOR. ESFORÇOS PARA CORRIGIR O DESEQUILÍBRIO. FLEXIBILIDADES EM POTENCIAL. A INADEQUAÇÃO DOS PROGRAMAS DE ENSINO RURAL.

Existe uma pressuposição básica para a convicção — da qual, no momento, participam amplamente educadores e economistas — de que o ensino é um bom investimento para o desenvolvimento nacional. A pressuposição é de que o sistema de ensino produzirá recursos humanos em quantidade e qualidade requeridas pelo crescimento da economia e que a economia fará bom uso destes recursos. Mas suponhamos que aconteça o contrário? Suponhamos que o sistema de ensino produza uma mão-de-obra inadequada ou, então, uma mão-de-obra adequada mas que a economia não a utilize adequadamente? Como ficaremos, então? Começarão a surgir dúvidas quanto à produtividade do ensino e a eficiência do investimento realizado.

É exatamente isto que nos dias de hoje, parece estar acontecendo em muitos países. Os sistemas de ensino não estão conseguindo produzir a mão-de-obra necessária para atender a um ótimo desenvolvimento. De novo, somos obrigados a admitir que nossos instrumentos de medida são grosseiros. Assim mesmo, porém, será possível atinar com uma série de indicadores práticos para aferir o desajustamento entre o que o sistema de ensino está produzindo e aquilo que a economia poderá utilizar no momento, bem como o que ela necessitará para o crescimento futuro. Dificilmente poder-se-á estabelecer uma perfeita correspondência entre eles, bem como uma razoável precisão das necessidades da mão-de-obra, das quais trataremos mais adiante. Não será necessário existir uma perfeita correspondência, basta, ou pelo menos constituiria um grande passo à frente, identificar os principais aspectos nos quais é nitidamente diferente ou poderá tornar-se, no futuro, deficiente, o ajustamento entre o ensino e a economia. Aquilo que assim for identificado servirá de base para a alteração do sistema de ensino de modo a colocá-lo em condições de oferecer uma mais ampla contribuição ao desenvolvimento nacional.

As pesquisas de mão-de-obra e projeções de necessidades futuras estão ainda num estágio bastante precário. Na situação atual, apresentam-se eivadas de limitações, incertezas e imperfeições. Além disto, como costuma acontecer com muitos indicadores de diagnóstico, os estudos de mão-de-obra são muitas vezes mais úteis para mostrar aquilo que está errado e o que precisa ser corrigido nos sistemas de ensino do que para ressaltar o certo e a parte a ser mantida. Ainda que voltadas para os aspectos negativos da questão, as pesquisas de mão-de-obra e as projeções de necessidades podem ser muito úteis e até mesmo indispensáveis ao planejamento escolar.

Nos últimos anos, onde quer que tenham sido realizados — nos países em desenvolvimento ou nos industrializados — os estudos de mão-de-obra têm quase invariavelmente revelado grandes discrepâncias atuais ou em perspectiva, entre o produto do ensino e as necessidades de mão-de-obra requeridas pelo crescimento econômico. Recorrendo a uma linguagem de orquestra sinfônica, eles revelam a presença de um número excessivo de tocadores de oboé e de tuba e um número insuficiente de violinistas. Num sentido amplo, os estudos têm especificamente mostrado, com relação às necessidades, uma relativa abundância de diplomados de escola secundária com preparação clássica e uma correspondente abundância de diplomados do ensino superior em humanidades e direito. Em certos países latino-americanos, há, também, muitos médicos que provavelmente nunca praticarão a medicina ou pelo menos não a praticarão nas áreas rurais, onde são mais necessários. Num sentido mais restrito, os estudos mostram que, tanto em números absolutos quanto relativos, existem carências atuais e futuras de técnicos de nível médio, relativamente ao número de engenheiros. Há, também, carências de profissionais nas áreas de saúde, agricultura e outros tipos de mão-de-obra especializada — principalmente nas áreas relacionadas com a matemática e ciências, urgentemente necessárias para o desenvolvimento nacional. Não se trata aqui de saber se os diplomados em artes liberais são importantes para estes países — eles certamente o são. O problema é de equilíbrio entre essas e outras áreas e também seria igualmente prejudicial à inclinação da balança para o outro lado.

A existência destas evidentes discrepâncias pode ser apontada sem recorrer-se à ajuda de técnicas estatísticas requintadas, uma vez que são facilmente notadas por observador bem informado. Mas caso queiramos corrigir a situação existente utilizando um planejamento racional, será vantajoso obter uma medida tão boa quanto possível de sua importância. De qualquer modo, esta é a conclusão a que chegou o IIEP, após examinar os estudos de mão-de-obra de vários países da África, Ásia e Europa [5].

Dados e depoimentos de muitas outras fontes dispersas apóiam a conclusão de que existe uma séria discrepância — não apenas estatística, mas qualitativa — entre os sistemas de ensino, de um lado, e as

---

5. G. HUNTER, "High Level Manpower for Development", *Higher Education and Development in South-East Asia*, III, Parte 1 (Paris, Unesco/International Association of Universities, 1967); *ILO, Rapport au gouvernement de la République Tunisienne: l'évaluation et la planification de la main-d'oeuvre* (Genebra, 1965); G. SKOROV, *op. cit.*; G. SKOROV, "The Absorptive Capacity of the Economy", em *Manpower Aspects of Educational Planning: Problems for the Future* (Paris, Unesco/IIEP, 1968); R. POIGNANT, *Education and Economic and Social Planning in France, op. cit.*

necessidades de mão-de-obra nacionais e locais, de outro. Focalizando em termos amplos a situação da Índia, um membro da Comissão de Educação daquele país deu recentemente este testemunho pessoal:

Nós [na Índia] desenvolvemos um tipo de ensino não relacionado com as necessidades de um país que está tentando transformar uma sociedade tradicional em uma sociedade moderna, fazer uso da ciência e da tecnologia, e de todas as técnicas disponíveis para o desenvolvimento nacional [6].

Um país em desenvolvimento poderá meter-se em sérias dificuldades, caso se ponha a copiar servilmente as soluções educacionais dos países industrializados, ajustadas a um contexto diverso do seu. Este fenômeno desponta, com maior ou menor intensidade, em todos os níveis e modalidades de ensino, mas um setor particularmente cheio de problemas é o do ensino técnico e vocacional de nível médio ou pós-médio. Por uma série de razões, estes tipos de ensino técnico formal têm-se mostrado claramente ineficientes nos países industrializados. Não obstante, apesar de seu mau desempenho nos países de origem, eles têm sido adotados, com enormes despesas, em países menos desenvolvidos, onde são oferecidos, lado a lado com diferentes categorias de ensino de menor duração e mais flexíveis, recomendadas por outro tipo de consultores.

No setor do ensino técnico são freqüentes os casos em que, apesar das boas intenções de todas as partes envolvidas, as soluções tentadas mostraram-se irrelevantes na prática. Um país africano, por exemplo, tem utilizado ajuda externa para formar marceneiros de acordo com os padrões europeus. No momento, porém, este país não precisa de marceneiros, ele necessita de fato, e para isto existe muita gente, é de quem monte caixas rústicas para formas de concreto. E é isto que muitos dos marceneiros dispendiosamente treinados acabam fazendo, lado a lado com jovens que nunca freqüentaram escola, e pelo mesmo ínfimo salário. Os ordenados são realmente tão baixos que o ganho de toda uma vida não seria talvez suficiente para recuperar a despesa feita com sua for-

---

6. IIEP, *The Qualitative Aspects of Educational Planning*, IIEP/Unesco. Programado para publicação em 1968.

mação técnica. Sabe-se de outro país que está formando pedreiros especializados em estruturas de pedra; acontece, porém, que esse país não dispõe de pedras em escala comercialmente rentável.

Não queremos absolutamente afirmar que qualquer esforço no sentido do ensino técnico seja tão improdutivo e antieconômico como os dois casos que acabamos de citar. Ao contrário, existem muitos casos bem sucedidos. Mas quase sempre se trata de *adaptação* de formas de treinamento às condições locais, e não de simples *cópia* indiscriminada de modelos estrangeiros.

Há outro aspecto do ensino técnico que precisa ser mencionado — aquele que envolve a má distribuição das várias modalidades de ensino superior. Os dados apresentados na Tabela 6, referentes à distribuição de alunos que concluíram o ensino superior em alguns países, mostram que na maioria dos países em desenvolvimento menos de 4 por cento fizeram curso de agricultura (e existe razão para acreditar que estes, em grande número tornar-se-ão administradores). Na verdade, muitas das universidades nem sequer têm escolas de agricultura [7]. No entanto, na maioria destes países um dos principais imperativos do desenvolvimento econômico é a necessidade de aumento da produtividade agrícola.

A Tabela 6 mostra também que em muitos países em desenvolvimento — não em todos, felizmente — os alunos que terminaram os cursos de engenharia e de ciências naturais representam apenas uma pequena parcela do total. De modo geral, as ciências sociais conseguem um resultado melhor, mas a parte do leão pertence aos cursos de humanidades e de direito. Não se pode negar o valor e a importância destes estudos, mas o desenvolvimento nacional exige inúmeras outras diversificações. Concluindo, existe uma indiscutível

---

7. "As universidades do Senegal e da Costa do Marfim são totalmente francesas na estrutura, no conteúdo e no tom... As escolas de agricultura, por exemplo, ainda não existem, embora, em Dacar, no ano de 1961, os alunos puderam seguir um curso sobre: "História da agricultura francesa no século XIV"... ELLIOT J. BERG, "Education and Manpower in Senegal, Guinea and the Ivory Coast", em F. HARBISON & C. MYERS, eds., *Manpower and Education: Country Studies in Economic Development* (Nova York, McGraw-Hill, 1965), p. 265.

TABELA 6. Distribuição Percentual de Diplomados por Universidade em alguns Países em Desenvolvimento, por tipos de Curso *

Países	Ano	Ciências Sociais	Ciências Naturais	Engenharia	Ciências Médicas	Agricultura	Artes, Direito e outros cursos
Gana	1963	4,0	0,5	3,0	a	0,8	92,7
Serra Leoa	1963	2,0	1,3	0,5	a	a	96,2
Tunísia	1963	1,3	1,2	a	b	1,1	96,4
Brasil	1963	17,0	3,8	10,6	21,0	3,5	44,1
México	1963	2,6	3,1	5,4	12,3	0,5	76,1
Venezuela	1963	20,9	1,4	9,1	27,4	2,6	38,6
Ceilão	1963	9,3	7,8	2,4	6,8	a	73,7
Líbano	1962	9,7	9,7	7,9	10,8	3,7	58,2
Tailândia	1963	21,1	4,6	6,4	10,4	6,3	51,2

Fonte: Estimativas feitas pelo IIEP com base em: UNESCO, Statistical Yearbook, 1965, op. cit.

* Os tipos de curso concordam com as definições da Unesco.
a. Zero ou quase zero,
b. Incluídas em Ciências Naturais.

necessidade de melhor equilíbrio na produção de formados por universidades.

Outra fonte comum de dificuldades é a proporção inadequada entre profissionais e técnicos em campos afins. A proporção adequada pode variar de um país para outro, e de um campo profissional para outro, mas o problema se apresenta no mundo todo. A fim de que um profissional possa alcançar plena produtividade, precisará contar com o apoio de um número suficiente de técnicos que o auxiliem na realização de tarefas auxiliares. Segundo Guy Hunter, a proporção ótima entre técnicos e especialistas varia entre 3:1 e 5:1, dependendo do país e da especialidade [8]. Este autor e outros investigadores descobriram que, contrariando estas normas, em inúmeros países em desenvolvimento, a proporção é muitas vezes, na melhor das hipóteses, de 2:1 e, às vezes, de apenas 1:2. Nestas circunstâncias, muitas vezes o profissional acaba na contingência de fazer o trabalho que poderia ser confiado a um auxiliar.

Um bom exemplo deste problema é oferecido pelo Chile, no campo da saúde. Um estudo aí realizado relata haver três médicos para cada enfermeira, enquanto na Suécia a proporção é de cinco enfermeiras para cada dois médicos e nos Estados Unidos, de sete enfermeiras para cada dois médicos. Tal situação, ainda piorou nos últimos anos quando o número de enfermeiras formadas no Chile passou a representar metade do número de médicos. Além disto, muitas destas enfermeiras logo abandonam o serviço devido ao casamento ou com o objetivo de emigrar para os Estados Unidos em busca de melhores salários (os Estados Unidos também têm tido produção insuficiente de enfermeiras).

Não queremos deixar a impressão de que os sistemas de ensino têm ignorado estes problemas — não é este o caso. Muitos países, como por exemplo a Suécia, o Reino Unido, a Nigéria e a Índia, criaram escolas secundárias pluricurriculares (semelhantes às *comprehensive schools* dos Estados Unidos), com o objetivo de preparar alguns estudantes para a univer-

---

8. HUNTER, G. "High Level Manpower". III, Parte 1, p. 20.

sidade e outros destinados a exercer certas ocupações, depois de freqüentarem cursos "terminais" com orientação vocacional. Do mesmo modo, muitos países estão se esforçando no sentido de fortalecer e modernizar os estudos de matemática e ciências do curso secundário, a fim de melhor preparar os candidatos aos cursos técnicos e científicos, e proporcionar aos outros estudantes uma formação científica que lhes permita viver mais efetivamente numa era cada vez mais dominada pela ciência. Também no nível superior, muitos países têm procurado com muito carinho fortalecer suas faculdades técnicas e científicas ou criando para tais estudos novos institutos de alto nível. Estes esforços têm defrontado com inúmeras dificuldades e muitos deles malograram devido à escassez de professores especializados, da atitude negativa dos alunos, de seus pais e dos preconceitos de professores e administradores em favor dos estudos e instituições que obedecem a orientação tradicional.

Resta levantar ainda algumas questões sobre o descompasso entre o ensino e as necessidades de mão--de-obra. Em primeiro lugar — e isto é animador — a discrepância nem sempre é tão séria quanto possam sugerir os dados estatísticos. Afinal, não deixam de ser artificiais as classificações de ocupações e os tipos de cursos, correspondentes que servem de base aos estudos de mão-de-obra. Mesmo quando elas se ajustam razoavelmente bem à realidade de países economicamente adiantados (o que nem sempre acontece), isso não quer dizer necessariamente que sejam aplicáveis a países menos desenvolvidos, por serem mais simples as necessidades no que se refere à formação de mão-de-obra. Todavia, quando estes países seguem muito à risca a orientação dos países industrializados acabam incorrendo numa formação excessiva para ocupações que têm o mesmo título nos dois tipos de economia, mas, na realidade, muito diferentes.

De qualquer modo as pessoas e as ocupações não são tão rígidas quanto sugerem essas classificações convencionais "oficialmente" estabelecidas. Se fosse assim, muitos sistemas econômicos entrariam em colapso. Parece razoável admitir que se uma pessoa tenha realizado bons cursos básicos, está bem motivada, é suficientemente inteligente e recebeu uma formação flexível, poderá rapidamente adaptar-se a uma grande variedade de empregos, independentemente do "catálogo" das qualificações exigidas oficialmente. Para isto, porém, será necessário dar maior flexibilidade às exigências acadêmicas para o desempenho de ocupações específicas e um melhor ajuste do conteúdo dos programas de formação ao trabalho que realmente deverá ser executado. Neste aspecto os países em desenvolvimento são freqüentemente mais rígidos que os industrializados e isso só poderá trazer-lhes desvantagens.

Temos de examinar, porém, o verso da medalha, que é menos animador. Indivíduos que saem de um sistema de ensino ostentando um *rótulo* de qualificação para um determinado tipo de trabalho, inúmeras vezes não estão de fato suficientemente preparados para realizá-lo. Pode acontecer que sua formação escolar tenha sido deficiente e mal orientada ou distorcida sua relação com o trabalho e, ainda, ambas as coisas. Esta queixa é comum entre empregadores de países em desenvolvimento e, também, é preciso que se diga, dos industrializados.

Ao tratarmos dos problemas de mão-de-obra nos países em desenvolvimento, referimo-nos quase exclusivamente ao setor "moderno" da economia. Na verdade, esta é uma das maiores fraquezas dos estudos de mão-de-obra realizados para fins de planejamento educacional. Estes estudos focalizam de preferência, e às vezes exclusivamente, a mão-de-obra de "alto nível" (isto é, de nível secundário para cima) no setor "moderno" (mormente *urbano*). Com isto, deixam de lado a maior parte da força de trabalho dos países em desenvolvimento e, também, a maior parcela da clientela escolar em potencial de grande significado para o desenvolvimento. Como regra geral, de 70 a 95 por cento das pessoas, nos países em desenvolvimento, vivem e trabalham na zona rural e é justamente aí que tem custado mais a chegar o processo de modernização. No entanto, se estes países quiserem crescer econômica e socialmente, é no setor rural-agrícola e não no setor urbano-industrial, que o processo de desenvolvimento deverá ser acelerado.

É também na zona rural que o ensino — juntamente com outros esforços em prol do desenvolvimento — precisa dar uma contribuição vital. Surge então uma pergunta: até que ponto os sistemas de ensino dos países em desenvolvimento resistem ao difícil teste da adequação? Em outras palavras, qual sua contribuição no sentido de colocar a vida agrícola e rural no ponto de "arranco"?

A resposta que o Prof. Fred Harbison deu a esta pergunta, para o caso da Nigéria, aplica-se também a muitos outros países. O sistema educacional da Nigéria, diz ele, é quase exclusivamente orientado para ocupações do setor moderno.

Os valores, o conteúdo do ensino e os critérios de exames em todos os níveis de educação da Nigéria partem do pressuposto de que os egressos das escolas desejam tornar-se servidores civis do governo, professores, e empregados de empresas industriais e comerciais relativamente modernas [9].

Inúmeros educadores poderiam argumentar ser isto precisamente a função das escolas rurais — preparar os jovens para se transferirem para a cidade. Contudo, este ponto de vista bem intencionado simplesmente não se coaduna com a realidade enfrentada pela maioria dos jovens da zona rural. Harbison — da mesma forma que George Skorov em relação à Tanzânia — assinala que o setor urbano moderno não tem de modo algum condições de oferecer empregos para mais que uma pequena parcela do total da força de trabalho, e por muito tempo ainda não poderá fazê-lo [10]. No momento afinal a proporção para a Nigéria é de cerca de 5 por cento e, infelizmente, ela não tem possibilidade para crescer muito depressa.

A Nigéria não constitui um caso à parte. Parece que ainda por mais de uma década nos países predominantemente rurais como a Nigéria, o setor "tradicional" e o setor "médio" (encaminhando-se para o setor "moderno") terão de absorver quatro quintos ou

---

9. HARBISON, F. *Critical Manpower Problems in Nigerian Agricultural and Rural Development.* Education and World Affairs Nigeria Project Task Force (Nova York, maio 1967).
10. IBID. e G. SKOROV, *Integration of Educational Economic Planning in Tanzania, op. cit.*

mais da força de trabalho, inclusive uma grande proporção dos jovens recentemente formados. Entretanto, em todos os lugares, os sistemas de ensino tendem a orientar e formar os jovens para o trabalho no setor "urbano". Chega-se, assim, à conclusão de que neste aspecto fundamental os sistemas de ensino e sua orientação básica parecem fortemente desajustados com relação às necessidades futuras dos estudantes e às de desenvolvimento da sociedade.

Isto coloca ainda um outro problema para a educação e sua crise atual. A maioria das pessoas concordaria que o ensino deve infundir nos estudantes idéias modernas para a vida num mundo moderno, onde quer que tenham de viver. Não deve simplesmente condicioná-los para a aceitação passiva da vida em uma economia tradicional e estática. Caso contrário para que ir à escola? A despeito disto, a maioria dos estudantes atuais terá que passar a vida na zona rural, ainda quase imune às injunções da modernização.

Haverá uma saída para este dilema? Uma delas seria os sistemas de ensino dedicarem-se ao preparo dos jovens para o trabalho construtivo de *modernizar* a agricultura e a vida rural, o que seria melhor que prepará-los para o êxodo rural. Em resumo, em vez de serem preparados para a vida moderna da cidade, eles deveriam ser colocados em condições de contribuir para modernizar a área rural em que vivem. Mas, como quase tudo no ensino, também isto é muito mais fácil dizer que fazer. Mas deverá ser feito, a fim de que possa ser corrigido o atual desequilíbrio entre os sistemas de ensino e as necessidades das sociedades a que servem.

Por outro lado, a despeito de se relacionarem com um meio social muito mais atualizado, os sistemas de ensino da maioria dos países industrializados estão mal ajustados às necessidades dos estudantes e das sociedades. O problema neste caso não é tanto o desajustamento das "matérias" ensinadas, mas sim a forma como são ensinadas, as atitudes e estilos de pensamento infundidos (ou não infundidos), e as concepções do mundo oferecidas aos estudantes.

Os países industrializados possuem uma rica herança cultural e intelectual, e será, certamente, uma função adequada das escolas e universidades transmiti-la às gerações futuras. Porém, nos dias de hoje e no futuro, elas deverão fazer mais que isto, uma vez que o legado dos séculos XVIII e XIX, composto de concepções do mundo, modos de pensamento, métodos de pesquisa e adaptação, já não são suficientes ao jovem de hoje, num mundo onde se sobreleva a ciência. Contudo, não se pode negar que os séculos XVIII e XIX dominam ainda muitos sistemas de ensino europeus. Ainda que sejam anunciadas "reformas" de estrutura, elas não atingirão seu objetivo enquanto não se afrouxarem as garras do passado que seguram as práticas administrativas, os objetivos pedagógicos, os currículos e métodos de ensino e o próprio espírito dominante nestas escolas e universidades [11].

Partindo do estudo do problema da adequação do ensino aos requisitos de mão-de-obra necessários ao crescimento econômico, ultrapassamos os assuntos debatidos pelos especialistas em mão-de-obra, fomos além do assunto relativamente simples de que procura relacionar as qualificações proporcionadas pelo ensino formal com as habilidades exigidas por determinados tipos de ocupação. Reconhecemos sinceramente ser relativamente simples adequar um sistema de ensino a estas necessidades mas constitui uma tarefa muito mais difícil e delicada fazer com que esta adequação atenda às necessidades globais do desenvolvimento nacional, algo muito mais amplo e complicado que o

---

11. O trecho a seguir foi extraído do artigo, "Italy's Universities under Fire", publicado na revista *Times*, de Londres, em 18 de julho de 1967.
"O conflito entre o antiquado sistema de ensino clássico da Itália e as exigências de uma sociedade industrial moderna, que precisa de uma classe empresarial altamente estruturada e sofisticada, foi documentado por um estudo publicado pela Shell Italiana, subsidiária da companhia internacional. Em 400 páginas, o estudo critica as escolas clássicas e técnico-científicas e mostra como os estudantes são mal preparados para a escolha do curso universitário.
"Apresentando o estudo, o Sr. Diego Guicciardi, presidente da Shell, revelou que de mais de 20 000 pedidos de emprego recebidos quando a Shell abriu sua nova refinaria de Taranto, quase todos eram de candidatos totalmente sem qualificação. 'Além disto, disse ele, a maioria dos *laureati* (diplomados por universidade) que ingressaram na Shell eram igualmente mal preparados para o trabalho em uma companhia moderna.'"

crescimento econômico. De fato, mesmo que se pudesse fazer uma completa remodelação do sistema de ensino, de forma a torná-lo perfeitamente "ajustado" às necessidades de mão-de-obra, nem assim seria ele um sistema adequado. Para consegui-lo, seria necessário remodelar, também, as atitudes e os símbolos de *status* da parte dos estudantes e de suas famílias, dos professores e administradores, dos empregados e do público em geral.

Emprego e desemprego

O CRESCENTE PROBLEMA DO "DIPLOMADO DESEMPREGADO". QUE ACONTECE QUANDO UM PAÍS SE DESENVOLVE. O RÁPIDO CRESCIMENTO POPULACIONAL AUMENTA AS DIFICULDADES. DESAJUSTE ENTRE AS NECESSIDADES DE MÃO-DE--OBRA E AS EXIGÊNCIAS DO MERCADO. IMPLICAÇÕES PARA O ENSINO NOS PAÍSES EM DESENVOLVIMENTO. MAIOR FLEXIBILIDADE APRESENTADA PELOS PAÍSES ECONOMICAMENTE MAIS ADIANTADOS.

Até aqui nossa maior preocupação girou em torno da questão: "Será o ensino — por força de sua saída — capaz de suprimir a escassez de recursos humanos que emperra o desenvolvimento nacional?" Passamos agora a tratar de uma questão muito mais séria que se vem impondo a nossa atenção de sentido completamente oposto à anterior — saber se a economia tem condições para oferecer empregos adequados aos indivíduos recém-saídos das escolas.

Este assunto traz em seu bojo um furacão político e constitui um desafio não só para os economistas como, também, para os educadores que têm sua parcela de responsabilidade por participarem das disputas sobre planos e orçamentos. O principal objetivo dos indivíduos, especialmente os do sexo masculino, ao procurarem as instituições escolares é conseguirem um bom emprego, uma vez que consideram a instrução um "investimento" pessoal. Por esse motivo, quando após ingentes esforços e muitos sacrifícios, conseguem sair de um sistema de ensino de posse de um certificado ou diploma, mas não encontram o emprego sonhado ou o que é pior, nenhum emprego, sua reação só poderia ser frustração e amargura. O indivíduo estuda na expectativa de fugir ao desemprego e assim, o sistema sócio-econômico nessa área o que o decepciona tornar-se-á facilmente alvo de sua hostilidade. Isso será mais agudamente sentido se durante sua formação não tiver recebido segura orientação vocacional, capaz de proporcionar-lhes elementos realísticos que o levem à escolha do curso de acordo com as possíveis oportunidades de emprego.

Mas o egresso das escolas não é o único elemento envolvido no problema. Está, também, envolvido o ministro das finanças que ocupa a difícil posição de mediador entre grupos rivais que disputam entre si as melhores fatias do bolo orçamentário. Possivelmente, o ministro vem atendendo cada vez mais relutantemente aos pedidos anuais de aumento da quota destinada ao ensino uma vez que tem plena consciência da existência de outras necessidades igualmente urgentes. E caso depois de algum tempo verifique que uma parte do orçamento do ensino está somente servindo para despertar ondas de protesto de desempregados descontentes, começará, talvez, a fazer perguntas embaraçosas.

Há já algum tempo começaram a surgir sinais deste nefasto problema. Seguem-se alguns exemplos:

Nas Filipinas, em 1961, menos de um quarto das pessoas de menos de 35 anos portadores de certificado de conclusão do ensino secundário ocupava um emprego de tempo integral; os outros 44 por cento estavam procurando emprego ou tinham apenas emprego de tempo parcial e os restantes haviam abandonado o mercado de trabalho. Não parecia fazer alguma diferença que tivessem feito um curso geral, acadêmico ou vocacional, uma vez que o desemprego atingia a todos indistintamente e em iguais proporções. Os *diplomados por universidade* estavam obtendo melhores resultados, mas a vantagem não era tão nítida. Dois terços ocupavam empregos de tempo integral — mas era superior a um quarto a proporção dos desempregados, a procura de emprego, ou com apenas um emprego de tempo parcial [12].

Na República Árabe Unida, em meados da década de sessenta, segundo um relatório de pesquisa,

cerca de 70 por cento das matrículas no ensino superior são nas Faculdades de Artes, Direito e Comércio, e não existe demandas para a grande maioria dos diplomados por essas escolas... (tais) elementos... constituem um grupo já numeroso, que vem aumentando rapidamente, de pessoas cuja qualificação é subestimada e não desejada [13].

Na Índia, entre 1956 e 1962, o número de candidatos a emprego portadores de diploma de *matriculate* ou *intermediate* inscritos nas agências de colocação (e que, portanto, não significam o total de desempregados) subiu de 217 000 para mais de 644 000 [14]. Durante estes mesmos sete anos, o número de diplomados pelo ensino superior constante destes registros, subiu de menos de 27 000 para mais de 63 000. A Comissão de Educação da Índia publicou recentemente uma estimativa do total de desempregados com diploma, em todos os níveis, que gira em torno de aproximadamente um milhão [15]. É claro que, deste contingente de um milhão, havia sempre alguns elementos sendo absorvidos pelo mercado de trabalho. Mas com igual regularidade, estavam sendo substituídos por novas remessas de diplomados provindos das várias escolas e universidades. Desperta especial atenção, no caso da Índia, o fato de haver um desemprego significativo e crescente, no campo da engenharia, categoria caracterizada, em geral, pela "escassez".

Na Birmânia, de acordo com Guy Hunter,

havia em 1962 e 1963 um "excesso" de diplomados pelo ensino superior — isto é, números consideráveis (até 40 por cento em alguns ramos da engenharia mecânica e elétrica) de recém-formados que não conseguiam encontrar

12. Ver Anexo 29.
13. MALCOLM H. KEER, "Egypt" em JAMES S. COLEMAN, ed., *Education and Political Development* (Princeton, N. J., Princeton Univ. Press, 1965), p. 187.
14. Ver Anexo 29.
15. ÍNDIA, *Report of the Education Commission (1964-66)*..., *op. cit.*

emprego no tipo de trabalho para o qual se consideravam qualificados. Da mesma forma, havia um "excesso" de formados por escolas técnicas, da ordem de 20 por cento, e até mesmo desemprego para os egressos de escolas de comércio [16].

Na maior parte da América Latina tem havido, durante um grande período de tempo, um forte desemprego e suoemprego para os formados por escolas secundárias e superiores. Na África nota-se uma crescente onda de desemprego no nível dos elementos que terminaram a escola primária (nos "velhos tempos" este grupo tinha uma relativa facilidade para encontrar empregos de escritório). As autoridades da Nigéria, que já há alguns anos são atormentadas por este problema, começam agora preocupar-se com a perspectiva de um iminente "excesso" de diplomados pelo ensino superior; sua produção vem crescendo rapidamente, enquanto a procura, que há alguns anos parecia insaciável, está declinando, principalmente com o preenchimento de cargos públicos.

Que dizer dos países industrializados? Para a maioria deles, é um problema que virá a preocupar no futuro dos "desempregados com diploma". Não é possível prever a forma exata que esse problema assumirá, mas no momento presente, notam-se aspectos como os que se seguem: os países europeus libertando-se da escassez de mão-de-obra do período de pós-guerra; sua crescente eficiência industrial e agrícola permite maior supressão que criação de empregos; os indivíduos nascidos durante a onda de natalidade do período de pós-guerra atingem agora a maturidade e nos próximos anos irão incrementar a força de trabalho. Tudo isto parece indicar uma mudança na situação: de escassez passar-se-á para um excesso de mão-de-obra qualificada e, conseqüentemente, poderá logo surgir o desemprego entre os recém-formados.

Qual a causa de tal paradoxo que leva os países em desenvolvimento, que obviamente precisam de mão-de-obra qualificada, a não terem capacidade para utilizá-la assim que ela acaba de ser preparada? Estará

16. HUNTER, G. "High Level Manpower". III, Parte 1.

o ensino falhando de algum modo? Ter-se-á expandido rapidamente *demais?* Estará produzindo tipos errados de mão-de-obra ou talvez possa localizar-se em outra área como na economia, na política ou nos planos de desenvolvimento econômico? Onde estarão as soluções? E, falando francamente, haverá alguma solução?

A história dos atuais países industrializados poderá ser de alguma utilidade para esclarecer certos problemas e perspectivas dos atuais países em desenvolvimento. Porém isso não quer dizer, é claro, que estes países devam seguir exatamente o mesmo caminho ou que tenham de levar o mesmo tempo para percorrê-lo. Mas há certos estágios e processos inevitáveis que terão de ser vencidos, qualquer que seja a filosofia ou o tipo de país em questão, quando este começa a passar de um estágio relativamente baixo de desenvolvimento econômico para uma economia industrial mais equilibrada.

Um destes processos relaciona-se com a mudança gradual da composição de sua força de trabalho. Sendo ela formada inicialmente por uma alta proporção de trabalhadores não-qualificados e um pequeno contingente de mão-de-obra qualificada e de alto nível, terá de mudar progressivamente no sentido de passar a conter uma proporção cada vez menor de trabalhadores não-qualificados e cada vez maior de elementos qualificados e de alto nível. Em outros termos, uma economia em processo de modernização passa gradativamente de uma situação de baixos salários, baixa produtividade, ênfase no trabalho, para uma situação de maior produtividade, maiores salários, ênfase no capital, poupança do trabalho por meio de mão-de--obra melhor qualificada. Na melhor das hipóteses, o processo de transição é lento.

O ensino e a aprendizagem desempenham um importante papel responsabilizando-se pela formação da força de trabalho qualificada, capaz de uma maior produtividade que a oferecida pelos trabalhadores não--qualificados. E à medida que o processo se desenvolve, a educação passa de um bem "escasso" para um bem "abundante", deixa de ser um luxo destinado a poucos para tornar-se uma necessidade básica para todos quantos desejem fugir do setor não-qualificado da força de trabalho que tende a diminuir.

Nos primeiros estágios, que correspondem aproximadamente à situação em que estava a Europa Ocidental e a América do Norte há cem anos — a estrutura nacional de rendas apresenta uma grande distância da base para o ápice, devido, entre outros motivos, por ser o ensino um valor altamente escasso. Mas à medida que o tempo passa, com a expansão tanto da economia quanto da educação, as rendas da base da estrutura crescem mais rapidamente que as rendas do ápice (que podem, ao contrário, decrescer por causa dos pesados impostos sobre heranças e do progressivo imposto sobre a renda).

Ainda hoje, por exemplo na África, a diferença existente entre a renda de um trabalhador comum e a de um funcionário público ou um homem de negócios situa-se na proporção de 1 para 100 ou mais. Nos Estados Unidos, a diferença de renda nunca foi tão grande quanto na África, mas a distância entre o salário líquido de um trabalhador médio e o de um gerente de empresas de alto nível, não vai além, atualmente de uma proporção de 1 para 5. Na Europa Ocidental a diferença entre as rendas está caminhando para uma faixa igualmente estreita.

O que acabamos de expor interessa a nossa discussão sobre emprego e desemprego pelo fato de que, à medida que as pessoas se tornam mais instruídas, a disponibilidade de novos empregos de *alto nível* torna-se menor com relação ao número de pessoas que se interessam por eles. Para estas, não resta outro recurso senão adaptarem-se à situação (embora nem sempre de bom grado), reduzindo suas exigências até encontrarem um trabalho que possam obter, mas de certo modo de nível inferior do de sua escolha inicial. Por exemplo, não havendo vagas no serviço público esses elementos procurarão o magistério, começando assim o ensino a receber mão-de-obra melhor qualificada. Às vezes, como aconteceu no Japão, os formados por escola secundária conseguem vencer o preconceito que têm contra o trabalho manual e aceitam empregos na indústria. *Tornam-se trabalhadores de indústria mais produtivos* por terem uma formação mais aprimorada, produzem mais e depois de algum tempo passam a ganhar mais, elevando-se assim a base da pirâmide.

A chave para este processo de ajustamento reside na valorização das ocupações. Elas podem continuar a serem chamadas pelos mesmos nomes, mas já não serão as mesmas ocupações, porque elementos de formação mais aprimorada passam a exercê-las e executam melhor o trabalho, resultando disso tudo uma vida melhor.

Apressamo-nos a esclarecer que este lento processo de "valorização da ocupação", no caso das nações industrializadas de hoje, não se processou como um acontecimento sereno e bem planejado e sem conseqüências prejudiciais para outras pessoas. Muito pelo contrário, ao longo do caminho houve rudes golpes e muito sofrimento humano. Esperemos que a jornada seja mais suave e mais rápida para os atuais países em desenvolvimento; seria, porém, ingenuidade pretender que não surjam muitos problemas e contrariedades. Um dos piores será o desemprego, tanto para as pessoas sem instrução quanto para as instruídas.

É importante deixar bem claro que o problema do desemprego não foi *criado* pelos programas de desenvolvimento, nem pela expansão rápida do ensino; na verdade, eles só contribuíram para tornar mais visível e mais audível um problema bem antigo. Através da história, as sociedades estáticas e tradicionais sempre tiveram um vasto desemprego oculto e, mais particularmente, um vasto subemprego. Esta maldição foi agora trazida para a plena luz do dia. O desemprego tornou-se um assunto de interesse público. É possível até, com a ajuda de estatísticas mais aperfeiçoadas (embora ainda imperfeitas), fazer cálculos precisos a respeito do problema. E, de acordo com o comportamento destas estatísticas, os governos podem manter-se ou cair, especialmente se uma boa parte dos desempregados constituir-se de pessoas instruídas, concentradas nas cidades. Isso porque os desempregados com instrução não costumam sofrer em silêncio, escondidos em um canto. É neste sentido que se pode dizer que a instrução tornou o problema, mais audível sem, embora, ter contribuído para o seu aumento.

O problema, porém, é muito pior do que poderia ter sido, devido a três importantes razões. A primeira, obriga-nos a reconsiderar o que afirmamos, relativamente ao fato dos programas de desenvolvimento não criarem o problema do desemprego, que na verdade já existia. Por paradoxal que possa parecer, a modernização tende a gerar mais desemprego que emprego, pelo menos nas etapas iniciais. Isto porque, em termos econômicos, a modernização significa aumento da produtividade humana — fazer mais trabalho, produzir maior quantidade, com o emprego de menos homens//horas. Colocado em termos práticos, isto significa que, por exemplo, um aumento de 10 por cento na produção total do país não seria acompanhado de um correspondente aumento do número de empregos, principalmente se o aumento do PNB for devido ao setor industrial, onde a produtividade do trabalho está aumentando mais rapidamente. Na verdade, nas primeiras etapas do processo de desenvolvimento, o PNB pode *crescer,* enquanto o número de empregos remunerados pode *diminuir.* É isto exatamente o que aconteceu na Tanzânia e no Quênia há pouco tempo, embora se espere que estes dois países já tenham superado esta fase mais difícil.

Um segundo fato pode agravar as conseqüências do primeiro. Se acontecer um crescimento populacional excepcionalmente rápido, no momento em que o país estiver passando pelo difícil ajustamento inicial exigido pelo processo de modernização, poderá tornar-se mais agudo o problema do desemprego, uma vez que a força de trabalho crescerá mais rapidamente que a capacidade apresentada pela economia para absorvê-la. Se, além disso, tiver aumentado a produção de seu sistema de ensino, surgirá o problema de aparecerem pessoas instruídas que não conseguem encontrar emprego no mercado de trabalho. Começará então a parecer, pelo menos superficialmente, que o país está com "excesso de instrução". Tal conclusão é obviamente absurda, caso levemos em consideração que provavelmente a maioria da população é constituída de analfabetos e a maior parte dos jovens não freqüenta sequer a escola primária. Não obstante, existe o perigo de alguma alta autoridade fazer soar o alarme contra o orçamento do ensino. A longo prazo, nada poderia ser mais desastroso, mas pode acontecer.

O terceiro fato indica uma das causas mais importantes e universais das dificuldades em matéria de emprego. É o fato pouco auspicioso de que, por diversas razões históricas, as estruturas de emprego de muitos países em desenvolvimento, os mecanismos do mercado de trabalho, as estruturas de salário e remuneração, e a conseqüente utilização da mão-de-obra instruída completamente diversas daquilo que deveriam ser para estimular o crescimento econômico. Mais precisamente, há um enorme desacordo, na maioria dos países em desenvolvimento, entre a mão-de-obra *necessária* para o desenvolvimento econômico e da mão-de-obra *efetivamente reclamada* pelo mercado de trabalho. Da mesma maneira verifica-se a existência de um enorme desacordo entre a forma como a economia deveria utilizar a mão-de-obra instruída de que dispõe a fim de promover o crescimento econômico e a forma como efetivamente a utiliza.

Entre as principais causas desses dispendiosos desajustes encontram-se as seguintes: *a*) relações inadequadas entre salários e remunerações que tendem a atrair a mão-de-obra na direção errada; *b*) relações inadequadas e excessivamente rígidas entre os vários tipos de ocupação e as qualificações "oficialmente" estabelecidas para elas; *c*) preconceitos tradicionais (especialmente contra o trabalho manual) que afastam os jovens das ocupações mais necessárias para o desenvolvimento, atraindo-os para empregos relativamente menos produtivos; *d*) conceito tradicional, "fiscalizador", do governo, em contraposição ao conceito "ativista" necessário ao desenvolvimento; isto resulta numa inflação de repartições públicas e prende ao regime de papelada muitos indivíduos capazes que poderiam estar contribuindo de maneira mais positiva para o desenvolvimento.

Caso nosso diagnóstico seja correto, quais as conclusões que interessariam ao ensino? Uma conclusão, por exemplo, seria a que nem sempre desemprego de engenheiros significa necessariamente que o sistema de ensino esteja produzindo um número excessivo destes profissionais. Possivelmente para muitos países isto significará que a economia e o governo ainda não aprenderam a utilizar os engenheiros — ou agrônomos, ou arquitetos, ou técnicos de saúde pública — da maneira mais conveniente para o desenvolvimento nacional. É provável que muitos destes especialistas, às vezes com boa formação, estejam envolvidos em trabalhos de escritório, "administrando", em vez de estarem construindo estradas e escolas, produzindo mais alimentos, melhorando a saúde pública. É provável também que os salários sejam altos demais para os trabalhos de "administração" e baixos demais para os trabalhos de "produzir coisas".

Levando em consideração esse quadro, deverão os planejadores do ensino atender as "tendências do mercado", reduzir o programa de formação de engenheiros e procurar atender às reais necessidades de mão-de-obra do país e produzir ainda mais engenheiros? Não é simples responder a isso. Às vezes são tão erradas as estimativas sobre as necessidades de mão-de-obra quanto as do mercado e freqüentemente as primeiras não passam de um reflexo das segundas. Afinal, seria uma forma muito estranha de fomentar o desenvolvimento, tomar providências para diminuir a produção do sistema de ensino somente porque a economia e a administração pública apresentam-se em desarmonia com o desenvolvimento nacional. Obviamente a resposta deve ser deixada para aqueles que tenham vivência do problema e estejam em condições de examiná-lo sob todos os seus aspectos. Uma coisa, porém, é certa: as autoridades educacionais têm muito interesse em que sejam examinadas as causas estranhas ao ensino que dificultam o desenvolvimento, ainda quando tais causas estejam completamente fora de sua jurisdição oficial.

Tudo isto, porém, não libera o sistema de ensino da responsabilidade de colaborar com a economia e com o sistema de administração do desenvolvimento, ainda que estes estejam funcionando de maneira imperfeita. Passar a funcionar por conta própria e produzir diplomados a seu talante seria para o sistema uma atitude irresponsável e suicida. O sistema de ensino pode produzir um número excessivo de engenheiros ou de outros especialistas, a um alto custo *per capita* — prejudicando desta forma o preparo de especialistas necessários ao desenvolvimento nacional, que sofreria assim um efeito negativo.

Não há soluções gerais para problemas de ensino e desemprego nos países em desenvolvimento, uma vez que elas só poderão ser encontradas em função de cada caso em particular. Por muito tempo ainda o problema estará causando preocupações por serem uma das conseqüências inevitáveis da passagem para a modernização. Mas pode-se evitar que o problema assuma proporções ainda mais graves, se as pessoas que ocupam posições de responsabilidade compreenderem sua natureza e evitarem a decisão precipitada de cortar as verbas destinadas ao ensino somente pelo fato de alguns diplomados não encontrarem emprego — mais tarde iriam elas descobrir tratar-se de um grande erro.

Se fizemos somente um estudo superficial dos países industrializados não foi porque eles deixem de apresentar o problema do desemprego de indivíduos diplomados, mas sim, porque estão muito mais aptos para enfrentá-lo. Sua economia é mais ampla, mais diversificada, mais flexível. Elas não precisam ter muita preocupação como o ajustamento das necessidades de mão-de-obra, em parte porque o mercado de trabalho reflete melhor estas necessidades, e mais ainda porque há mais flexibilidade, mobilidade e adaptabilidade em sua força de trabalho. Contudo, seus sistemas de ensino, nos dias de hoje mais do que anteriormente, precisam ficar atentos com as modificações dos padrões de emprego e com o surgimento de novos tipos de ocupações que exigirão qualificações escolares bastante diversificadas. Acima de tudo, contribuirão positivamente para a solução do problema do mercado de trabalho caso conferirem prioridade à formação de pessoal capacitado e adaptável a novas circunstâncias e que tenha capacidade e motivação para continuarem a aprender e progredir. Motivação é justamente o próximo assunto a ser discutido.

Atitudes e mudança social

INFLUÊNCIA DAS ATITUDES NAS PREFERÊNCIAS ESCOLARES E OCUPACIONAIS. PRECONCEITOS CONTRA OS ESTUDOS CIENTÍFICOS E TÉCNICOS. INFLUÊNCIAS DAS ESCOLAS E DOS PROFESSORES. O QUE ESPERAR E O QUE NÃO ESPERAR DO ENSINO?

O problema das atitudes — bastante complexo — esteve subjacente em muitos pontos já discutidos e por vezes veio à tona. Freqüentemente, quando examinamos as causas envolvidas no contexto da relação entre o ensino e o desenvolvimento nacional, acabamos, mais cedo ou mais tarde, verificando constituírem as atitudes uma causa muito importante que se coloca por detrás de outras causas e de muito do que acontece ou deixa de acontecer. Por isto, parece-nos oportuno tratar agora do assunto.

Estamos cônscios da velha advertência de que não se deve forçar um assunto a parecer mais exato do que sua natureza permite; sabemos, também, que o estudo de uma realidade pode ser distorcido quando coisas naturalmente imprecisas são tratadas como se pudessem ser medidas com precisão. Como esta advertência se aplica com especial propriedade ao caso das atitudes humanas, aquilo que a seguir diremos deve ser tomado como uma hipótese, exceto quando apoiar-se em fatos concretos.

É a seguinte a primeira questão que gostaríamos de examinar. Desde que um estudante tenha liberdade de escolha, o que o leva a escolher um determinado curso? Nossa hipótese é a de que no ato da escolha ele é fortemente influenciado por aquilo que pensa ter maior importância para seu futuro econômico e social. Ele perscruta seu futuro à luz de todos os fatos, boatos, preconceitos, e conselhos que possa ter captado; dispõe de uma escala de preferências das ocupações e avalia, acertada ou erradamente, quais suas possibilidades de conseguir o tipo de ocupação que corresponde a sua primeira escolha. O estudante faz então destas preferências o princípio norteador da escolha do curso.

Caso seja correta esta hipótese, uma segunda questão decorre dela: que faz o sistema de ensino — se é que faz alguma coisa — para reformular as atitudes e escolhas do estudante de modo a torná-las compatíveis com suas reais perspectivas de emprego e com as necessidades de desenvolvimento do país?

A resposta a esta questão poderá apoiar-se num grande número de dados, das mais diversas origens. Mas a evidência mais concreta é oferecida pelas escolhas ocupacionais que os estudantes realmente fazem. Comparativamente às necessidades reais do desenvolvimento, existe um número excessivo de estudantes europeus dos mais capazes que preferem o tipo de emprego que exige uma formação geral, humanística, de nível secundário ou superior, enquanto se afastam das carreiras que requerem estudos baseados em matemática e ciências. Dizer isto não significa diminuir a importância de dois fatores que muitas vezes passam despercebidos. Um deles prende-se ao fato de que as atitudes dos estudantes para com a matemática e as ciências podem estar condicionadas a suas aptidões naturais; a aptidão para uma forma de expressão humana não implica aptidão para todas as formas. O segundo importante fator é o de que o estudantes com aptidão natural para a matemática e ciências podem ter tido a pouca sorte de estudar com professores incompetentes, incapazes de estimular os alunos.

Mas depois de ter levado em consideração estes dois fatores, ficamos ainda às voltas com um inquietante fenômeno residual. Os estudantes de bom rendimento escolar — que, por razões tratadas em outra parte deste livro, provêm em maiores proporções dos setores mais instruídos e abastados da sociedade — parecem demonstrar certo preconceito contra os estudos de matemática e de ciências. Não estamos sugerindo uma ligação absoluta entre esta atitude e a origem sócio-econômica, nem queremos dizer indiretamente que toda a área de estudos matemático-científicos esteja entregue, por exclusão, a estudantes menos favorecidos social e economicamente. Independentemente da origem dos estudantes, as linhas de capacidade mental se entrecruzam, tal como as luzes do tráfego em fotografias tiradas à noite. Mas nossas observações permanecem de pé: uma grande maioria de estudantes de bom rendimento oriundos dos setores mais favorecidos da sociedade, talvez em virtude de suas preferências ocupacionais, escolhe, em geral, um curso secundário e superior de tipo humanístico. Mas, se essa observação não explica inteiramente por que as autoridades educacionais da Europa vêm encontrando tanta dificuldade para encaminhar uma proporção maior de estudantes para os estudos de ciência e tecnologia, de maneira a restabelecer o equilíbrio, pelo menos parece explicar uma boa parte de suas dificuldades.

Já tivemos oportunidade de mencionar as dificuldades enfrentadas pela França e pelo Reino Unido ao tentarem fortalecer o fluxo de estudantes nos ramos de ciência e tecnologia. Dificuldades semelhantes teve a Suécia ao procurar dirigir um número maior de estudantes para outras áreas que não as "teóricas", com sua forte inclinação para o currículo de humanidades (embora também levem aos estudos de matemática e ciências). Um estudo recente sobre a educação na Suécia diz o seguinte:

> Uma tendência digna de nota no departamento superior era o excessivo fluxo para os cinco ramos "teóricos" do 9º grau, que encaminham o estudante para o ensino secundário teórico superior no *gymnasium* e *fackskola,* isto é, 9g, 9h, 9t, 9m e 9s. Mais de 75 por cento dos estudantes escolhem estes ramos. Em 1964, a proporção era de 74 por cento, e em 1965, 78 por cento, enquanto em 1960, era de 54 por cento. Esta tendência deverá continuar [17].

No caso dos países em desenvolvimento, existe maior quantidade de dados empíricos que indicam uma forte propensão dos estudantes em favor do trabalho de escritório, devido à tradicional associação tanto na agricultura quanto na indústria de trabalho manual com *status* social inferior. Além disto, há certos indí-

---

17. OECD, *Educational Policy and Planning, Sweden, op. cit.,* p. 101.

cios de que, ao invés de procurarem modificar tais atitudes, as escolas e os professores tendem a reforçá-las. Um estudo de Marshall Wolfe apresenta o que se pode considerar um caso típico, ao concluir que na década de 50, o rápido crescimento do ensino secundário na América Latina, ocorreu sem planejamento e sem cuidado de procurar atender às necessidades de desenvolvimento da região e, pouco se preocupando com a possibilidade de proporcionar igualdade de oportunidades. Diz ele:

> O que a classe média urbana lutou, com sucesso, para conseguir foi um tipo de escola secundária que levasse ... à universidade e a um degrau acima na escala social, ou pelo menos a um certificado que garantisse um emprego no serviço público ou no escritório de uma empresa [18].

O professor de cidade do interior da Índia, do livro *Blossoms in the Dust* de Kasum Nair, expressou uma atitude bastante difundida, quando disse a seus alunos:

> Somente a instrução pode nos transformar em homens. Mas a instrução e o cultivo (do solo) não podem ser combinados. Os dois precisam ser mantidos separados. Como pode um rapaz que freqüentou escola fazer o trabalho pesado exigido pelo cultivo do solo? [19]

Mesmo quando as autoridades procuram reorientar seus sistemas de ensino no sentido do desenvolvimento nacional, seus esforços poderão ser anulados devido a valores opostos difundidos nas suas respectivas sociedades. A situação na Birmânia, conforme relata Manning Nash, constitui um caso bastante ilustrativo. Ele observa que

> para os planejadores educacionais birmaneses, não existe dúvida quanto ao objetivo da instrução: ela deve ser usada como instrumento de transformação de uma sociedade produtora de matéria-prima... em uma sociedade diversificada, com certo grau de industrialização — uma nação moderna,

---

18. WOLFE, Marshall. "Social and Political Problems of Educational Planning in Latin America". *Problems and Strategies of Educational Planning: Lessons from Latin America* (Paris, Unesco/IIEP, 1965) p. 22.

19. NAIR, K. & MYRDAL, G. *Blossoms in the Dust: The Human Element in Indian Development* (Londres, Duckworth, 1961).

uma democracia socialista formada por cidadãos responsáveis e bem informados.

Mas o povo do interior, acrescenta Nash, vê as coisas de outra maneira, pois pensa que

> a instrução deve levar ao sucesso econômico (o jovem interiorano estudará mais de quatro anos para tornar-se um trabalhador de escritório, um professor, ou um funcionário público); a educação e a instrução devem fazer com que o indivíduo possa mostrar-se fino e instruído [é assim que um homem comum alcança o *gon* (virtude e respeito)]; e poderá atingir o *kuth* (mérito espiritual)[20].

Simpatizamos instintivamente com aqueles que, nos países em desenvolvimento, consideram a instrução como uma válvula de escape do baixo *status* social do trabalho manual. Infelizmente, existe outra face da moeda. Os países só podem se desenvolver caso se dispuserem ao trabalho árduo que muitas vezes suja as mãos nos campos e fábricas, inclusive as mãos de muitas pessoas de "alta qualificação", como engenheiros civis e peritos agrícolas. Há, é verdade, funções administrativas indispensáveis que precisam de elementos capazes e trabalhadores por trás das escrivaninhas. Mas se a instrução limitar-se a retirar as pessoas mais capazes do trabalho menos limpo para colocá-las em grande número por trás de escrivaninhas e se este for o destino da maioria das pessoas com instrução secundária e superior, como poderá o ensino promover o crescimento econômico e constituir um investimento compensador?

A máquina burocrática governamental de muitos países em desenvolvimento carrega um peso excessivo de especialistas bem preparados que fazem uma enorme falta em setores decisivos para o desenvolvimento econômico. No entanto, os especialistas ocupam-se em grande parte de tarefas administrativas, enquanto as pesquisas de mão-de-obra demonstram a escassez de pessoas com sua qualificação. Esta realidade aparece de forma eloqüente na seguinte afirmação:

---

20. NASH, M. *The Golden Road to Modernity: Village Life in Contemporary Burma* (Nova York, John Wiley and Sons, 1965).

Dos 2 600 cientistas agrícolas da índia, 90 por cento estão no setor público (isto é, são na maior parte funcionários do Ministério da Agricultura), enquanto a produção agrícola do país está quase inteiramente nas mãos de agricultores particulares. Quando muito 1 por cento dos cientistas se dedica à administração de fazendas, enquanto menos de 3 por cento ocupam-se das indústrias alimentícia e de laticínio combinadas, onde podem ser aplicados diretamente os conhecimentos de agricultura [21].

Fatos semelhantes ocorrem em outras partes do mundo, como o demonstram os estudos de Philip Foster, em Gana e na Costa do Marfim, sobre as aspirações e expectativas ocupacionais dos estudantes, e uma pesquisa oficial feita nas Filipinas sobre as atitudes dos estudantes com relação ao trabalho manual. Todos estes estudos confirmam que a educação é geralmente vista como uma estrada que conduz a um emprego de escritório [22].

Se registramos estas atitudes, não é com o intuito de ridicularizá-las. É importante procurar melhor compreendê-las a fim de que os sistemas de ensino possam mais efetivamente enfrentá-las no interesse do desenvolvimento nacional. Mas o que exatamente será possível fazer neste setor? Mesmo em condições ideais, seria tremendamente difícil para os sistemas escolares instilar nos estudantes uma série de atitudes, motivações e preferências ocupacionais que pudessem promover o desenvolvimento econômico e social do país, numa orientação diversa das tendências familiares e de outras forças do ambiente que levam os indivíduos a direções muitas vezes contrárias aos interesses nacionais. A dificuldade ainda é maior no caso particular dos países em desenvolvimento. Suas escolas, especialmente aquelas cujos professores são oriundos da zona rural e sabem pouco mais que os próprios alunos, não podem de um dia para o outro endireitar o que foi entortado por séculos de tradição e miséria.

21. UNESCO RESEARCH CENTER on Social and Economic Development in Southern Asia, *Sociological Considerations in Educational Planning for Economic Development* (Nova Delhi, 1965) (mimeografado).

22. P. J. FOSTER, *Education and Social Change in Ghana* (Londres, Routledge and Kegan Paul, 1965); ver também Anexo 31.

Se não se pode esperar que as escolas eliminem estas atitudes tão desvantajosas para o desenvolvimento nacional, pode-se ao menos pedir que elas não as aprofundem ainda mais. Com este começo — ainda que negativo — pode-se ter a esperança de poder tomar no devido tempo medidas mais positivas. Com a ajuda de professores melhor habilitados, de um sistema mais esclarecido de orientação vocacional, de uma estratégia especial para a educação das meninas que irão educar a próxima geração, e da ampliação e diversificação das oportunidades de trabalho, as escolas conseguirão finalmente reverter o processo no sentido da modernização e do progresso. Mas elas não poderão fazer isto sozinhas uma vez que será imprescindível a decisiva colaboração de outros setores da sociedade.

Os estudantes não nascem com preferências educacionais ou ocupacionais, nem os mais capazes são tão idiotas a ponto de ignorar os preconceitos tradicionais que os levam a fazer escolhas irracionais de cursos e ocupações. Ao contrário, quanto mais inteligentes, mais depressa percebem o que a sociedade valoriza e o que não valoriza, tanto do ponto de vista econômico quanto do social. Se a sociedade valoriza as ocupações de maneira inadequada para o desenvolvimento nacional, se ela perpetua os antiquados padrões de incentivos e prestígio — quando a nova situação exige mudanças —, não se poderá querer que os jovens sigam as preferências de planejadores abstratos ou o conselho de professores idealistas. Para eles, as preferências do mercado falam mais alto.

Em uma sociedade em transição, o sistema de ensino não pode desviar o fluxo de estudantes para os campos essenciais ao desenvolvimento nacional com a presteza desejada pelos planejadores e requerida pelo interesse nacional, a não ser que a própria sociedade (inclusive o governo, acima de tudo) disponha-se a apoiar o desvio do fluxo com incentivos sociais e econômicos. Nestas questões, a escola não pode tomar demais a dianteira em relação à opinião pública, nem pode em sã consciência encorajar seus alunos para que se adiantem.

A prova disto pode ser encontrada em alguns países em desenvolvimento nos quais foram feitos reais esforços no sentido de aumentar o prestígio de ocupações científicas e técnicas (como na Índia), e onde isto se refletiu na estrutura de salários. Nestes casos, não houve a menor dificuldade para atrair os estudantes mais capazes para tais ocupações. Neste setor, talvez, alguns países em desenvolvimento estejam na frente de certos países industrializados. Infelizmente, contudo, muitos dos mesmos países não tomaram medidas equivalentes com relação ao prestígio de ocupações de nível médio, que são essenciais para que as ocupações de nível superior possam apresentar plena produtividade. Isto ajuda a compreender a distorção já citada na relação entre engenheiros e técnicos. Temos a impressão de que na maioria e talvez na totalidade destas sociedades tradicionais, a geração mais nova está pronta a abandonar sua alegada antipatia contra o trabalho manual qualificado, tão logo a sociedade faça com que isto valha a pena. Uma reversão na relação entre os salários do trabalho manual qualificado e do trabalho de escritório de baixo nível poderia produzir resultados admiráveis e tornar bem mais fácil a tarefa do ensino.

De qualquer maneira, por muito tempo ainda a educação e a sociedade precisarão continuar a passar de uma para outra esta questão de atitudes, esperando-se que desta ação conjugada possam emergir gradualmente a mudança social e o crescimento econômico essenciais para a consecução dos objetivos propostos. Mas há algo que nunca deverá ser esquecido: não se pode pretender que o sistema de ensino e os estudantes façam aquilo que a própria sociedade — e o governo, com suas escalas de incentivo e prestígio — não esteja preparada para fazer. No mínimo, pode-se pedir que o ensino abstenha-se de reforçar as atitudes e escolhas antidesenvolvimentistas, além disto, procurar manter-se um passo à frente da sociedade, num esforço para acelerar o ritmo da mudança social e do crescimento econômico. Mas, insistimos, o ensino não pode tomar somente para si a tarefa de reformar sozinho a sociedade, suas atitudes e suas estruturas de incentivos. O ensino é demasiadamente um produto da sociedade e demasiadamente uma *expressão* da sociedade para que isto seja possível.

Ainda assim, dentro de certos limites, o sistema de ensino é produto de si mesmo e expressão de suas próprias predileções. Isto se tornará mais claro quando tratarmos de seus assuntos internos, o que nos propomos a fazer em seguida.

4. O INTERIOR DO SISTEMA DE ENSINO

Metas e prioridades: o roteiro do sistema

EXPANSÃO DAS METAS DE ENSINO. DIFICULDADE PARA A OBTENÇÃO SIMULTÂNEA DE TODAS AS METAS. PROBLEMAS INERENTES À DEMOCRATIZAÇÃO DO ENSINO. DIVERGÊNCIAS ENTRE "MODERNISTAS" E "TRADICIONALISTAS". DIFICULDADES PARA O ESTABELECIMENTO DE PRIORIDADES.

Até aqui encaramos o sistema de ensino do lado de fora: primeiro do ponto de vista da demanda de ensino e das entradas e depois do ponto de vista das saídas e do impacto que o ensino exerce na sociedade. Agora é o momento de examinar o que se passa dentro do sistema.

A vida interna de um sistema de ensino é em em grande parte moldada por sua própria lógica, sua dinâmica e seus hábitos. Ela é também muito influenciada pelas pressões, restrições e desafios do mundo exterior. Sendo esta uma realidade, devemos dizer uma palavra sobre o ambiente, antes de passarmos pela porta que leva ao interior do sistema.

Um sistema de ensino, como dissemos inicialmente, não é algo rígido — possui potencialmente flexibilidade interna e um poder de escolha entre respostas alternativas às pressões externas e às forças inovadoras internas. Na última década, no entanto, parece que as mudanças internas de muitos sistemas de ensino foram provocadas mais por influência externa que devido à iniciativa dos próprios sistemas. Este fato não deve causar preocupações, uma vez que só será benéfico o diálogo entre os elementos internos do sistema e os elementos externos, como clientes, patrocinadores, simpatizantes e críticos. Porém, o dano se estabelece quando há um desequilíbrio entre forças internas e externas, isto é, quando as forças internas são demasiadamente fracas para assumirem a iniciativa de mudanças. Neste caso, como já foi dito em tom jocoso, as forças externas parecem estar arrastando para o século XX um sistema de ensino que grita e esperneia.

Uma vez que os componentes internos de um sistema de ensino formam um organismo bastante complexo, profundamente humano e moldado por muitas mãos, em primeiro lugar voltaremos nossa atenção para as metas as quais eles se propõem alcançar ou que as sociedades pretendem que eles alcancem; ao mesmo tempo, procuraremos reconstituir quais as transformações sofridas por estas metas no turbilhão dos últimos anos.

A partir da década de 50, as metas da educação, como de outros aspectos do panorama educacional, desenvolveram-se com um toque revolucionário. Um número incalculável de indivíduos, antes passivos, foi tomado por uma idéia libertadora: a de que o conhecimento é a chave para alcançar o poder sob suas múltiplas formas: poder político, social, econômico; que o monopólio do conhecimento não passa de uma nova forma de dominação de poucos sobre as vidas de muitos; que qualquer povo que deseje moldar a própria história e desenvolver-se de acordo com seus próprios padrões precisa em primeiro lugar romper o monopólio do conhecimento. É preciso garantir a todos o direito à educação e, por extensão, é preciso democratizar o direito de acesso progressivo aos níveis mais elevados de ensino.

Esta idéia não é nova. Nos Estados Unidos, por exemplo, ao tempo da Revolução Americana, foi defendida por Thomas Jefferson, enquanto governador em tempo de guerra do Estado de Virgínia, quando submeteu ao legislativo estadual um *Plano para a Difusão do Conhecimento*. Mais tarde, na Rússia, muito depois na Índia, Lênin e Ghandi, respectivamente, baseando-se, embora em ideais diferentes, aderiram à convicção de Jefferson de que uma ampla difusão do conhecimento era essencial a qualquer plano de elevação da sociedade. Mas foi só a partir da Segunda Guerra Mundial, quando começaram a ser liquidados os velhos Estados colonialistas da Europa, que as metas democráticas de educação começaram a despertar a atenção dos países "em desenvolvimento". À medida que se multiplicavam os novos países e à medida que suas necessidades de desenvolvimento se foram tornando evidentes, a Unesco reagiu à moda de um arqueiro experimentado que faz mira para um ponto mais elevado do alvo, dando margem à diferença devida à ação da gravidade. A Unesco tem a seu crédito o fato de ter estimulado as nações em desenvolvimento a elevarem suas aspirações e a procurarem metas democráticas de educação. Como resultado, existe atualmente um consenso educacional quase universal, de que participam quase todas as nações, de todos os estágios de desenvolvimento, dos mais diversos sistemas políticos e sociais, e das mais diversas culturas. Todas estão de acordo quanto às grandes linhas da educação democrática: ensino primário universal, alfabetização de todos os cidadãos, iguais oportunidades de educação para a mulher, maior participação da população no ensino secundário e superior, uma mais larga concepção da educação de adultos.

Mas enunciar os objetivos não quer dizer que se possa executá-los. Sempre houve, e certamente sempre haverá, uma grande diferença entre falar e fazer. Se, portanto, quisermos apreender os objetivos de um sistema de ensino, precisamos examinar não o que se diz, mas o que se pratica. Com muita freqüência, as duas coisas não coincidem. Isto não significa que os objetivos declarados sejam intencionalmente enganosos, mas apenas mostra como é demorado o processo de alteração do funcionamento de um sistema de ensino, como é preciso tempo para dar novos rumos a seus esforços, reorganizar as energias e recursos exigidos para a realização de novas tarefas e melhoria da execução das antigas.

Entre outras exigências, a obtenção de novos objetivos educacionais exige a atuação de um quadro de professores entusiastas e competentes. Contudo, é possível que muitos professores não tenham recebido formação e orientação para atenderem a essas exigências e também que a declaração formal dos objetivos do sistema, por parte das autoridades administrativas, venha a ser contrariada devido a pressões sociais independentes. Mais de uma vez temos visto os líderes educacionais anunciarem uma decisão e os alunos e pais de alunos tomarem uma direção bem diferente. Estes dois pontos já mostram as dificuldades para a consecução de objetivos educacionais, mas há muitas outras dificuldades. Os administradores de um sistema de ensino podem aderir entusiasticamente a seus objetivos, mas esse mesmo sistema poderá ser tumultuado por uma infinidade de controvérsias a respeito de determinados assuntos, de tal forma que as respostas ou grupos de respostas às questões em litígio cheguem a afetar as possibilidades de consecução dos objetivos propostos. As controvérsias estabelecem-se a respeito de prioridades e planejamento, custos e recursos, estrutura e currículo, qualidade e métodos, instalações e provimento de pessoal, pesquisa e inovação, a linguagem do ensino ou o "poder estudantil". Na maior parte do tempo estes debates internos giram em torno de meios e não de fins, mas no calor da discussão é difícil estabelecer uma distinção entre eles.

O que acabamos de dizer aplica-se aos sistemas de ensino do mundo inteiro. Além do mais, em quase todos os lugares, os sistemas estão divididos pelo reaparecimento, sob novo contexto, das antigas disputas que giram em torno de problemas como quem deve decidir os assuntos controversos e ter assim a última palavra a respeito dos rumos a serem tomados pelo sistema na busca de seus objetivos. Quem deve ter a última palavra: os educadores ou a sociedade? Se educadores, quais? Se a sociedade, quais de seus membros? Não seria o caso de ouvir também os estudantes, e então, como exerceriam eles este direito?

Cada país precisa encontrar suas próprias respostas; contudo, em alguns deles as discussões têm revelado profundas fissuras tanto na sociedade quanto no magistério. A elite de uma sociedade de castas pode aderir, por palavras, aos objetivos democráticos da educação, mas na prática demonstrar grande falta de entusiasmo pela "educação das massas", devido ao receio de que ela leve ao enfraquecimento de seu próprio poder. Por outro lado, a elite mostrar-se-ia genuinamente interessada na mudança e no aperfeiçoamento da sociedade, lutaria com decisão no sentido de proporcionar ensino para a massa da população. Mas os especialistas em educação, sem os quais nada poderia ser feito, estariam divididos em intermináveis disputas sobre os objetivos educacionais ou então quanto aos meios de organizar um sistema de ensino capaz de resistir ao teste da qualidade e da eficiência.

Compreender-se-á melhor a natureza destas controvérsias recorrendo ao exame de um fato ao qual já nos referimos, que aconteceu a partir do momento em que o ensino secundário passou a ser oferecido a um contingente mais numeroso de estudantes que, por ser mais numeroso, era também mais diversificado quanto à origem sócio-econômica, aptidões, motivações e aspirações ocupacionais. Este evento se deu relativamente cedo na América do Norte e na União Soviética e nos dois casos houve necessidade de diversificação do ensino secundário, a qual ainda se encontra em período de processamento. Mas na maior parte do mundo, inclusive na maioria dos países da Europa Ocidental, a abertura do ensino secundário para um grande número de jovens é um fenômeno surgido nas últimas duas décadas. O resultado está diante de nossos olhos: o conflito entre as novas necessidades e os objetivos anteriormente apresentados pelo ensino secundário.

Como já expusemos, tais objetivos anteriores atribuíam ao ensino secundário a função de preparar os estudantes para ingressarem na universidade através da observância de um currículo clássico. Enquanto os estudantes constituíam uma minoria privilegiada, esta função parecia ajustar-se às necessidades apresentadas por eles. Porém, quando o ensino secundário sofreu o processo de democratização, a verdade passou a ser outra. Insistiu-se então para que fosse dada aos filhos de operários, camponeses e empregados no comércio igual oportunidade de ingresso no prestigioso caminho acadêmico para a universidade. Mas como, na verdade, apenas um grupo reduzido acabará entrando para a universidade, tornou-se necessário oferecer cursos "de boa reputação" como alternativas para a maioria dos estudantes, para os quais com toda probabilidade, o ensino secundário significaria o fim de sua formação formal.

Este fato suscitou uma controvérsia ainda sem solução sobre o tipo de experiências educacionais a serem proporcionadas aos estudantes para os quais o ensino secundário constituiria um curso terminal: será capacitá-los para ingressar no mercado de trabalho e, por acréscimo, dar-lhes certa dose de formação geral ou por outro lado, deve a formação geral continuar sendo o objetivo principal, como acréscimo de atividades *necessárias à aprendizagem de uma habilidade*, deixando-se para as experiências futuras no emprego ou para o treinamento em serviço a tarefa de propiciar a aquisição de habilidades específicas? A prevalecer esta última hipótese, que tipo de formação geral deverá ser proporcionado? Uma pálida imitação dos velhos programas pré-universitários, cobrindo uma multidão de alunos com o mesmo verniz cultural ou então um novo tipo de formação geral? E independentemente do conteúdo, como fazer com que este sistema de ensino reformado possa distribuir uniformemente respeitabilidade, qualidade e prestígio de modo que os estudantes não sejam divididos em cidadãos de primeira classe e cidadãos de segunda classe?

Mesmo num contexto estático, os educadores apresentariam nítida divisão de opiniões quanto à maneira de dar expressão concreta aos objetivos educacionais, no que tange ao preparo de estudantes para trabalhos específicos. As opiniões estariam também divididas quanto às maneiras de proporcionar aconselhamento (ou orientação) capaz de determinar as verdadeiras aptidões dos alunos, sugerir-lhes, com base nesse conhecimento, perspectivas realistas de emprego. Mas o problema apresenta-se ainda mais complexo devido ao papel cada vez mais dominante desempenhado pela ciência e tecnologia na vida dos indivíduos e das sociedades. Como poderia qualquer tipo de formação profissional como aquelas que as escolas estão capacitadas a dar manter-se em dia com um mundo em rápidas e incessantes transformações sob o impacto de descobertas revolucionárias da ciência e da tecnologia?

Este problema não preocupa somente os educadores responsáveis pelo ensino profissional e técnico de nível médio; instigou, também, a proposição de novos e mais amplos objetivos para a própria educação geral e para o papel da matemática e da ciência em todos os níveis de ensino, inclusive na área da educação de adultos.

Não estamos tratando neste ponto da produção de cientistas e técnicos, mas sim da produção de pessoas com suficiente formação científica e técnica para poderem viver de maneira segura e sadia em um novo tipo de mundo. Na verdade, as grandes conquistas científicas do homem trouxeram uma nova dimensão para a controvérsia entre os educadores sobre os fins da educação. Os "modernistas" reclamam uma completa revisão dos conceitos clássicos de humanismo e "cultura". Eles observam que, em acréscimo às grandes realizações humanísticas do passado no domínio da arte literária e das artes plásticas, o animal humano exprime-se agora com incrível poder e criatividade no desenvolvimento da ciência e da tecnologia. Portanto, estas devem também ter seu lugar e prestígio de direito em qualquer currículo humanístico. De seu lado, os "tradicionalistas" discordam deste ponto de vista. Insistem em manter o conceito e o espírito originais do humanismo, que se cristalizaram em um currículo e em uma estrutura acadêmica que precederam de muitas gerações a atual revolução científica e tecnológica.

A existência de divergências de ponto de vista no que concerne aos objetivos educacionais é demonstrada pelo crescente interesse de inúmeros países pelo ensino de línguas estrangeiras modernas, dado os pontos de contato, cada vez mais freqüentes, nos mais variados setores — econômico, político, militar, científico, e tecnológico. Os países industrialmente adiantados sentem de forma aguda a necessidade de comunicações precisas, mas, talvez, os países em desenvolvimento o sintam ainda com maior intensidade, por terem necessidade de comunicação na língua dos países industrialmente adiantados — por eles considerados os árbitros de seu destino. Neste ponto surge um atrito entre os tradicionalistas, que preferem continuar ensinando tanto um língua antiga quanto uma língua moderna, para melhor compreensão da própria cultura e da de outro povo e para a apreciação das obras-primas da literatura, e os pragmatistas que se batem pelo ensino de uma língua estrangeira, primeiro e acima de tudo devido à sua utilidade prática.

A maioria e talvez a totalidade das novas atribuições que caberiam numa ampliação dos objetivos educacionais poderia ser defendida com vigor. Mas todos eles teriam possibilidades de serem realizados? Seria possível adotar uma multiplicidade de objetivos educacionais enquanto se procura estender as oportunidades educacionais a toda a população e consegui-lo sem provocar uma queda de qualidade que faça periclitar todos os objetivos? O sistema de ensino na ânsia de satisfazer a todo mundo, não estaria procurando acomodar os velhos objetivos aos novos, podendo assim acabar numa confusão de objetivos, sem quaisquer prioridades, obrigado a recorrer à camuflagem para esconder seus pontos fracos? Não temos a pretensão de saber responder a estas perguntas, mas esperamos que aquilo que se segue terá possibilidade de ajudar a esclarecê-las.

O que acabamos de expor não significa renegar os sistemas, mas antes, manifestar-lhes solidariedade diante de suas dificuldades. Uma das maiores dificuldades enfrentadas por um sistema de ensino e pela comunidade por ele servida consiste na tarefa de definir seus objetivos e expressar suas prioridades em termos operacionais claros e significativos. Uma segunda tarefa igualmente difícil, é a verificação da eficiência do sistema pelo confronto entre sua produção real e os objetivos propostos.

Haverá sempre a forte tentação de o sistema disfarçar suas dificuldades no que concerne aos objetivos recorrendo a uma acomodação entre os pontos de vista antagônicos; à primeira vista essa acomodação parecerá uma obra-prima de diplomacia coletiva, mas na verdade constitui uma fuga diante da obrigação penosa, mas essencial, de tomar decisões no setor das prioridades. Uma das formas de ceder a tal tentação será afirmar que todos os assuntos de educação são igualmente importantes, que não há um só que possa ser preterido em favor de outro, que todos são componentes indispensáveis do sistema educacional e que o sistema pode suportar novos encargos sem o sacrifício dos antigos, devendo todos, portanto, receber proporção idêntica de tempo e recursos.

Na prática da medicina, os cirurgiões, quando se vêem forçados a uma escolha, costumam sacrificar uma perna para salvar uma vida. Em se tratando de educação, porém, o conceito de "prioridades horizontais", que atribui parcelas iguais de recursos para todos os objetivos educacionais, pode inverter a ordem de valores, vigente para a medicina, tendo como resultado que o sistema sacrifique a própria vida para salvar um membro do corpo. O bom senso protestaria naturalmente contra uma escolha tão arrevesada. No entanto, existem indícios inquietantes de que muitos sistemas de ensino a estão adotando em sua luta diária visando alcançar seus objetivos educacionais.

Qualidade e conteúdo: o principal objetivo do sistema

OPINIÕES DIVERGENTES SOBRE AS RECENTES ALTERAÇÕES DE CURRÍCULO. DUAS MANEIRAS DE ENCARAR A QUALIDADE DO ENSINO. NOVOS PROBLEMAS PEDAGÓGICOS CRIADOS PELAS NOVAS CLIENTELAS. OBSTÁCULOS À INTRODUÇÃO DE NOVOS CONHECIMENTOS NAS CLASSES. INFLUÊNCIA DOS PADRÕES DE PRESTÍGIO NA QUALIDADE DOS NOVOS PROFESSORES ADMITIDOS.

Se os sistemas de ensino fossem julgados unicamente pelo número de alunos matriculados, não teria sentido falar-se que eles sofrem de crise de conteúdo e qualidade. É preciso convir, porém, que os sistemas de ensino existem a fim de dar formação aos alunos e não para produzir estatísticas. Por isso ao julgar o conteúdo e a qualidade dos sistemas, somos obrigados a fazer as seguintes indagações: "O que os alunos estarão de fato aprendendo? Quanto, como e com que rapidez estarão eles aprendendo? Existe alguma diferença entre aquilo e o modo pelo qual os alunos aprendem nos dias de hoje e antes de 1950?"

São estas algumas das perguntas mais difíceis de responder em pedagogia. Ao tentar respondê-las, perder-nos-emos facilmente caso tentemos simplificar ou generalizar demais, se reagirmos com demasiado vigor, e ainda se encontrarmos apenas aquilo que desejarmos encontrar e apenas o que procuramos. Será muito melhor reconhecer desde logo, tal como o fazemos neste momento, que talvez a verdade possa ser encontrada na conjugação de duas afirmações contraditórias, referentes às perguntas acima citadas.

A primeira afirmação é a seguinte: em muitos países, a estrutura, os métodos, e o conteúdo do currículo mudaram de maneira mais intensa na última década que nas décadas precedentes. Eles foram atualizados e ficaram mais eficientes, por terem se tornado mais importantes para os alunos e seu meio social. Há portanto, atualmente, mais alunos, aprendendo mais e melhor que os seus antecessores. O aumento de quantidade não significa necessariamente diminuição de qualidade. Aqueles que reclamam contra a queda de qualidade deverão, portanto, ser ouvidos com certo ceticismo, pois são em geral pessoas oriundas de círculos oligárquicos que sustentam uma guerra polêmica contra a modernização e a democratização de qualquer aspecto da educação.

A segunda afirmação, que contradiz frontalmente a primeira, vem dos veteranos vanguardeiros das lutas educacionais, que merecem ser ouvidos, se não fosse por outro motivo pelo menos devido ao respeito pelas cicatrizes que trazem das batalhas. A crítica que fazem aos sistemas de ensino excede, pela amplitude e virulência, a tudo o que antes foi dito. Em essência, afirmam eles que a maior parte do conteúdo atual do ensino é obsoleto e irrelevante, sem atender aos propósitos de estudantes que vão viver no século XXI. Estes críticos não querem dizer que o aumento da quantidade determina necessariamente uma queda de qualidade, mas sim que tem havido uma queda de qualidade, tanto nos países industrializados quanto nos em desenvolvimento, devido principalmente a uma confusão crítica nos padrões que os sistemas de ensino têm adotado no seu esforço para expandir seus serviços.

Poderemos aproximarmo-nos um pouco mais da parcela comum de verdade contida nos dois pontos de vista contraditórios acima examinados, caso procuremos primeiro esclarecer o significado dos termos "qualidade" e "padrão".

O International Institute for Educational Planning atribuiu esta tarefa de esclarecimento a um simpósio reunido para examinar o seguinte tema: "Aspectos Qualitativos do Planejamento da Educação"[23]. Em sua resposta, os especialistas participantes julgaram de bom aviso distinguir duas maneiras diferentes de encarar a qualidade. Uma consiste em considerar a quali-

---

23. IIEP, *Quantitative Aspects of Educational Planning*, op. cit.

dade dentro do sistema de ensino, à luz de seus critérios *internos*. A título de exemplo, poder-se-ia citar o perfil de desempenho do estudante, baseado em exame padronizado, tal como o Certificado de Cambridge, o Certificado de Exame Escolar da África Ocidental, o *bac* francês, ou os *college boards* dos Estados Unidos. A outra maneira (conforme já observamos, quando falamos de saídas educacionais) consiste em considerar o desempenho qualitativo do sistema de ensino por critérios *externos*, como adequação e importância com relação às necessidades do meio social.

Pode levar a conclusões bastante diferentes a avaliação de um sistema escolar através dos dois ângulos citados. A qualidade e a eficiência de uma escola poderão ser consideradas altas do ponto de vista dos padrões internos, mas se o ensino, julgado por critérios externos, for classificado obsoleto e irrelevante, a qualidade e a eficiência deverão ser consideradas insatisfatórias.

Na trilha desta análise, os experimentados educadores e seletos cientistas sociais que participaram do Simpósio do IIEP propuseram algumas questões correlatas. Serão válidos, para os dias de hoje, os "padrões" educacionais do início do século? Os padrões educacionais de um país industrializado poderão ser adotados por um país em desenvolvimento? Os padrões devem ser "universais" ou precisam ser formulados em função das circunstâncias especiais vigentes em um país ou região num dado momento? Os participantes do simpósio responderam unanimemente que para que os padrões educacionais tenham um sentido e sirvam a algum propósito útil, precisam relacionar-se com os objetivos dos estudantes, no lugar em que estes se encontram, e na época em que vivam. Não terá sentido, em termos do desenvolvimento nacional, qualquer outro modo de entender os padrões e qualidade do ensino.

Estamos convencidos quanto ao acerto do ponto de vista dominante no simpósio, e ainda mais, estamos persuadidos de que dele decorre diretamente um corolário de ação. Os administradores dos sistemas de ensino devem ter em vista a adaptação dos currículos e padrões de ensino à realidade presente e ao fazê-lo, deverão procurar harmonizar os critérios internos e externos de qualidade. Isto não significa que tanto os objetivos educacionais quanto os currículos de "primeira classe" devam ser substituídos por outros de "segunda classe", mas sim, o estabelecimento de um padrão de qualidade superior a ser formulado diferentemente para cada país, mas no qual o critério básico qualitativo seja a adequação da educação e do ensino oferecido às reais necessidades e valores, presentes e futuros dos países em questão.

Como alcançar a realização desse objetivo? Será apegar-se dogmaticamente aos currículos e padrões do passado considerando-os absolutos, quando na verdade são contingentes? Ou por emprestar os currículos e padrões de outro país, que se já estiverem ultrapassados no outro país, mais inadequados ainda o serão para o país que os tomar de empréstimo. Talvez seja boa e até necessária a idéia de "padrões internacionais" em certos casos especiais, para os quais de fato, possam ser estabelecidas como normas universais, por exemplo a formação de físicos do estado sólido e o treinamento e preparo de pilotos de jatos comerciais. Com relação aos primeiros, qualquer formação que não fosse a "melhor" seria um puro desperdício e quanto aos segundos, um desastre. Deixando, porém, de lado estes casos especiais, o que aconteceria, inexoravelmente, naqueles casos em que um país resolveu copiar o ensino de outro país, quer em nome do progresso, quer para garantir a uma parcela de seus estudantes o ingresso nas universidades do outro país? O resultado inexorável para o país imitador seria uma inteira falta de relacionamento entre o sistema de ensino e as condições, necessidades e aspirações reais da sociedade; seria ainda, ir ao encalço de uma abstração que afastaria o país da estratégia educacional mais acertada com vistas ao desenvolvimento. Tal orientação levaria ao desperdício dos escassos recursos investidos no ensino, tornando-o assim um sabotador disfarçado do desenvolvimento nacional.

As observações acima descrevem o que realmente vem acontecendo em muitos países em desenvolvimento, em particular aqueles que nos últimos tempos alcançaram sua independência. Esses países não se deram ao trabalho de examinar a própria realidade de modo a conduzir os assuntos educacionais em função da situação em que realmente estão e daquela a que desejam chegar. Procuram, em lugar disto, introduzir nos seus sistemas doutrinas, formas, conteúdo, rituais, indicadores de qualidade e padrões de ensino próprios de outros países. Naturalmente, é muito mais fácil, em tais situações, dizer o que está errado do que apontar o que deve ser feito, uma vez que descobrir o que é o certo e o melhor implicaria enormes trabalhos de pesquisa. De qualquer modo, a dura realidade é que enquanto estes países não estenderem a declaração de independência aos seus sistemas de ensino, estes continuarão em crise, com a produtividade dos investimentos que fazem com o ensino cobrado em níveis muito inferiores aos que podem e devem ser atingidos.

Os países em desenvolvimento da África e da Ásia, cujos modelos de ensino, implantados inicialmente foram calcados sobre os sistemas da Europa, compartilham agora com estes sistemas de uma ameaça à qualidade e ao conteúdo do ensino. Essa ameaça, à qual já nos referimos anteriormente, encontra sua origem nos esforços por quase virtualmente todos os sistemas de ensino no sentido de abrir suas portas a um número cada vez maior de jovens provenientes de famílias de baixo *status* educacional, econômico e social.

Como tivemos ocasião de salientar, as escolas e as universidades têm sua tarefa simplificada quando seus alunos provêm de um ambiente educacional relativamente homogêneo e quando foram obrigados a crivos escolares cada vez mais refinados até o ponto de restarem apenas os estudantes que demonstraram um "alto aproveitamento". Mas quando um sistema de ensino seletivo e de "alta qualidade", destinado à formação de uma elite, resolve ampliar suas instalações para abrigar uma massa de estudantes das mais variadas origens, o resultado não será outro senão o surgimento de problemas terrivelmente complexos; seria como se uma loja de artigos finos para pessoas elegantes tivesse de converter-se em uma loja de departamentos para o público em geral, inclusive com uma seção de saldos para os fregueses de poucos recursos.

Um sistema de ensino de dimensões, restritas, de "alta qualidade", e elitista, que se veja na contingência de expandir-se e democratizar-se, não poderá agarrar--se aos velhos padrões monolíticos. Estes terão de ser drasticamente alterados para poderem atender às novas exigências pois do contrário o sistema de ensino passará a funcionar de maneira cada vez mais deficiente à medida que crescerem rapidamente as matrículas. As evasões e reprovações crescerão desmesuradamente, a qualidade (medida pelos padrões antigos) declinará e aumentará a frustração. Então, todo o sistema será alvo do fogo cruzado de conservadores e reformistas e inclusive, de modo especial dos estudantes. Tudo isso, na verdade, está ocorrendo em inúmeros sistemas de ensino da Europa Ocidental e naqueles sistemas de países em desenvolvimento estruturados tomando como base modelos europeus. Tais sistemas não passaram por amplas adaptações, correntes com as novas necessidades de uma nova era. Enquanto pretendem tornarem-se mais "democráticos", a fim de atender a um número cada vez maior, tanto de pobres quanto de ricos, continuam amarrados a padrões e normas de uma época anterior.

Durante muito tempo ainda, os países industrializados estarão às voltas com o problema de como promover as necessárias mudanças educacionais e que forma dar a elas. Impõe-se lembrar que o estado atual dos conhecimentos e das pesquisas pedagógicas não oferece muita base para a formulação de respostas a tais questões. Contudo, quando comparada com as agruras dos países em desenvolvimento, parece muito boa a situação dos países industrializados. Os sistemas de ensino dos países em desenvolvimento que assumem o encargo de ajudar as retrógradas sociedades a que se ligam a enfrentarem, rapidamente o último terço do século XX, não podem contar com as vantagens oferecidas pelos ricos suportes externos de que dispõem os países industrializados para processamento da educação. Por exemplo, não contam com uma ampla base de adultos alfabetizados, uma bem montada máquina de meios de informação de massa ou ainda uma atmosfera impregnada de vivos exemplos de cultura e ciência modernas. Particularmente nas áreas rurais, as escolas vêem-se obrigadas a retirar a criança de um ambiente estático, antiquado e empobrecido, para lançá-la em um estonteante mundo todo ele cheio de novas idéias, perspectivas, conhecimentos e artifícios modernos; ao mesmo tempo, são porém advertidas de que não devem alienar a criança de sua herança cultural e das necessidades práticas de desenvolvimento de seu próprio ambiente cultural. Como fazer a fim de atender a estas expectativas diversas e, muitas vezes, conflitantes? Essa tarefa exigiria a atuação de professores altamente qualificados, trabalhando em escolas muito bem equipadas e essa não é a realidade da zona rural dos países em desenvolvimento.

Como se já não bastassem essas dificuldades que levam ao surgimento de uma crise no conteúdo e na qualidade do ensino, há, ainda, a outra exigência de manter atualizado o conteúdo do ensino, devido ao rápido avanço das fronteiras do conhecimento.

Teoricamente, as classes escolares do mundo inteiro deveriam ter fácil acesso ao grande e crescente cabedal de conhecimentos humanos; mas, na realidade, existe uma barreira entre elas e esses conhecimentos. Aquilo que consegue furar o cerco — e em geral com atraso — o faz através, principalmente, de dois "condutores de conhecimento": os livros de texto e os professores. (É claro que os alunos também constituem um terceiro condutor de conhecimentos para dentro da classe, mas os conhecimentos trazidos por eles quase sempre não se ajustam ao currículo oficial.) Numa época em que a quantidade de conhecimentos humanos dobra a cada dez anos, o livro de texto e o professor, por razões bastante conhecidas, tornam-se inevitavelmente transmissores de conhecimentos ultrapassados. Além disto, o obsoleto não se perpetua apenas no conteúdo, mas também nos métodos de ensino — ou, para mencionar ainda um outro ponto, na própria arquitetura da escola. Enquanto isto, no mundo que se situa além das paredes da escola, tudo se movimenta em passos rápidos — há mudanças no conhecimento, mudanças na tecnologia, mudanças nos requisitos para empregos e alterações na população.

Já nos demoramos em explicitar neste livro o resultado óbvio de todas essas mudanças, mas o assunto merece ser retomado. Os sistemas de ensino precisam rever seus objetivos. Já não se trata mais de produzir a pessoa *instruída,* mas de produzir a pessoa *instruída* com capacidade de aprender e de adaptar-se eficientemente, durante a vida inteira, a um ambiente incessantemente em mudança. Se o próprio sistema de ensino não foi capaz de adaptar-se às condições mutáveis do ambiente cultural, como esperar que possa produzir pessoas que o sejam?

O que acaba de ser dito força-nos a reconsiderar o problema da admissão de professores para trabalharem no sistema, devido às implicações relacionadas com o conteúdo e a qualidade do ensino. As atividades docentes atraem um número considerável de pessoas altamente criativas, adaptáveis e dedicadas, mas se tomados no seu conjunto a maioria dos sistemas de ensino recebe um contingente de professores que, na melhor das hipóteses, apresenta um nível médio de competência quando comparados com o total dos diplomados para essa função. Não se pode esperar que os professores sejam criativos, inovadores e engenhosos, especialmente quando a própria natureza de sua carga de trabalho raramente permite que tenham tempo para refletir, renovar seus conhecimentos, realizar experiências e avaliar o resultado de seus esforços. Também, os sistemas de ensino não conseguirão milagres devido ao modo como são organizados e providos de pessoal e diante do tempo e dos instrumentos de trabalho de que dispõem.

Além disto as estruturas sociais e de prestígio dos sistemas de ensino oferecem um sério obstáculo para que as "novas" modalidades de ensino alcancem uma boa qualidade, particularmente nos cursos "terminais" de nível médio. O antigo curso clássico "pré-universitário" continua imperando, os melhores professores gravitam ao redor de seu trono; são a eles destinados os melhores alunos, ainda quando a primeira escolha feita por eles seja para outro tipo de curso.

As experiências muitas vezes infelizes de reformas de ensino realizadas nos últimos anos, visando especialmente a diversificação do ensino de nível médio, deixam bem claro o seguinte: a necessidade de ajustar o conteúdo e a qualidade do ensino a um mundo em mudança não será satisfeita pela simples reestruturação formal dos sistemas e nem pela abertura de novos fluxos de estudantes e de novos ramos de ensino resultantes da criação de cursos diferentes. Impõe-se, também, uma mudança nos professores e em seus métodos e a utilização de todos os meios para acabar com a velha regra de *status* que insiste, automaticamente, na afirmação de que o novo em educação é sempre de "segunda classe". Os estudantes precisam receber uma real orientação efetiva no sentido de se encaminharem para cursos que lhes possam abrir melhores perspectivas, atendendo tanto ao seu interesse pessoal quanto ao do país. Com isto em mente, passaremos a tratar da pesquisa e da inovação no ensino.

Tecnologia, pesquisa e inovação

PONTOS DE VISTA CONTRADITÓRIOS SOBRE AS NOVAS TECNOLOGIAS DA EDUCAÇÃO. ILUSTRAÇÃO DO SIGNIFICADO DA TECNOLOGIA DA EDUCAÇÃO. ANTIGAS ORIGENS DA TECNOLOGIA DA EDUCAÇÃO. OBSTÁCULOS ARQUITETÔNICOS AOS NOVOS PROCESSOS DE ENSINO. PAPEL DA PESQUISA EDUCACIONAL. SINAIS DE PROGRESSO.

Inúmeras vezes, quando numa discussão sobre educação, surge qualquer referência à tecnologia, ela desperta nos presentes uma visão utópica ou uma visão cataclísmica. Do ponto de vista utópico, a tecnologia significa uma máquina de poderes mágicos — basta apertar um botão, aplicar a máquina a uma criança e serão lançados longe os obstáculos oferecidos pela pedagogia tradicional. Num piscar de olhos, a criança recebe conhecimentos em quantidade e qualidade suficientes que conseguirão maravilhas quando ela crescer. E o que ainda é melhor, a máquina custa tão pouco *per capita* e pode fazer tanto para tantas crianças, que ficarão consideravelmente reduzidos os custos do ensino.

Do ponto de vista cataclísmico, a tecnologia também significa uma máquina, mas uma máquina diabólica. Programada para funcionar de forma auto-reguladora, ela mata nos estudantes o julgamento intuitivo de valor, a capacidade de imaginação, a pergunta inesperada, mas esclarecedora. Ela sobrecarrega os alunos de fatos e não permite diálogo, deixando assim de proporcionar ao estudante preciosos elementos de educação — atitudes mentais, estilos de pensamento, profundidade de análise — só possíveis de serem adquiridos ao contato direto e por longos períodos de tempo entre professor-aluno. E pior ainda, as máquinas significam desemprego para os professores.

Existe uma relação entre o ponto de vista utópico e certos acontecimentos da vida real que têm levado os sistemas de ensino a fazer ruinosos investimentos apressados, dissipadores e até perniciosos com "quinquilharias"; e também, uma relação entre o ponto de vista cataclísmico e outros acontecimentos da vida real marcada por uma forte oposição a qualquer sugestão no sentido de se fazer um reexame crítico dos procedimentos usuais do ensino e de se promover o desenvolvimento e a comprovação de novos métodos de ensino, visando aperfeiçoá-lo e reduzir seu custo.

Contudo, a nosso ver os dois pontos de vista têm uma perspectiva muito limitada da tecnologia da educação. A tecnologia da educação, entendida em seu sentido amplo, inclui todos os métodos materiais, equipamentos e arranjos logísticos empregados pelo ensino para realizar sua tarefa. Vão desde o método de leitura até o diálogo socrático, desde o seminário até a sessão de exercícios; incluem o quadro-negro, a carteira, o livro de texto; a relação alunos/professor, a disposição de salas de aula e corredores; a organização escolar em séries anuais; o calendário escolar; a campainha da escola que divide o tempo em unidades modulares; os exames e notas que influenciam o futuro dos alunos. Cada um destes aspectos é parte integrante de um "sistema" ou "processo" cujo objetivo último é promover a aprendizagem.

A partir desta descrição torna-se claro que a discussão sobre a tecnologia da educação que se restringe ao uso ou não de "máquinas" e dos "novos meios de ensino" propõe erradamente a questão. O que interessa saber é se os processos do passado continuam a ser importantes e capazes de atender as necessidades do ensino e se fizéssemos algumas eliminações e acréscimos a situação melhoraria. Em suma, interessa saber se é necessário, desejável e possível remodelar toda a tecnologia da educação, combinando o que há de melhor no antigo e no moderno, de modo a formar um integrado "sistema" de ensino e aprendizagem, essencialmente novo e capaz de produzir melhores resultados para qualquer tipo de esforço realizado.

Poderemos tratar deste assunto com maior liberdade caso compreendamos que os princípios da tecnologia da educação não foram, como o Decálogo, gravados sobre blocos de pedra. A tecnologia da educação atual é principalmente o produto de uma corrente histórica feita de ensaio e erro, de erupções ocasionais de grande engenhosidade e persuasão individuais, de longa prática e imitação, e também de simples hábitos. Tomemos como exemplo a relação aluno/professor que constitui um dos mais sagrados artigos de fé da educação. Ela vem resistindo a repetidos ataques dos resultados de curtas pesquisas que indicam a inexistência de uma relação fixa entre o tamanho da classe e o rendimento escolar; há outras variáveis mais importantes, como a qualificação do professor, o ambiente do lar, o provimento de materiais didáticos, o estilo e o clima da escola, a saúde e o estado de nutrição do aluno. De onde, então, terá surgido a idéia de que a relação vinte alunos por professor ou trinta alunos por professor é um "ideal" a ser atingido? Um esforçado historiador conseguiu, depois de muito trabalho, descobrir uma doutrina do Talmude que contém o seguinte preceito:

Um professor terá vinte e cinco alunos; se forem cinqüenta, devem ser contratados dois professores; se forem quarenta, o professor terá um assistente [24].

A doutrina talmúdica — uma tradição oral — foi estabelecida como se sabe muito antes dos livros de texto impressos, quadros-negros, filmes, rádio, televisão e outros meios auxiliares modernos usados no ensino. Parece que ela fez um longo giro pelos sistemas de ensino do mundo inteiro e continuou exercendo sua influência, a despeito de todas as mudanças subseqüentes, inclusive a invenção do tipo móvel de imprensa e a penetração do livro nas classes escolares e nas universidades.

Quando nos lembramos de que sempre existe oposição a qualquer novo instrumento tecnológico proposto para o ensino não nos surpreende a persistência desta doutrina. A adoção da palavra escrita em lugar do tradicional ensino oral feito por um tutor, através da dialética sofreu forte oposição de muitos educadores da época e em especial de um tão eminente quanto Sócrates. Advertindo sobre os perigos do conhecimento escrito, disse Sócrates:

Pois esta invenção produzirá o esquecimento nas mentes daqueles que a aprenderem, levando-os a negligenciarem a própria memória, ainda mais que, pela confiança no que está escrito, tenderão a recordar com a ajuda externa de símbolos adventícios e não com o uso interno de suas próprias faculdades.

Recorrendo a outros argumentos, Sócrates também rebelou-se contra o trabalho escrito:

O mesmo acontece com as dissertações escritas. Você imagina que elas falam como se estivessem possuídas de sentido, mas se pretender compreender algo do que dizem e as interrogar sobre esse ponto, descobrirá que continuam sempre repetindo a mesma história.

Devido a essa tradição de resistência à mudança, não surpreende que, enquanto tenham ocorrido, nos

---

24. Sir Eric Ashby, F.R.S., "Reflections on Technology in Education", The Joseph Wunsch Lecture, 1966 (Haifa, Technion, Israel Institute of Technology, 1967).

últimos cinqüenta anos, fantásticas revoluções na tecnologia da indústria, da agricultura, dos transportes, das comunicações e dos armamentos, o mesmo não aconteceu no âmbito da tecnologia da educação. É verdade que surgiram invocações, aperfeiçoamento de idéias antigas, porém, na maioria dos casos, tudo se processou por superposição, como estratos geológicos, sobre o leito rochoso de métodos e logísticas que prevaleceram por gerações e gerações. Faltou reexaminar e reordenar as tecnologias existentes, visando criar uma nova síntese dos métodos educacionais.

Ainda quando nos deparamos em algum setor com evidentes sinais de mudança, um exame atento revela que a mudança se processa baseada na pressuposição de que nada mais irá mudar. É o que acontece, por exemplo, com os filmes, os livros de exercício, as aulas de televisão, os laboratórios de língua, simplesmente acrescentados ao que já existe, sem qualquer mudança perceptível. Outro exemplo, refere-se à arquitetura escolar — registrou-se uma intensa procura de formas econômicas para a construção de prédios escolares satisfatórios, recorrendo à aplicação de modernos métodos industriais de pré-fabricação e de dimensões modulares e ao maior uso de plantas básicas que podem ser repetidas com modificações adequadas. Inúmeras destas inovações na arquitetura e nas construções escolares, contudo, pressupõem implicitamente que os métodos de ensino e a logística interna das escolas continuarão sem alterações no futuro. Os prédios escolares não devem ser apenas pouco dispendiosos, mas também suficientemente flexíveis para permitirem que novos procedimentos de ensino e de aprendizagem desenvolvam-se no seu interior. Caso isso não aconteça, haverá dificuldade para a prática de novos métodos.

Uma pessoa bastante sagaz fez a seguinte observação: "Primeiro modelamos nossos prédios, depois eles nos modelam". Aí está resumida toda a história da educação. Começam a surgir interessantes afastamentos das velhas normas, mas a sala de aula auto-suficiente continua sendo a regra; esta com suas paredes rígidas, tem sido, durante gerações, a cela de monge do processo educacional. Como antes, outrora, a sala de aula ainda é construída, mesmo nas escolas mais novas, para abrigar um professor (em uma mesa, diante de um quadro-negro), um determinado número de alunos (situados geometricamente em carteiras de frente para o professor), espaço nas paredes para alguns quadros, um armário para guardar livros preciosos e outros materiais didáticos. Ao som de uma campainha, tem início o processo. Assim que os jovens ocupam estas celas, dispostas na escola como em uma caixa de ovos, inicia-se o familiar processo de ensino e aprendizagem. A novo som da campainha, as celas expelem os "aprendizes", que se movimentam nos corredores na direção de outras celas e outras disciplinas. Cada disciplina recebe igual período de tempo. Os corredores custam bom dinheiro e são usados por curtos períodos de tempo. O mesmo se pode dizer do auditório e da cantina.

Como o prédio é construído visando atender à tecnologia tradicional, durante duas ou três gerações, ele frustrará qualquer séria tentativa de mudança na disposição tradicional de espaço, tempo e estudantes. Tal situação acrescenta uma nota de urgência aos esforços inovadores que vêm sendo feitos, particularmente nos Estados Unidos (com apoio da Fundação Ford) e por intermédio do programa consultivo de construções escolares da Unesco, no sentido de afastar das novas tecnologias da educação estes obstáculos de tijolo e argamassa recorrendo à construção de edifícios que promovam a aprendizagem e convidem à inovação em lugar daqueles que possam oferecer dificuldades [25].

No entanto, não bastará o aperfeiçoamento da concha arquitetônica que protege o processo educacional para promover mudanças no interior do próprio processo. Uma desconexão tríplice que envolve, em primeiro lugar, a tecnologia da educação, em segundo, a onda crescente de novos estudantes, e em terceiro, a escassez de professores leva a uma realidade bastante perturbadora. Os líderes educacionais mais atuantes

---

25. BEYNON, J. "Educational Architecture v. Educational Change". In: *Educational Costs and Productivity* (Paris, Unesco/IIEP, dez. 1967) (mimeografado).

não só têm denunciado essa desconexão, como criticam-na nos mais enérgicos termos. Assim, o Dr. Malcolm Adiseshiah, representante do Diretor-Geral da Unesco, em recente reunião de educadores, realizada na Índia, ao tratar de "métodos de ensino e esquecimento" afirmou:

> Encarada como uma empresa, a escola apresenta um espetáculo contristador. Encontramos no ensino uma tecnologia antidiluviana, que não sobreviveria por um só instante em qualquer outro setor da economia. Os métodos de ensino e as técnicas de aprendizagem ... são bolorentos, canhestros e antiquados.

Mas isto não é tudo. O Dr. Adiseshiah chamou a atenção, ainda, para a relação existente entre uma tecnologia estagnada e a qualidade e conteúdo de baixo nível do ensino, especialmente em muitos países em desenvolvimento:

> As técnicas de aprendizagem ... permanecem as mesmas: o método rotineiro, a técnica do abarrotamento, e, uma vez passada a ameaça dos exames, o esquecimento de toda esta sobrecarga inútil. O sistema de exames não é uma avaliação da personalidade e do equipamento intelectual do estudante, de sua capacidade de pensar por si mesmo, de refletir e raciocinar. É um desafio à fraude e à demonstração de inteligência superficial [26].

Inúmeras vezes, a solução lembrada para modificar uma situação como a citada tem sido "mais pesquisas educacionais". Por ironia, contudo, a ausência de um forte espírito inovador nos sistemas escolares pode ser atribuída, em parte, à própria natureza da pesquisa educacional tradicional. Ela não só tem vivido à míngua de recursos, tanto financeiros quanto de pessoal qualificado, como também, durante anos, retraiu-se em quieto isolamento intelectual, à margem da corrente principal da pesquisa científica. Na Europa, o caráter dominante da pesquisa educacional, foi mais filosófico que experimental, mais humanístico que científico, mais teórico que empírico. Na América do Norte, uma nova geração de "pesquisadores

---

26. ADISESHIAH, Malcolm. "Education and National Development". In: *Unesco Chronicle*, XIII, n. 2 (Paris, Unesco, fev. 1967).

educacionais", oriunda das escolas de formação de professores, insatisfeitos com as antigas disciplinas, tentou competir com as ciências sociais, especialmente no setor da mensuração quantitativa dos fenômenos. Na realidade, porém, estes pesquisadores foram ignorados e mantidos à distância pelos cientistas sociais da comunidade universitária e por outro lado apresentam-se, também, suas pesquisas em grande parte isoladas dos problemas práticos e do ambiente das escolas comuns.

Desta forma, até muito recentemente, a maior parte das "pesquisas educacionais" era de natureza essencialmente filosófica e descritiva ainda que ostentando traços superficiais de pesquisa científica. Não se enquadravam elas na tradição científica moderna de pesquisa rigorosamente analítica, experimental e de desenvolvimento, que vinha determinando notáveis resultados em outros setores. Além disto, a pesquisa educacional, na maioria das vezes, não passava de uma coleção fragmentada de ataques esporádicos e ineficazes — especialmente por candidatos a doutoramento — a problemas que requeriam um ataque mais amplo e constante, ou então a problemas acessíveis, mas de pouco significado. Não causa admiração, portanto, que por muitos anos, mesmo entre os educadores a pesquisa educacional tenha gozado de pouco prestígio, assim como tenha encontrado dificuldades para atrair talentos e recursos e, com algumas honrosas exceções, determinado pequeno impacto nos sistemas de ensino.

Ironicamente o sistema de ensino, que tanto contribuiu para o desenvolvimento do método científico moderno, tem aplicado muito pouco deste método na condução de seus próprios problemas. Este aspecto é apontado em recente estudo da OECD (ver Tabela 7), que mostra o total de gastos com pesquisa em diversos países membros, a relação destes gastos com o PNB, e a proporção de pesquisas realizadas por instituições educacionais (embora muitas destas últimas tivessem pouco ou nada a ver com a educação propriamente dita).

TABELA 7. Despesa Total com Pesquisa e Desenvolvimento

Países	Milhões de dólares americanos	Porcentagem do PNB	Porcentagem do total de pesquisas realizadas em instituições educacionais
Alemanha, Rep. Fed. (1964)	1 436,3	1,6	20,5
Áustria (1964)	23,2	0,3	26,0
Espanha (1964)	27,4	0,2	7,1
França (1963)	1 299,1	1,9	13,4
Holanda (1964)	314,4	2,1	16,5
Japão (1963)	892,0	1,6	19,5
Reino Unido (1964-65)	2 159,9	2,7	7,6
EUA (1963-64)	21 323,0	3,8	11,0

Fonte: OECD, *International Statistical Year on Research and Development, Statistical Tables and Notes*, II (Paris, 1968).

A escassez se revela de maneira flagrante, quando se atenta para a situação reinante nos Estados Unidos, país que mantém a liderança no crescimento de fundos para pesquisa. Graças principalmente ao crescente interesse das fundações particulares norte-americanas e da importância da intervenção do governo federal no domínio do ensino, estima-se que o total de despesas com pesquisas educacionais tenha triplicado entre 1960 e 1965 (de menos de 33 milhões para mais de 98 milhões de dólares)[27]. Mesmo assim, essa quantia é pequena, se comparada com as necessidades e com as enormes somas gastas com a própria educação. Há muito, surgiram numerosas propostas no sentido de que o apoio à pesquisa educacional e ao desenvolvimento represente pelo menos 1 por cento do orçamento total da educação. Entretanto, em 1960, a porcentagem foi, nos Estados Unidos, de 0,12 por cento, e em 1965, 0,22 por cento. Em contraposição,

27. Estimativas de: ESTADOS UNIDOS, *Digest of Educational Statistics, op. cit.*, 1966.

neste país citado, as indústrias mais dinâmicas chegam a gastar até 10 por cento do montante de seus negócios em pesquisa e desenvolvimento, visando o aperfeiçoamento de seus produtos e dos processos de produção. Estamos informados de que somente uma grande indústria química, gasta em pesquisa, por ano, 110 milhões de dólares — quantia superior ao que o país, no seu conjunto, gasta em pesquisa educacional [28].

Como a educação, o ensino e seus problemas colocam-se, cada vez em maior evidência nos orçamentos e nos debates públicos, é de se esperar que o interesse público acabará por pressionar a própria educação no sentido de aceitar as mudanças. Na mesma ordem de idéias, espera-se, também, que haja um abrandamento das limitações externas, tais como os preconceitos dos pais e da opinião pública, que muitas vezes inibem as mudanças educacionais desejáveis. Nestes dois aspectos, surgiram, recentemente, sinais favoráveis, pelo menos em alguns países mais propensos às inovações.

Nestes países, a flagrante incapacidade das abordagens convencionais para atender aos crescentes problemas do ensino vem constituindo estímulo para a procura de novas soluções. As matérias mais importantes, como, por exemplo, a matemática, as ciências, as línguas estrangeiras, receberam formulação e conteúdo modernos, nova orientação e material de ensino atualizado e mais eficiente. Esta tendência já atingiu os estudos sociais, e mais recentemente as humanidades (que muitos educadores consideram o último reduto da resistência à "heresia"). Além disto, inúmeros países já estão experimentando os recursos audiovisuais — cinema, rádio, televisão — e desenvolvendo a "instrução programada". O IIEP realizou recentemente um estudo a respeito destes esforços com o objetivo de determinar a eficiência de tais recursos e a viabilidade econômica e administrativa de seu emprego, especialmente nos países em desenvolvimento [29]. A

28. *Time*, Nova York, 30 jun. 1967.
29. W. SCHRAMM, *et al.*, *The New Media: Memo to Educational Planners* (Paris, Unesco/IIEP, 1967).

maioria destas experiências é de pequeno porte, na melhor das hipóteses, só alcançam um efeito superficial, sobrepõem-se aos padrões vigentes, sem no entanto conseguir formar um sistema de aprendizagem mais novo e eficiente. Não passam, ainda, de medidas isoladas, sem qualquer planejamento prévio, cuidadosa avaliação no processo, e comunicação dos resultados de maneira científica. Apesar de tudo, são importantes os resultados destes esforços iniciais; os dados acumulados indicam com clareza que os "novos meios" e a nova tecnologia, quando utilizados adequadamente, podem ter um efeito salutar, às vezes espetacular, sobre a qualidade, a quantidade e os custos da educação.

No domínio da pesquisa, os complexos, mas intelectualmente estimulantes problemas de ensino, vêm atraindo cada vez mais a atenção e as energias de especialistas de campos afins, como a economia, a psicologia, a sociologia, a antropologia, e a administração pública. Na escala de valores dos estudos universitários, a educação está adquirindo o *status* de área "respeitável" de pesquisa para muitas disciplinas acadêmicas. Desta forma, tende a desaparecer o isolamento da pesquisa educacional e começa a estabelecer-se um diálogo proveitoso com as disciplinas afins; surgem novas abordagens para os problemas educacionais atuais e antigos e conseqüentemente, novas aberturas e novas orientações para a ação.

Impõe-se advertir porém, que estas novas tendências da pesquisa conseguiram, somente, instalar uma pequena cabeça de ponte no ataque aos problemas educacionais. Resiste, ainda, galhardamente a velha tradição da pesquisa descritiva que pode ser verificada por uma rápida "análise de conteúdo" das principais revistas de pesquisa educacional. Certamente é encorajador constatar-se a existência de um número crescente de artigos dedicados aos problemas prementes de planejamento e desenvolvimento enfrentados pelos administradores escolares; contudo, estes artigos constituem ainda uma minoria e continuam a predominar no conteúdo de muitas das revistas as preocupações da pesquisa educacional de outrora.

Se, como parece provável, deverá, haver um aumento dos recursos destinados à pesquisa educacional, algumas providências indispensáveis precisam ser tomadas. Será necessária uma estratégia eficaz, uma nova orientação, e uma clara ordem de prioridades, de modo a vincular mais produtivamente a pesquisa aos problemas que realmente afetam a crise da educação. Acima de tudo, a fim de que os recursos tenham uma aplicação adequada, dever-se-á reformar e fortalecer a infra-estrutura institucional a obter pesquisas de real importância, mobilizar recursos humanos adequados e assegurar a comunicação rápida e o uso prático dos resultados dessas pesquisas.

Entrementes, são encorajadores os indícios de que se está intensificando a adoção dos novos conteúdos e práticas educacionais. O Prof. Paul Mort, da Universidade Colúmbia, há alguns anos, demonstrou empiricamente serem necessários cerca de quinze anos para que 3 por cento das escolas do sistema escolar americano passem a adotar uma nova técnica educativa reconhecidamente útil e outros cinqüenta anos para que ela se difunda inteiramente [30]. Este último intervalo de tempo equivale a duas gerações inteiras de estudantes que cursam escolas superiores de formação de professores, caso se tome como base um currículo de dois a quatro anos, equivalente a um número de turmas entre doze e quinze. Recente estudo acusa uma certa aceleração no ritmo de mudança que, no entanto, conserva bastante lentidão. O estudo foi realizado levando em consideração inovações que poderiam ter sido absorvidas pelo menos nestes últimos dez anos. Das vinte e sete inovações específicas selecionadas para exame, seis já haviam sido adotadas pela típica escola secundária americana. Isto significa que vinte e uma inovações — ou seja, aproximadamente três quartos do total — continuavam esperando na fila, após dez ou mais anos.

Sem entrar no mérito das inovações, nem em sua aplicabilidade geral à luz das condições locais, salien-

---

30. *Today*, Chicago, North Central Association, 72nd Year, XI (mar. 1967).

tamos que estes dados confirmam o que já afirmamos sobre o ritmo de progresso da tecnologia e da pesquisa. Eles demonstram que as tentativas de modernização do ensino (mesmo quando promissoras) costumam ser modestas e tardias e que elas caminham num ritmo muito lento em relação às urgentes necessidades de mudança no ensino [31].

Voltando às lições que o ensino pode extrair da revolução tecnológica na agricultura, encerramos esta discussão com a seguinte hipótese: Antes que se possam acelerar a criação e adoção de inovações, é preciso que, em primeiro lugar, se processe uma completa transformação das atitudes com relação à mudança no ensino, tanto da parte do público quanto dos educadores; em segundo, a criação, no sistema de ensino, de meios institucionais e de pessoas cuja função precípua seja a procura de aperfeiçoamentos e inovações; em terceiro, a introdução, nas escolas de formação de professores, de atitudes que tornem os futuros docentes mais receptivos às inovações, possibilitando assim que o ensino passe por um vigoroso e contínuo processo de auto-renovação e progresso.

Administração: a operação do sistema

UM ASPECTO CRUCIAL DA CRISE DA EDUCAÇÃO. FORTE INFLUÊNCIA DO PASSADO. AUSÊNCIA DE TREINAMENTO E PESQUISA EM ADMINISTRAÇÃO. PROCESSO FECHADO DE RECRUTAMENTO. NECESSIDADE DE EQUIPES DE ADMINISTRAÇÃO. BAIXA REMUNERAÇÃO DOS POSTOS EXECUTIVOS. ALGUMAS PERSPECTIVAS OTIMISTAS.

Todo sistema produtivo, quaisquer que sejam seus objetivos e sua tecnologia, precisa, constantemente, de administração, ou seja, de liderança e direção, supervisão e coordenação, avaliação e ajustamento. Quanto ao sistema de ensino, como tivemos oportunidade de salientar quando o comparamos com a agricultura, seus problemas administrativos são extraordinariamente

---

31. P. H. COOMBS, "The Technical Frontiers of Education", 27th Annual Sir John Adams Lecture at the University of California, Los Angeles, 15 mar. 1960.

difíceis, em parte porque ele subdivide-se em muitas partes, pequenas e dispersas.

Um grande número de organizações e de pessoas participa da administração de pelo menos alguns aspectos do sistema de ensino. Referimo-nos a agências governamentais de todos os níveis, igrejas e outras entidades privadas, políticos e funcionários civis, administradores de universidades e escolas, professores de todos os níveis de ensino, alunos e pais de alunos e críticos de toda espécie. No momento, contudo, nosso interesse está não tanto nas pessoas mencionadas, quanto no ambiente administrativo em que atuam. Nossa preocupação, neste ponto, não é a capacidade ou o valor moral dos administradores escolares, seu senso do dever e sua dedicação ao trabalho. Tudo isto é muito importante, mas o assunto em foco é o seguinte: os "mecanismos administrativos" dos sistemas de ensino serão adequados às tarefas que devem enfrentar? Estarão eles preparados para realizar essas tarefas? Os responsáveis pelas decisões mais importantes contam, na medida em que precisam com assessoria de especialistas e fluxos de informação? Será que estas pessoas dominam os conceitos e instrumentos analíticos adequados para saberem o que se passa no sistema, para avaliar em seu desempenho tanto do ponto de vista interno quanto de seu relacionamento com o meio; para saberem escolher as opções apresentadas pelo sistema e assim planejarem seu futuro, e acompanharem a execução dos planos? A administração consegue para o sistema todos os recursos disponíveis, tanto internos quanto externos, a fim de obter força e eficácia máximas? Os dispositivos para recrutamento e carreira do pessoal administrativo? Serão adequados às necessidades? Haverá meios adequados para estabelecer onde o sistema precisa de mudanças, quais as mudanças mais acertadas, e depois providenciar para que sejam adotadas?

São fáceis as respostas a estas perguntas. A administração típica dos sistemas de ensino é bastante inadequada para enfrentar uma situação de crise e constitui, por si mesma, uma parte crucial da crise da educação. Esta administração foi modelada em uma época anterior, quando a educação e o mundo exterior seguiam em passo mais lento e eram bem menores as responsabilidades da educação; ela não foi feita para receber um planejamento, tal como o conhecemos hoje, execução desse planejamento, avaliação crítica do desempenho do sistema de ensino e nem mesmo para promover a inovação. A administração não possui o espírito, os instrumentos e o pessoal para poder realizar essas tarefas. Não dispõe também de meios necessários à consulta, comunicação e coordenação. Isto é verdade tanto para os países industrializados quanto para os em desenvolvimento, pois, na sua maioria, estes últimos copiaram as práticas administrativas dos primeiros. Conseqüentemente muitos países novos ainda dispõem de uma administração escolar de tipo colonial, com a função precípua de fiscalizar e fazer cumprir a lei, quando se faz necessária uma administração mais dinâmica, orientada para o desenvolvimento, capaz de estimular o espírito de iniciativa, de despertar engenhosidade e de promover crescimento e mudança.

Qual o resultado desse estado de coisas? Limitar-nos-emos a citar um único exemplo, extraído de um relatório oficial recentemente publicado na Índia:

procedimentos administrativos antiquados e sem imaginação prejudicaram grandemente os projetos de ensino de ciências nas escolas secundárias; coordenação imperfeita entre os objetivos das escolas técnicas de 1º ciclo e as necessidades de mão-de-obra técnica de nível inferior levou aquele projeto ao encarecimento e ao desperdício; a falta de providências adequadas dificultou os programas de formação de professores, que deveriam ter merecido uma alta prioridade nos programas de aperfeiçoamento qualitativo [32].

O que acaba de ser dito leva a uma conclusão óbvia: a imprescindível revolução no ensino deve começar pela sua administração. Muitos competentes administradores escolares têm viva consciência desta necessidade e se tivessem oportunidade, empreenderiam a revolução que consideram indispensável. Mas

32. ASIAN INSTITUTE OF EDUCATIONAL Planning and Administration, *Educational Planning and Administration*, documento apresentado no Seminário Nacional de Srinagar, 12-25 de junho de 1967, Nova Delhi.

estes mesmos administradores estão absorvidos pelos problemas do velho mecanismo do sistema que se vê obrigado a atender a novos objetivos e suportar uma sobrecarga para a qual não estava preparado. Eles mal têm tempo para examinar as novas idéias, quanto mais para introduzi-las no sistema! A natureza conservadora do sistema, que se movimenta de acordo com seu próprio ritmo, abafa as intenções inovadoras do administrador até que, também ele, passa a apresentar um comportamento conservador.

Um estudo recente realizado sobre os aspectos legais do planejamento escolar na África Oriental, e outro feito na Nigéria, mostraram ambos como foram totalmente transferidas e aplicadas a uma situação nova as práticas administrativas de uma época anterior e que maus resultados advieram disso [33]. No entanto, o problema não se limita aos países em desenvolvimento, uma vez que certos estudos e métodos de administração escolar, já obsoletos e inadequados em muitos de seus aspectos, continuam profundamente arraigados em inúmeros países industrializados.

Em muitos países, as universidades encontram-se em situação ainda pior que as escolas; algumas apresentam-se quase totalmente desprovidas de estruturas administrativas para planejamento, tomada de decisões e execução. Na América Latina, por exemplo, a preocupação crônica de muitas universidades com a salvaguarda de sua autonomia — como se esta constituísse um fim em si mesma — as tem levado a negligenciar seu papel de liderança no sistema e de suas obrigações para com a sociedade e o desenvolvimento. A França, por outro lado, apresenta o espetáculo de universidades com a administração interna desarticulada, devido às inúmeras pressões e restrições de uma administração externa altamente centralizada. Esta situação não conseguiu deixar de receber comentários críticos em uma recente reunião de administra-

---

33. J. R. CARTER, *The Legal Framework of Educational Planning and Administration in East Africa: Kenya, Tanzania, Uganda*, African Research Monographs, n. 7 (Paris, Unesco/IIEP, 1966), e A. C. R. WHEELER, *The Organization of Educational Planning in Nigeria*, African Research Monographs, n. 13 (Paris, Unesco/IIEP, 1968).

dores e professores universitários franceses, realizada em Caen. Um trecho do relatório da reunião diz:

> Se ... um professor precisa passar dois dias em Bruxelas ou em Londres, para trabalhar com um colega, de acordo com a lei precisa requerer autorização, em nível ministerial, com seis semanas de antecedência. Em face das necessidades de pesquisa e do marasmo burocrático, esta norma quase nunca é aplicada.

Na verdade, continua o relatório, a própria administração central

> é esmagada pelo fardo de informações minuciosas que não tem condições de examinar, e dispersa suas energias com pormenores irrelevantes ... um sistema emperrado por atrasos de comunicação e muitas vezes risível [34].

Uma das causas desta dificuldade é a inexistência, na maioria dos sistemas de ensino, de mecanismos institucionais que favoreçam a pesquisa sobre problemas de administração e que assegurem a formação contínua de pessoal necessário para desempenhar as várias funções administrativas do sistema. Uma causa estreitamente relacionada a esta é o fato de que muitos sistemas costumam recrutar em seus próprios quadros o pessoal administrativo. No ensino primário e no secundário, o administrador inicia sua carreira na posição de professor, o que significa que sua formação profissional básica é a de professor; disso resulta um sistema relativamente fechado de idéias e práticas. Ao nível universitário, em muitos países, o "administrador" é um dos professores, eleito pelo corpo docente, em geral para cumprir um mandato de tempo limitado e depois voltar para a docência. A última coisa que se espera que ele faça é administrar a instituição e caso tente fazê-lo, os resultados poderão ser desastrosos. Qualquer dos níveis que recorra a esse processo de circuito fechado impossibilitará ao sistema a utilização de fontes de liderança criadora, de talento executivo, de inovadores, e de especialistas, representadas pelas pessoas capazes que não quiseram, no início de sua vida profissional, dedicar-se ao magistério, mas

---

34. A. Lichnerowicz, *Structure des universités*, relatório geral apresentado na Conferência de Caen, 1966.

que poderiam prestar excelente serviço na administração do sistema escolar.

Vale a pena lembrar aqui que em muitos países os hospitais costumavam adotar uma teoria semelhante. Havia a pressuposição de que somente um médico competente poderia reunir condições para ser um bom administrador de hospital e, no entanto, os fatos contrariavam a teoria. Todas as vezes que um médico assumia uma posição administrativa, o hospital ficava privado de seus serviços especializados e muitas vezes, desse sacrifício, resultava uma administração deficiente. Pelo menos em alguns países quando um grande número de hospitais começou a mergulhar no lodaçal das dificuldades financeiras, tal prática foi modificada, começando pela queda da pressuposição tradicional. Uma nova geração de administradores hospitalares, especialmente treinados, passou a encarregar-se da gerência destas instituições e a partir daí elas começaram a apresentar uma significativa melhora.

Não queremos com isso dizer, indiretamente, que os professores não possam constituir uma fonte satisfatória de bons administradores escolares — muitas vezes o são. Não pretendemos também afirmar que uma pessoa somente pelo fato de ser capaz de administrar bem uma empresa estranha ao sistema de ensino seja, também, capaz, sem qualquer preparo adicional, de demonstrar a mesma competência na administração do ensino. Um conhecimento bem fundamentado do que se passa na esfera da educação e do ensino é obviamente indispensável para que alguém seja capaz de exercer uma administração eficaz. É precisamente neste ponto que se apóia a argumentação que a seguir apresentamos.

Em primeiro lugar, os sistemas de ensino por se terem tornado tão complexos, necessitam de pessoal administrativo moderno e bem preparado; segundo, como no mundo inteiro há escassez desse pessoal, prejudica-se a si próprio aquele sistema que se negar a utilizar administradores que não pertençam aos quadros docentes; terceiro, dado a complexidade das tarefas atribuídas aos sistemas de ensino eles precisam não só de "administradores" no sentido restrito do termo, mas de uma diversificada "equipe administrativa" que deveria incluir, entre outros, bons analistas e diretores de pesquisa — os quais não são necessariamente ou unicamente os melhores formados pelas Faculdades de Educação.

Assim, visando conseguir um quadro de pessoal com qualificações, conhecimentos e capacidade administrativa necessários a seu eficaz funcionamento, o sistema de ensino precisa recorrer a uma ampla variedade de fontes. Para conseguir mandar um homem à lua os administradores dos programas espaciais procuram e coordenam conhecimentos provindos de todas as ciências físicas e biológicas e recorrem a todos os tipos de tecnologias. Muito mais ainda, precisará o ensino recorrer a todas as fontes de aprendizagem, a fim de equiparar-se com homens e instrumentos capazes de administrar sistemas e capazes de garantir a milhões de jovens um lugar ao sol.

Precisando acrescentar algumas palavras sobre o problema do recrutamento, lembramo-nos de nossa discussão anterior sobre a desvantagem que o ensino leva na competição do mercado de trabalho. Nos dias que correm, o ensino é uma empresa de grandes proporções. O administrador de um sistema local é muitas vezes o maior homem de empresa da cidade, pois dirige o maior orçamento, o maior número de empregados, o maior sistema de transportes e a maior cadeia de restaurantes, para não falar do destino daquilo que a comunidade tem de mais precioso, que são os seus filhos. Tais responsabilidades certamente exigem não só o administrador mais competente que puder ser encontrado, mas também remuneração à altura. No entanto, os salários da maioria dos administradores escolares — principalmente nos países mais ricos — são mais do nível de um comerciante mediano do que o recebido por um administrador dos mais altos escalões da economia. É de admirar como os sistemas de ensino e as universidades conseguem ter tantos administradores de boa qualidade, mas essa situação não terá continuidade uma vez que o administrador escolar vem encontrando cada vez maiores oportunidades de trabalho.

Há certas situações que brilham mais intensamente contra um fundo escuro, e por isto podemos ter a esperança de conseguir ver melhor tendo por fundo o quadro sombrio da atual situação da administração escolar. Nos Estados Unidos, por exemplo, existem alguns pontos de luz: as boas escolas superiores de educação, trabalhando em cooperação por intermédio do Conselho de Administração Educacional, procuram novos caminhos recorrendo à experimentação de novos métodos para a formação de administradores escolares, realização de pesquisas sobre problemas e novas técnicas de administração e, ainda, à elaboração de novos instrumentos para o aperfeiçoamento da própria administração escolar. É significativo salientar que estas escolas, pela primeira vez procuram aproveitar as lições de outras áreas nas quais as práticas administrativas estão mais adiantadas e criar aberturas laterais que possibilitariam entradas do exterior para a administração escolar. Algumas universidades, ainda que em pequeno número, estão criando novos fluxos e mecanismos internos para o aperfeiçoamento de suas decisões por intermédio da "pesquisa operacional" e da "análise de sistemas". Numerosas escolas superiores e universidades, com a ajuda de fundações particulares, têm formulado e executado planos a longo prazo para seu futuro desenvolvimento. Este movimento não é exclusivo dos Estados Unidos e existe, também com o mesmo sentido ou como pioneirismo na União Soviética, no Canadá, na França, na Inglaterra e nos países escandinavos.

No entanto, apesar de serem encorajadores estes sinais de uma revolução na administração escolar, apresentam-se eles ainda em pequeno número. Caso nos coloquemos sob uma perspectiva mundial, veremos que a administração dos sistemas de ensino está presa em um emaranhado de atitudes e métodos herdados de um passado calmo e mais simples, trazidos para um presente turbulento, no qual de todos os lados surgem novas exigências. A grande maioria dos países ainda não instalou seus primeiros programas de aperfeiçoamento do pessoal administrativo e de pesquisas na área da administração escolar. A maior parte das universidades do mundo inteiro ainda não dispõe de um sistema atualizado de administração interna, na qual administradores, professores e alunos possam ter um desempenho adequado. E o mundo, na sua quase totalidade, ainda não considera que esse assunto apresente suficiente importância a ponto de conferir aos administradores escolares um tratamento equivalente ao recebido por administradores de outras áreas.

Custos e eficiência: um ponto fraco do sistema

SIGNIFICADO DA EFICIÊNCIA E DA PRODUTIVIDADE NO ENSINO. FALTA DE INCENTIVOS PARA O APERFEIÇOAMENTO. RAZÕES QUE DETERMINAM O AUMENTO NOS CUSTOS. EXEMPLOS DE SEU IMPACTO. OS NOVOS PRÉDIOS ONERAM OS ORÇAMENTOS FUTUROS. EVASÃO E REPETÊNCIA. A EFICIÊNCIA ALCANÇADA POR MEIO DA ANÁLISE DE SISTEMAS. SETE PRINCÍPIOS BÁSICOS. ALGUNS EXEMPLOS ENCORAJADORES. NECESSIDADE DE TRATAMENTOS NÃO-CONVENCIONAIS.

Páginas atrás, quando discutimos as entradas de pessoal docente e de recursos financeiros, bem como a adequação das saídas ao meio, mostramos a imperiosa necessidade que os sistemas de ensino têm de melhorar a eficiência interna e a produtividade externa, em uma palavra, de extrair dos recursos disponíveis resultados maiores, melhores e mais úteis. Para um maior proveito da discussão que se segue, será interessante dedicar algum tempo para uma descrição mais precisa destes termos importantes.

Voltando à noção de "sistema", apresentada em forma esquemática nas Figuras 1 e 2 do capítulo inicial, podemos definir *eficiência interna* do sistema como a *relação de sua saída com suas entradas*. A eficiência sempre aumenta quando uma mudança no processo determina melhoria da relação saída/entrada como já salientamos embora seja impossível estabelecer uma medida completa e precisa da saída de um sistema de ensino, tal maneira de considerar a questão ajuda a descoberta de novas formas para aperfeiçoar o desempenho do sistema. Na prática, é muito mais fácil avaliar a eficiência de um subsistema, cujos objetivos são mais limitados e definíveis, e os resultados mais suscetíveis de avaliação. Exemplos: subsistema de aprendizagem de aritmética, de uma língua estrangeira, de ortografia, de leitura ou de ciências, em nível elementar ou médio, ou subsistema de aprendizagem de engenharia mecânica, em nível superior. Caso, por exemplo, a introdução no processo de um novo método ou de material de ensino aperfeiçoado resultar em melhoria da aprendizagem, sem um aumento proporcional dos custos, isto significará que o subsistema foi alterado e teve sua eficiência aumentada. Deve-se notar que num tal contexto, os custos unitários tornam-se um importante indicador da eficiência.

Enquanto isto, a *produtividade externa* pode ser definida como a *soma final de benefícios recebida pelos estudantes e pela sociedade e resultantes de prévios investimentos no ensino (entrada)*. Estes benefícios, certamente são ainda mais difíceis de serem mensurados que os resultados imediatos de aprendizagem, uma vez que os estudantes os levam consigo no dia em que deixam o sistema. No entanto, o conceito é útil para a procura de processos que levem ao aperfeiçoamento da produtividade externa. Por exemplo, uma mudança no currículo que estabeleça algo relevante para a vida do aluno e para a sociedade, em substituição a algo sem importância ou que organize um conteúdo atualizado em lugar de um conteúdo obsoleto, apresenta uma alta probabilidade de aumentar a produtividade externa. Note-se que, neste caso, embora tenha havido uma ação interna, o efeito final foi externo ao sistema. Concluindo, as mudanças realizadas dentro de um sistema de ensino — desde que sejam mudanças certas — podem, na prática, beneficiar tanto a eficiência interna quanto a produtividade externa.

O que acabamos de dizer aplica-se à produtividade do sistema, encarada do ponto de vista externo. Mas há outro significado do conceito de produtividade que se aplica à maneira de utilizar qualquer tipo *especial* de entrada, como por exemplo os professores ou o prédio escolar. Este significado é análogo ao da "produtividade dos fatores" (no caso, os diferentes "fatores de produção") de que falam os economistas, quando se referem à "produtividade do trabalho" ou do capital. Neste sentido, podemos definir a produtividade de uma determinada entrada educacional como a relação entre a produção total e a quantidade empregada de um determinado fator. Obviamente, a produtividade dos vários fatores combinados determina a eficiência do sistema, tal como acabamos de definir [35].

Para tirar a impressão de que tudo o que expusemos é muito abstrato e teórico, façamos uma aplicação prática recorrendo ao caso da "produtividade dos professores". Se os professores receberem melhores instrumentos de trabalho, como livros de texto e outros materiais didáticos, laboratórios de línguas, um auxiliar para fazer os trabalhos de rotina e correção das lições de casa, bons programas de rádio e televisão, terão possibilidade de ensinar a um número maior de alunos e esses alunos aprenderão mais por hora ou por ano de estudos que sob as condições anteriores. O próprio professor poderá não precisar "trabalhar" tanto, e passar a gostar muito mais do que faz. Podendo utilizar melhores instrumentos, sua competência profissional será melhor utilizada e conseguirá maiores e melhores resultados. Assim sua "produtividade" aumentará.

É precisamente deste modo que através dos anos, vem sendo aumentada a produtividade dos trabalhadores de outras áreas, o que lhes tem permitido ganhar melhores salários. Pode-se imaginar quantos pacientes a menos um médico poderia atender se não dispusesse de um carro para fazer suas visitas, e quanto diminuiria sua capacidade de conseguir curas se de repente se visse privado de seu instrumental moderno, dos serviços de laboratório, e dos medicamentos. O fazendeiro, o operário de fábrica, o engenheiro, o arquiteto, o

---

35. Os economistas certamente compreenderão que, no esforço para explicar a não-economistas os conceitos essenciais de eficiência e produtividade, procuramos simplificar as coisas evitando questões como produtividade *marginal*. Procuramos também definir estes conceitos de modo que os professores reconhecessem sua importância para suas próprias empresas.

administrador de empresas, todos eles aumentaram sua produtividade e seus salários nas duas últimas gerações, pela adoção de novos instrumentos e métodos de trabalho e pela redistribuição de tarefa entre si mesmos e seus subordinados ou outras pessoas.

No ensino este processo de modernização ainda não foi muito longe. Ninguém que tenha observado com objetividade o funcionamento do processo educacional, ou que tenha realmente trabalhado nele, pode por um só momento duvidar que qualquer sistema de ensino, até os mais "modernos", tem ainda muito que melhorar em matéria de eficiência e produtividade. É mais fácil certamente falar em melhoramentos do que de fato consegui-los. Como já observamos com relação à administração, os sistemas de ensino não dispõem de meios institucionais, nem de recursos analíticos modernos para identificar as possibilidades de aperfeiçoamento e delas obter vantagens. Ainda muitas vezes, tais aperfeiçoamentos só são conseguidos mediante mudança da rotina e adoção de novas técnicas e de nova divisão de trabalho, e estas mudanças, que em geral afetam o trabalho de muitas pessoas, logo inspiram resistência porque a inovação é vista como uma forma de extrair mais trabalho com o mesmo pagamento e também devido à possibilidade de fazer com que as atuais ocupações passem a ser consideradas obsoletas.

Isto mostra a grande importância da existência de incentivos para a mudança e também indica uma outra profunda diferença entre o ensino e as outras "indústrias". Normalmente, as outras indústrias vendem sua produção em um mercado: o agricultor, suas batatas; o industrial, seus calçados e assim tanto um como o outro dispõem de um modo simples para avaliar a própria eficiência: basta verificar a diferença entre os custos de produção e a quantia apurada nas vendas. Como o objetivo deles é obter o maior "lucro" possível, encontram um forte incentivo na adoção de qualquer mudança que interfira numa melhor relação saída//entrada.

Infelizmente, o ensino não dispõe de uma medida tão prática para a própria eficiência ou de um incentivo interno como o acima citado para a mudança. Os incentivos indiretos que poderiam ser imaginados para aumentar a eficiência e a produtividade do sistema de ensino são facilmente neutralizados pelos estímulos negativos e pela inércia do processo. Um bom exemplo já foi dado, quando nos referimos ao destino de várias tentativas de adoção do sistema baseado no mérito para pagamento e promoção de professores, com o objetivo de proporcionar maior incentivo individual. A aplicação de qualquer sistema deste tipo apresenta evidentemente dificuldades práticas. Embora o sistema de "pagamento e promoção por mérito" tenha recebido um acolhimento favorável entre professores de alguns poucos países, como a Iugoslávia, as organizações de professores em geral se opõem energicamente ao sistema baseado no "mérito", argumentando não eixstir uma forma objetiva para julgar o mérito de um professor ou ainda que o esquema em vista poderia dar margem a abusos da parte dos administradores e por ser, em última análise, "antidemocrático".

Quaisquer que sejam os prós e contras do sistema de "pagamento por mérito", as organizações de professores prestariam um grande serviço a seus associados e aos estudantes se incrementassem a pesquisa das formas de criar incentivos ao aperfeiçoamento da eficiência do ensino e procurassem, também, proteger outros interesses legítimos da classe. Esta sugestão não nos parece fora de propósito, uma vez que em um contexto inteiramente diferente como o da indústria de mineração de carvão dos Estados Unidos, foi precisamente este o esquema apoiado pelo Sindicato Geral dos Mineradores. Tal sistema contribuiu para restabelecer a prosperidade desta indústria estabelecendo a colaboração com os proprietários de minas pretendendo a introdução de inovações para aumentar a eficiência e a produtividade das minas. Essa analogia não deve ir além de seus limites naturais, mas, se inovações fizessem crescer a produtividade e os salários dos professores como aconteceu no caso das minas de carvão, a crise da educação estaria no caminho de uma solução. Mas é claro que produzir bons estudantes é muito mais complicado que extrair carvão.

Dito isto, recapitulemos as principais razões devido às quais o ensino está enfrentando a pior crise de eficiência e produtividade, a tal ponto que os custos crescentes ameaçam desfazer as maiores esperanças dos educadores. O que vai ser lido a seguir não apresenta nenhum outro significado que o realmente correspondente aos termos empregados. Não quer dizer, por exemplo, que o aumento do tamanho das classes seja uma solução para todos os problemas; também não afirma que determinadas causas do aumento dos custos sejam em si mesmas boas ou más. Nosso pensamento expressa simplesmente as seguintes realidades objetivas:

O ensino é uma "indústria" que emprega uma numerosa mão-de-obra de alto nível e de alto custo. Na competição com indústrias que empregam menos mão-de-obra, mas cuja eficiência e produtividade aumentam com firmeza, o ensino continuará perdendo a parada, fragorosamente, enquanto não for capaz de aumentar a própria eficiência e a produtividade de seus recursos humanos.

Nestas condições, para que o ensino possa manter-se em situação de competir no mercado de trabalho, torna-se necessário que os salários dos professores se mantenham em ascensão, mesmo que não haja aumento da eficiência e da produtividade. Sempre que o ensino, por questões de orçamento, não consegue manter uma posição competitiva, passa a receber professores fracos, em vez de bons professores. Começa, então, a funcionar um tipo "Lei de Gresham" no âmbito do ensino e o sistema mergulha na mediocridade.

A necessidade de fortalecer os programas de formação de professores, aliada ao grande número de professores que abandonam o sistema, determina um alto "custo de capital" para cada professor que realmente entra para o sistema e nele permanece.

Os aumentos automáticos de salário e os benefícios da aposentadoria, que se justificam por si mesmos, podem, não obstante, forçar o aumento dos custos, na proporção em que aumenta a média de idade dos professores, o que acontece quando diminui a expansão do corpo docente.

As grandes diferenças de salários dos professores, baseadas na qualificação formal e na estrutura vertical do sistema, provocam grandes aumentos nos custos unitários por aluno, sempre que os professores de qualificação deficiente recebem treinamento ou são substituídos por professores mais qualificados.

Os custos por aluno sobem rapidamente quando classes superlotadas são reduzidas a tamanho normal e quando os níveis secundário e superior da "pirâmide" de matrículas —

mais dispendiosos — ampliam-se com relação ao ensino primário.

O crescente interesse, nos níveis secundário e superior, por estudos científicos e técnicos, de custos unitários mais elevados, acelera ainda mais o aumento dos custos médios por estudante levando-se em consideração todo o sistema.

O efeito combinado de alguns fatores de elevação dos custos (não todos) é apresentado no modelo que aparece na Tabela 8. Ainda que o modelo seja fictício, baseia-se em dados autênticos de diversos países africanos e sugere a ordem de grandeza daquilo que poderia acontecer com os custos do ensino elementar, num período de dez anos, dadas as seguintes pressuposições:

No Caso A: 1) a taxa nacional de "participação" permanece constante em 33 por cento, enquanto o grupo de idade na população cresce na proporção de 2,5 por cento ao ano; 2) o "perfil de qualificação" do corpo docente melhora de maneira moderada; 3) os níveis de salário básico dos professores permanecem inalterados; e 4) a relação geral alunos/professor passa de 50/1 para 40/1.

No Caso B: valem as mesmas pressuposições, exceto que 1) a taxa de "participação" vai a 50 por cento, e 2) o nível de salários de professores aumenta em média 2,5 por cento ao ano, acompanhando o aumento de renda em toda a economia.

Estas pressuposições são conservadoras, mas em dez anos têm como conseqüência um aumento nos custos do ensino elementar, no Caso A, de 6 para 14,5 milhões de dólares, e no Caso B, de 6 para cerca de 28 milhões de dólares. E assim mesmo a metade ou mais da metade das crianças do país tomado em seu conjunto, ficariam ainda fora da escola primária! Estes aumentos inexoráveis dos custos são como uma bomba-relógio oculta nos orçamentos do ensino. Todo sistema de ensino deveria usar um modelo de custo deste tipo, adequado a sua situação.

Há ainda dois pontos a acrescentar a respeito do dilema dos custos do ensino.

O primeiro refere-se ao fato simples, mas muitas vezes esquecido, de que um novo prédio compromete

TABELA 8. Impacto do Aumento dos Custos no Orçamento do Ensino Elementar de um Hipotético País em Desenvolvimento, Durante um Período de Dez Anos

Um país de 5 milhões de habitantes, com uma renda nacional de 200 milhões de dólares (renda *per capita* de 40 dólares)

	ANO INICIAL	DEZ ANOS DEPOIS CASO A	DEZ ANOS DEPOIS CASO B
1. População em idade de freqüentar a escola primária	1 200 000	1 536 000	1 536 000
2. Proporção de matrícula na escola primária	33%	33%	50%
3. Matrícula na escola primária	400 000	512 000	768 000
4. Relação geral alunos/professor	50/1	40/1	40/1
5. Número de professores	8 000	12 800	19 200
Qualificados	1 200 (15%)	3 456 (27%)	5 184 (27%)
Semiqualificados	2 000 (25%)	6 144 (48%)	9 216 (48%)
Não-qualificados	4 800 (60%)	3 200 (25%)	4 800 (25%)
6. Salários anuais (dólares)			
Qualificados	1 800	1 800	2 304
Semiqualificados	720	720	922
Não-qualificados	300	300	384
7. Total das despesas correntes com ensino primário (dólares)	6 000 000	14 500 000	27 855 000
8. Números índices	100	241	464

custos futuros maiores que o custo do próprio prédio. Mais pesquisas devem ser feitas para precisar a real proporção existente entre custos iniciais e custos anuais de manutenção em diferentes circunstâncias. Na França, por exemplo, essa proporção parece localizar-se, no momento presente, por volta de 6 por 1, nos níveis elementar e médio e em cerca de 7,5 por 1 no nível superior. Em outras palavras, quando se constrói uma nova escola, os custos para mantê-la funcionando anualmente são de pelo menos um sexto de um custo original. Uma sondagem parece indicar para a Costa do Marfim, uma proporção de 5,8 por 1 no nível primário [36] e em Uganda uma proporção equivalente no nível secundário. Outros lugares podem apresentar uma grande variação nessa proporção, mas continua válido o ponto essencial. Qualquer novo investimento de capital no ensino — pago ou recebido por doação — significa uma hipoteca sobre a renda futura. Os países em desenvolvimento precisam atentar para isto com especial cuidado, pois caso contrário um novo prédio escolar oferecido com facilidades e na melhor das intenções, poderá transformar-se, como na fábula, em um "elefante branco", que acaba por destruir a casa de quem o recebe.

O segundo ponto refere-se às repercussões determinadas nos custos pelas evasões, reprovações e "diplomados" que não ingressam nas ocupações para as quais foram preparados com tanto sacrifício. Conseqüentemente, o custo *médio* por aluno, — calculado dividindo-se o total de custos pelo total de matrículas, poderá, subestimar bastante o custo por aluno que efetivamente completa o curso e subestimar mais ainda o custo por diplomado que faz bom uso de sua formação.

Em muitos países em desenvolvimento, como já dissemos, menos de metade dos estudantes que ingressam na escola primária chegam ao final do curso. Dentre os que chegam ao final do curso, mais de metade o faz em tempo maior que o "normal". No Gabão,

---

36. HALLAK, J. & POIGNANT, R. *Les Aspects financiers de l'éducation en Côte d'Ivoire*. Monographies Africaines, n. 8 (Paris, Unesco/IIEP, 1966).

na Costa do Marfim e em Máli, por exemplo, dos estudantes que completaram o sexto grau, menos de um terço o fez apenas em seis anos; 40 por cento levou sete anos e o restante levou oito ou nove anos [37].

O custo real por aluno diplomado, computando-se no cálculo do produto *acabado,* os gastos com desertores e repetentes, aparece na Tabela 9. Essa tabela

TABELA 9. Custo Unitário, por Nível de Ensino, em um País da América Central, em 1963/64

Nível de ensino	Custo nominal por aluno, por ano (em dólares)	Duração normal do ciclo (em anos)	Custo teórico por ciclo (em dólares)	Custo médio real por aluno diplomado (em dólares)
Primário	51	6	306	800
Secundário (acadêmico)	104	5	520	2 970
Secundário (vocacional)	217	5	1 085	5 285
Superior	391	5	1 955	9 739

Fonte: Dados não publicados.

compara, para cada ciclo, o custo "nominal" (se todos os estudantes matriculados permanecessem até o fim do curso e o completassem no tempo normal) com o custo "real" por diplomado (levando em conta os gastos com desertores e repetentes).

Dados como os acima apresentados, demonstram claramente que os administradores escolares de todos os países precisam promover campanhas no sentido de aumentar a eficiência e a produtividade do ensino. Mas

---

37. J. PROUST, "Les Déperditions scolaires au Gabon", e I. DEBLÉ, "Rendements scolaires dans les pays d'Afrique d'expression française", em *Études "Tiers-Monde", Problèmes de planification de l'éducation* (Paris, IEDES, 1964).

qual a melhor forma para alcançar esses objetivos? Quais os pontos do sistema que deveriam atacar? Quais suas possíveis opções?

A resposta pode ser dada em duas partes. A primeira parte exorta-os a organizar sua campanha com base na análise de sistemas e em diversos princípios básicos e a segunda, a aproveitar as lições práticas da experiência já vivida. Faremos uma breve exposição sobre estes dois aspectos.

Quanto ao primeiro, o mesmo tipo de análise de sistemas que empregamos nestas páginas em um sentido global pode ser aplicado, com proveito, em qualquer sistema de ensino em particular. É verdade que a técnica a ser usada requer, ainda, um maior refinamento mas isto não deverá retardar a questão, uma vez que já se pode dispor da lógica e do método essenciais da abordagem pela análise de sistemas. Será preciso, porém, aplicá-la aos dados mais precisos de que se puder dispor no momento, até que se possa contar com dados mais numerosos e mais exatos e com técnicas mais refinadas.

Ao mesmo tempo em que for aplicada a análise de sistemas na elaboração de uma estratégia para a ação, valerá a pena atentar para os sete princípios abaixo enumerados. Alguns deles são familiares a qualquer estudante de primeiro ano de economia uma vez que têm estado no cerne de todo progresso moderno da produtividade humana. Outros são familiares aos estudantes de psicologia e pedagogia, mas eles nunca os usaram integralmente, porém, se combinados podem vir a se tornar poderosos instrumentos de trabalho na reformulação e no aperfeiçoamento do sistema de ensino, abrangendo uma variedade quase infinita de modalidades.

1) *O princípio das diferenças individuais* diz que os estudantes variam enormemente em suas aptidões individuais, em seu ritmo de aprendizagem e em suas maneiras de aprender; assim sendo, cada um aprenderá melhor se os meios e as condições de aprendizagem forem flexíveis e adaptados a seu ritmo e estilo particulares. Por outro lado, quando se emprega um

sistema de "ensino-aprendizagem" que implicitamente ignora as diferenças individuais, a eficiência do ensino, numa tal situação, ficará bem longe do ponto ótimo.

2) *O princípio da auto-aprendizagem* informa que todo estudante, quaisquer que sejam suas aptidões, tem curiosidade natural e capacidade para aprender por si mesmo uma porção de coisas, desde que receba orientação e motivação adequadas e a "matéria de estudo" chegue até ele de forma atraente e digerível. Por outro lado, a curiosidade natural e o desejo de aprender de um jovem podem ser sufocados ou mesmo destruídos, se ele for por muito tempo exposto a condições tais que associe a "aprendizagem" com o medo, a monotonia, a derrota, ou a irrelevância.

3) *O princípio da combinação da energia humana com os recursos físicos* estabelece muito simplesmente que o "trabalho" realizado por um ser humano (professor ou aluno) poderá ser consideravelmente aumentado caso esse ser humano dispuser de instrumentos e tecnologias mais aperfeiçoados e receber conveniente instrução sobre seu uso.

4) *O princípio da economia de escala* lembra-nos que na contingência de terem de ser utilizados instalações e equipamentos dispendiosos, os custos podem ser diminuídos, sem perda de qualidade e eficiência, caso se passe a trabalhar em larga escala, até alcançar aquele ponto em que a atividade torna-se antieconômica. Algo proibitivamente caro em pequena escala, pode tornar-se economicamente viável em larga escala e ser até a solução de mais baixo custo.

5) *O princípio da divisão do trabalho* afirma que se um trabalho complexo é dividido entre pessoas de diferentes espécies e graus de habilidade e cada pessoa se encarregar da parte mais de acordo com sua capacidade, cada elemento oferecerá seu máximo de produtividade e o resultado total será maior.

6) *O princípio da concentração e da massa crítica* diz que é perda de tempo adotar certos objetivos de aprendizagem, a não ser que possam ser conduzidos

além de um ponto mínimo de intensidade e continuidade, aquém do qual qualquer esforço terá pouco ou nenhum resultado compensador.

7) *O princípio de otimismo* estabelece que, quando vários componentes diferentes são combinados em um "sistema" produtivo, não será nunca possível utilizar cada um deles em sua produtividade teórica máxima, mas os resultados *ótimos* serão alcançados se os componentes forem combinados em tais proporções que os mais dispendiosos e raros sejam mais intensamente utilizados e os mais baratos e mais abundantes, menos intensamente. A prática do princípio otimista num sistema ou subsistema de ensino envolve um processo de compromisso, visando obter de um lado, a melhor combinação de bons resultados de aprendizagem e de outro toleráveis custos econômicos. A solução ótima do ponto de vista puramente econômico raramente coincide com a solução ótima do ponto de vista do ensino e assim será preciso encontrar na prática o compromisso mais satisfatório.

Estes princípios, formulados em abstrato, parecerão pouco atuantes, mas ganharão vida e significado à luz da segunda parte da resposta à questão acima apresentada. Muitos sistemas de ensino têm, de fato, nos últimos dez anos, realizado esforços significativos no sentido de melhorar sua eficiência e eficácia. A experiência por eles apresentada merece exame mais detido e uma divulgação mais ampla. Seguem-se alguns exemplos de tentativas interessantes, que servirão de sugestão para outros sistemas.

a) *Redução dos custos das contruções escolares,* recorrendo à aplicação, em moldes modernos, do planejamento, da engenharia e dos métodos de produção, como as bem conhecidas experiências da Inglaterra e do México e também pela aplicação de métodos atualmente incentivados pelos centros de construções escolares da Unesco, nas regiões em desenvolvimento [38].

38. EDUCATIONAL FACILITIES Laboratories, Inc., *The Cost of a Schoolhouse* (Nova York, 1960); INTERESTATE SCHOOL Building Service, *Economies in School Construction* (Nashville, Tenn., George Peabody College for Teachers, 1962); México, Centro Regional de Construções Escolares para a América Latina, CONESCAL (México,

b) *Reorganização e utilização mais intensiva do espaço disponível*, procedendo à revisão do calendário escolar, de forma a fazer esse espaço ser utilizado nos doze meses do ano, como o fazem algumas universidades dos Estados Unidos; adoção de períodos desdobrados no ensino primário, como na Tunísia e em diversos países latino-americanos [39]. Esta última solução a longo prazo, não é desejável, sendo contudo muito usada como medida provisória pela URSS e, em alguns casos, pelos Estados Unidos; ela tem permitido que um maior número de crianças receba escolarização adequada, tomando-se o cuidado, evidentemente, para que não haja uma queda muito séria na qualidade.

c) *Difusão através do rádio e da televisão de programas de ensino de qualidade excepcional*, bem como de assuntos novos e atualizados. A utilização destes meios atinge alunos até então fora da escola, com custos muito mais baixos do que se isso fosse feito pelos meios convencionais [40].

d) *Aumento da duração do dia escolar* de forma a haver mais tempo para o ensino e para a aprendizagem (em certos países em desenvolvimento, em que a duração do dia e do ano letivos era pequena demais para garantir resultados satisfatórios).

e) *Utilização em comum, por duas ou mais instituições vizinhas, de instalações escolares de alto custo*

---

de 1965 até hoje); UNITED KINGDOM DEPARTMENT of Education and Science, *Building Bulletin* (Londres, 1955 até hoje); e Unesco, várias publicações de centros regionais de construções escolares para a África (Cartum) e Ásia (Colombo).

39. AMERICAN ASSOCIATION of School Administration, *Year-round School* (Washington, D.C., 1960); G. ODDIE, *School Building Resources and Their Effective Use. Some Available Techniques and Their Policy Implications* (Paris, OECD, 1966); W. H. STICKLER, e M. W. CAROTHERS, *The Year-round Calendar in Operation* (Atlanta, Southern Regional Education Board, 1963); D. J. VICKERY, *A Comparative Study of Multi-purpose Rooms in Educational Buildings* (Bangkok, Unesco Regional Office for Education in Asia, 1964); D. C. WEBB, *Year-round Operation of Universities and Colleges* (Montreal, Canadian Foundation for Educational Development, 1963); J. T. SHAPLIN, e H. F. OLDS, *Team Teaching* (Nova York, Evanston and London, Harper & Row, 1964); e J. L. TRUMP, *Images of the Future, A New Approach to the Secondary School* (Urbana, Illinois, Commission on the Experimental Study of the Utilization of the Staff in the Secondary School, 1959).

40. W. SCHRAMM, *et al.*, *op. cit.* (em particular, o resumo do Cap. 4, "What do the new media cost?").

e de pessoal especializado (por exemplo: laboratórios, instalações de esportes, refeitórios, auditórios, certos cursos especiais etc.), sempre que isto for possível sem acarretar pesadas despesas com transporte e alojamento de estudantes.

f) *Utilização em comum de programas universitários especializados de alto custo* [41] por Estados ou países vizinhos, que juntos possam realizar o que isoladamente não o fariam (exemplos: Universidade da África Oriental, a experiência da América Central, o Southern Regional Education Board, diversos grupos cooperativos de escolas superiores dos Estados Unidos, as Universidades de Dacar e Abidjan).

g) *Emprego de auxiliares para o professor* na sala de aula (isto é, "ajudantes" paraprofissionais), que se encarregariam das tarefas de rotina e da verificação dos "trabalhos de casa", liberando, assim, o professor, para os trabalhos mais diretamente relacionados com o ensino (exemplos: numerosas escolas públicas nos Estados Unidos) [42].

h) *Utilização mais intensiva de auto-instrução bem planejada* — por exemplo, uso de instrução programada, de "máquinas de ensinar", de laboratórios de línguas e de bons livros, enfim de tudo o que possibilite ao aluno progredir sozinho e ao professor atender a um número maior de alunos (exemplos: numerosos casos na América do Norte e na Europa, uns poucos casos em países em desenvolvimento) [43].

---

41. Consejo Superior Universitario Centroamericano, *Plan para la integración regional de la educación superior centroamericana* (Costa Rica, 1963), e Unesco, *The Development of Higher Education in Africa* (Paris, 1963), pp. 219, 238.

42. M. Blair e R. C. Woodward, *Team Teaching in Action* (Boston, Houghton Mifflin Company, 1964); Central Michigan College, *A Co-operative Study for the Better Utilization of Teacher Competencies* (Mount Pleasant, Mich., 1955); K. Lovell, *Team Teaching* (Leeds, University of Leeds Institute of Education, 1967); e J. L. Tramp, *Images of the Future, op. cit.*

43. P. K. Komoski e E. J. Green, *Programmed Instruction in West Africa and the Arab States*, relatório de dois seminários de treinamento (Paris, Unesco, 1964); A. A. Lumsdaine e R. Glaser, *Teaching Machines and Programmed Learning*, I (Washington, D. C., National Education Association of the United States), 1960, I; 1965, II; e Fund for the Advancement of Education, *Four Cases of Programmed Learning* (Nova York, 1964).

i) *Aumento dos gastos em livros de texto e outros "meios auxiliares da aprendizagem"*, visando permitir aos alunos maior autonomia na aprendizagem, aumentar a produtividade do professor e "proteger" os alunos dos professores mal qualificados. (Infelizmente existe uma tendência contrária em muitos países em desenvolvimento, onde o aumento das despesas com os professores provoca retração nos gastos com materiais didáticos e bibliotecas.)

j) *Aplicação de modernas práticas administrativas nos serviços escolares*, tais como serviços de ônibus, cantinas, compra e estocagem de materiais, manutenção do prédio etc. A utilização de simples análises de operações por parte de numerosos sistemas escolares e universidades tem revelado amplas possibilidades de aperfeiçoamento dos serviços e redução dos custos.

k) *Aglutinação de instituições escolares de pequeno porte* em unidades maiores, mais eficientes e de melhor qualidade. Isto se aplica especialmente a escolas secundárias e a pequenas instituições de formação de professores. Inúmeros países latino-americanos têm agido, porém, em sentido contrário, criando um número espantoso de "mini-universidades", sem grandes possibilidades de se tornarem viáveis, quer educacional, quer economicamente [44].

l) *Racionalização da localização e do tamanho das escolas* de modo a servir melhor e por menor custo uma população estudantil dispersa (exemplos: pesquisa na Holanda sobre aplicação à educação da "teoria da locação"; a instalação, em várias cidades libanesas, de oficinas para ensino secundário vocacional, à base de estudos comparativos de custos de soluções alternativas).

Esta lista, ainda que breve e variada, torna claro a existência de muitas modalidades para se conseguir o aperfeiçoamento do ensino e da eficiência, mostra

---

44. INTERSTATE SCHOOL Building Service, *School Construction*, *op. cit.*; e UNESCO, "Provisional Report of the Meeting of Experts on Higher Education and Development in Latin America", University of Costa Rica, San José, 15-24 mar. 1966, em *Higher Education and Development in Latin America* (Paris, Unesco, 1966), Parte II, p. 8.

também, claramente, não existir uma receita única para todos os casos e ocasiões. O problema deve ser atacado de vários ângulos, em muitos pontos e com determinação.

A maioria das providências mencionadas não se afasta de modo significativo das práticas convencionais. Se aplicadas com imaginação e energia, poderão sem a menor dúvida levar a resultados altamente positivos. Resta, no entanto, a dúvida, se medidas convencionais como as citadas serão suficientes para resolver o problema. Na nossa opinião, há necessidade de alguma coisa a mais — de uma abordagem estratégica fundamentalmente nova, que consiga quebrar os grilhões do convencionalismo e tenha a ousadia de levar em consideração as inovações com facilidade aceitas em outros domínios da vida, mas que, por falta de coragem e imaginação, consideramos de pequena aplicabilidade no domínio vital da aprendizagem e do desenvolvimento humanos.

Fato estranho — é muito mais difícil inovar no ensino formal (escolar) que no ensino não-formal (não escolar). Este será nosso próximo assunto.

5. ENSINO NÃO-FORMAL: RECUPERAÇÃO, ATUALIZAÇÃO E APERFEIÇOAMENTO

UM CONJUNTO HETEROGÊNEO, MAS DE IMPORTÂNCIA VITAL. NÃO SE SABE EXATAMENTE O QUE EXISTE, NEM O QUANTO VALE. SÃO DISPERSAS AS ENTIDADES MANTENEDORAS E A ADMINISTRAÇÃO. OS PRINCIPAIS SISTEMAS DE ENSINO "PARALELOS" PROLIFERARAM NOS PAÍSES INDUSTRIALIZADOS. SEUS IMPORTANTES OBJETIVOS ECONÔMICOS E CULTURAIS. SÃO DIFERENTES AS NECESSIDADES E PRIORIDADES DOS PAÍSES EM DESENVOLVIMENTO. O DESENVOLVIMENTO RURAL E AGRÍCOLA MERECE ALTA PRIORIDADE. ALGUNS OBSTÁCULOS. NECESSIDADES COMUNS A TODAS AS NAÇÕES.

Até aqui referimo-nos só ocasionalmente a este espantoso conjunto de atividades de ensino e treinamento que constitui, ou deveria constituir, um importante complemento para o ensino formal de qualquer país. Estas atividades recebem os mais variados nomes: "educação de adultos", "educação permanente", "treinamento em serviço", "treinamento acelerado", "treinamento agrícola" e "serviços de extensão". Atingem elas as vidas de muitas pessoas e, quando bem orientadas, podem contribuir de maneira substancial para o desenvolvimento individual e nacional e têm, também, possibilidade de dar uma alta contribuição para o enriquecimento cultural e a auto--realização individual.

Há, portanto, uma concordância geral de que este "outro sistema" de ensino, de certo modo indefinido, é importante e merece a maior atenção. No entanto, pelo que se pode deduzir das escassas informações disponíveis, tem-se falado bastante sobre o assunto, mas as realizações não são muitas. Uma razão óbvia para isto é que, em contraste com a relativa nitidez e coerência do sistema de ensino formal, as atividades educacionais não-formais constituem uma mistura de difícil classificação, avessa ao planejamento sistemático. Poucas nações dispõem de um inventário razoável das atividades neste setor e muito menos de uma estimativa das futuras necessidades e da melhor forma de atendê-las. (O IIEP tentou organizar um inventário deste tipo na Tanzânia e no Senegal [1].)

Os objetivos destas atividades, freqüentemente, são pouco claros, as clientelas indefinidas e a responsabilidade de sua manutenção e administração divide--se entre dezenas de entidades públicas e privadas. Elas surgem espontaneamente, aparecem e desaparecem, às vezes têm um êxito fulgurante, outras tantas vezes morrem obscuramente sem deixar saudades. Ninguém em especial é encarregado de inspecioná-las, orientar sua evolução para um objetivo geral, sugerir prioridades e melhores maneiras de coordená-las e estimular sua eficiência e eficácia.

1. Ver J. KING, *Planning Non-formal Education in Tanzania*, African Research Monographs, n. 16 (Paris, Unesco/IIEP, 1967); P. FOUGEYROLLAS, F. SOW e F. VALLADON, *L'Education des adultes au Sénégal*, Monographies Africaines, n. 11 (Paris, Unesco/IIEP, 1967).

O assunto torna-se ainda mais nebuloso quando se deixa de estabelecer uma nítida distinção entre necessidades do ensino não-formal dos países industrializados e dos em desenvolvimento.

O caso dos países industrializados

Os países industrializados da Europa e da América do Norte estão cada vez mais compreendendo que o ensino formal, de qualquer nível, precisa ser acompanhado, durante toda a vida de uma pessoa, por uma forma adequada de "educação permanente"[2]. Numa sociedade que progride e se modifica é essencial que o indivíduo receba educação e instrução devido a três razões principais: 1) para assegurar a mobilidade ocupacional dos indivíduos e tornar empregáveis aqueles que não encontram emprego por falta de escolarização; 2) para manter os indivíduos já formados em dia com os novos conhecimentos e as novas tecnologias, a fim de que continuem a ter alta produtividade em seus empregos; e 3) recorrendo ao enriquecimento de seu tempo livre, possibilitar aos indivíduos uma vida melhor e mais feliz. Deste ponto de vista tem uma importância estratégica a educação permanente dos professores de todos os níveis; caso os professores não acompanhem os avanços do conhecimento, acabarão dando a educação de ontem para os cidadãos de amanhã.

Em resposta a estas exigências, na maioria dos países industrializados desenvolveu-se rapidamente uma rede de programas de "educação permanente". É perfeitamente possível que em alguns países como, por exemplo, nos Estados Unidos e na União Soviética, o montante de recursos materiais e humanos que já foram destinados a estes programas de tempo parcial aproxime-se do total empregado no ensino formal de tempo integral.

Não se conhece toda a verdade a respeito do assunto, mas um estudo realizado pelo Prof. Harold Clark, da Universidade Colúmbia, a respeito da situa-

---

2. Ver Anexo 32.

ção nos Estados Unidos, chegou a algumas conclusões surpreendentes. Ele verificou que, além do sistema de ensino "formal", havia pelo menos três sistemas de ensino "informais", funcionando em grande parte sem aparecer para o grande público, mas muito ativos e ensinando praticamente quase as mesmas coisas. Um era mantido pelas empresas particulares, o segundo pelas corporações militares e o terceiro compreendia uma miscelânea de atividades educacionais patrocinadas por organizações voluntárias [3]. Algumas grandes firmas industriais, segundo cálculos aproximados do Prof. Clark (os registros contábeis nunca são muito claros a respeito destes assuntos), gastavam em treinamento de alto nível de seus empregados e clientes uma quantia equivalente aos orçamentos de algumas das maiores universidades do país, e muitas vezes para ensinar as mesmas coisas. Descobriu também que, em algumas comunidades, o espaço físico reservado nas igrejas para a "escola dominical" equivalia à área utilizada pelas escolas públicas locais; verificou ainda, ocasionalmente, que os iate-clubes particulares davam os mesmos cursos de navegação que a Academia Naval de Annapolis e que seus alunos muitas vezes saíam-se melhor, em exames idênticos, que os futuros oficiais da Marinha. Por outro lado, os serviços militares proporcionavam ao seu pessoal um treinamento técnico tão aprimorado que muitos elementos estavam sendo atraídos pelas empresas particulares.

Inúmeros fatos idênticos têm ocorrido também na Europa Ocidental, porém, sem a mesma extensão que nos Estados Unidos [4]. São dignas de nota as realizações dos países escandinavos no setor da educação de adultos. Ultimamente o governo francês tem

3. Ver H. F. CLARK e H. S. SLOAN, *Classrooms in the Factories* (Institute of Research, Farleigh Dickinson University, Rutherford, Nova Jersey, 1958); H. F. CLARK, H. S. SLOAN, C. A. HEBERT, *Classrooms in the Stores* (Sweet Springs, Mo., Roxbury Press, Inc., for the Institute of Instructional Improvement, Inc., 1962); H. F. CLARK e H. S. SLOAN, *Classrooms in the Military* (Nova York, Bureau of Publications, Teachers College, Columbia University, for the Institute for Instructional Improvement, Inc., 1964).
4. Ver A. A. LIVERIGHT, "Observations on Developments in the Field of Higher Adult Education in 1965", declaração de circulação restrita no Center for the Study of Liberal Education for Adults, Boston, fev. 1965.

demonstrado uma atenção crescente pelos programas especiais de treinamento e retreinamento para adultos [5]. Na República Federal da Alemanha e no Reino Unido, desde 1945, a educação de adultos, principalmente através da iniciativa privada, tem apresentado tendência para ganhar nova vida. As firmas industriais de toda a Europa estão revigorando seus programas de treinamento em serviço e de aperfeiçoamento (ainda que, aparentemente, num ritmo lento demais para suas necessidades). Os serviços militares têm preparado programadores de computação, técnicos eletrônicos, outros profissionais afins que acabam sendo absolvidos por empregos civis.

A URSS e outros países socialistas da Europa têm sempre dado muita importância à "educação permanente" e obtido resultados notáveis neste setor; parecem ter ido mais longe que muitos países ocidentais no rompimento das barreiras artificiais que têm mantido a perniciosa separação entre educação formal e educação informal. Resulta disso nos países socialistas, um diálogo contínuo entre as universidades e institutos técnicos, as indústrias servidas por eles, e os pioneiros da pesquisa industrial. Tal diálogo apresenta dois temas centrais: 1) a adequação dos atuais programas de ensino, e como poderão ser melhorados, e 2) quais os recursos humanos necessários para atender as novas tecnologias que estão despontando, e, conseqüentemente, que inovações devem ser feitas nos programas de ensino a fim de satisfazer as novas necessidades. Além disto, os sistemas de ensino destes países conseguiram um íntimo relacionamento entre o trabalho e o estudo. Assim, cerca de metade dos estudantes matriculados nos cursos de engenharia, na União Soviética, são estudantes de tempo parcial com emprego regular. Outros realizam também boa parte de sua aprendizagem em cursos por correspondência e, mais recentemente, através da televisão, em combinação com períodos de estudos na universidade [6]. Na União Soviética, um trabalhador capaz e

5. Ver "La Formation professionnelle des adultes", em *Notes et études documentaires*, n. 3104, 9 jul. 1964, Paris, Sécretariat général du gouvernement, Direction de la documentation.
6. NOZHKO, et. al., op. cit.

ambicioso encontra numerosas oportunidades de aperfeiçoamento recorrendo à "volta à escola", sem grande sacrifício pessoal. Os professores universitários, por sua vez, são obrigados, e lhes é reservado tempo para se manterem em dia com os avanços de seus respectivos campos de estudo, tal como a programação de computadores, de forma a evitar que sua capacidade de pesquisa se torne obsoleta. Outros profissionais, como os médicos, são obrigados a se atualizarem nos novos conhecimentos e técnicas de sua especialidade, para o que lhes são proporcionadas condições especiais.

Certamente continuará a se desenvolver nos países industrializados esta proliferação de sistemas de ensino paralelos. A necessidade é evidente, a motivação é forte e os recursos são facilmente encontrados. Além de manter as pessoas atualizadas, estes programas mais flexíveis compensam as deficiências do sistema de ensino formal oriundas da incapacidade, adaptação suficientemente rápida às novas condições de vida.

Tudo isto confere uma especial importância à necessidade de se ter uma visão mais coerente a respeito do "sistema de ensino não-formal", a fim de que se torne mais fácil e efetiva a coordenação das inúmeras partes entre si e, ainda com o ensino formal.

As mesmas condições que criaram, nestes países, a necessidade de "educação permanente" tornaram também necessária uma redefinição fundamental do papel da educação formal. Neste novo contexto de mudanças rápidas, o papel primordial da educação formal — como já assinalamos diversas vezes — deve ser o de "ensinar as pessoas a aprenderem por si mesmas", a fim de que mais tarde sejam capazes de absorver novos conhecimentos e habilidades por conta própria. Nem mesmo as maiores universidades podem ter a pretensão de produzir pessoas "formadas" — no sentido de que "completaram" a formação de cada um de seus alunos. Devem ter como objetivo produzir pessoas capazes de continuarem a aprender e bem preparadas para uma vida na qual sempre aprenderão — o que é bem diferente.

O caso dos países em desenvolvimento

A situação do ensino não-formal nos países em desenvolvimento é, nos dias de hoje, bastante diversa. Eles enfrentam outro tipo de problemas e de prioridades, por não possuírem quer a mesma base econômica quer idêntica base de ensino popular. Quando não se dá atenção a este fato, os esforços bem intencionados despendidos pelos "especialistas de educação de adultos" provenientes de países industrializados para aplicarem seus próprios métodos, doutrinas e prioridades aos países em desenvolvimento podem resultar inúteis ou negativos.

Os países mais pobres nos dias de hoje atribuem ao ensino não-formal uma prioridade igual à conferida anos atrás pelos países atualmente considerados industrializados, isto é, proporcionar a um grande número de agricultores, operários, pequenos comerciantes e outras pessoas que nunca entraram em uma sala de aula um conjunto de conhecimentos e habilidades a serem utilizados em benefício de seu próprio desenvolvimento e de seu país [7].

Outra prioridade é a de melhorar a capacidade de pessoas especialmente qualificadas, como por exemplo os professores que já estejam empregados no setor de forma a que possam realizar melhor seu próprio trabalho. Na verdade, esta forma de treinamento em serviço poderá ser o segredo para a melhoria da qualidade e da eficiência do sistema de ensino, da administração pública e das pequenas empresas. Além disto, existe ainda a imensa tarefa, destacada por Guy Hunter em seu estudo sobre a Tanzânia [8], que é a de resgatar o investimento representado por aqueles milhares de estudantes egressos ou evadidos das escolas

---

7. Ver Anexo 33.
8. HUNTER, G. *Manpower, Employment and Education in the Rural Economy of Tanzania*, African Research Monographs, n. 9 (Paris, Unesco/IIEP, 1966).

primárias e secundárias, ainda sem emprego, mas que podem ser adaptados a algum tipo de trabalho se submetidos a um treinamento especial (equivalente ao treinamento dado, nos Estados Unidos, pelo Programa de Oportunidade Econômica).

Esses países, devido à extrema escassez de tempo e recursos, não poderão dar-se ao luxo de esbanjá-los em soluções erradas, como, por exemplo, dissipá-los em campanhas de alfabetização que não tragam uma contribuição efetiva para as metas de desenvolvimento ou adotar programas de extensão universitária destinados a satisfazer o entusiasmo de pessoas já formadas que desejam uma formação de "consumo". Por mais interessantes que sejam estas atividades, deve ser dada em tal estágio prioridade ao ensino como "investimento" e fazer com que as pessoas de posse paguem pelo ensino, a fim de que todos possam dele se beneficiar. A Unesco já reconheceu esta necessidade e recomendou aos países-membros da África, da Ásia e América Latina a reformulação de seus projetos de alfabetização em termos de aprendizagem *orientada para o trabalho* e destinada a grupos selecionados de trabalhadores, cuja produtividade possa ser mais rápida e substancialmente aumentada devido a bem elaborados programas de alfabetização [9]. Desta forma, o conceito de alfabetização ganha nova dimensão, fazendo com que os trabalhadores do campo e os operários alfabetizados passem a participar e a praticar as técnicas modernas.

Como no mundo todo torna-se cada vez maior a escassez de alimentos e com a debilitação do crescimento econômico de muitos países em desenvolvimento pela falta de modernização da agricultura e dos setores rurais, é claro que nos anos futuros o ensino não--formal precisará ter como objetivo principal a formação de agricultores e de líderes rurais (inovadores e empreendedores de diversos tipos). Felizmente, já foi bem demonstrado — em Quênia, para citar apenas um exemplo — que os cursos breves de treinamento

---

9. Ver UNESCO, *Literacy: Three Pilot Projects*, reimpressão de *Unesco Chronicle*, XI, n. 12 (Paris, dez. 1965); XII, n. 3 (mar. 1966); e MARY BURNET, *ABC of Literacy* (Paris, Unesco, 1965).

para agricultores e suas esposas (mesmo que não saibam ler) podem produzir resultados bons e rápidos, desde que sejam acompanhados de eficientes serviços de aconselhamento e complementados por outros elementos de uma bem conduzida campanha de desenvolvimento agrícola.

É preciso não esquecer, porém, as dificuldades. O problema de formar agricultores e líderes rurais parece ser menos uma questão de saber o que se deve fazer que a de se conseguir a organização e o pessoal para fazer o que é preciso. A este respeito, a falta de recursos econômicos não chega a ser tão prejudicial quanto a confusão de jurisdições conflitantes e atividades descoordenadas das numerosas agências dedicadas aos assuntos agrícolas e rurais. Torna-se inadiável a redistribuição dos recursos humanos das formas menos produtivas de administração para as formas mais produtivas de treinamento agrícola e rural.

Outro grande problema enfrentado pelos países mais pobres (e também pelos países ricos) é a falta de meios organizacionais para enquadrar o ensino não-formal no planejamento educacional — pois este se tem limitado ao ensino formal e, muitas vezes, sem alcançar todas as suas partes, sem um planejamento global não se tem base racional para o estabelecimento de prioridades, alocação dos parcos recursos, distribuição equilibrada de responsabilidade entre o ensino formal e o não-formal naquelas áreas em que ambos atuam. Os escassos dados disponíveis deixam entrever que na maioria dos países em desenvolvimento é bastante pequena a parcela dos recursos educacionais atribuída à educação não-formal [10]. Além disto, os minguados recursos realmente destinados à educação não-formal são muitas vezes malbaratados por falta de uma estratégia clara, planejamento bem feito, prioridades bem definidas e uma estrutura administrativa que funcione.

Apesar das grandes diferenças existentes entre os países industrializados e os em desenvolvimento, eles possuem algumas necessidades comuns em matéria de

10. Ver, por exemplo, as conclusões de Hunter sobre a Tanzânia, no Anexo 34.

ensino não-formal. Em primeiro lugar, precisam saber melhor o que já existe e como está funcionando, sem o que não poderão melhorar o que existe, preencher as eventuais lacunas e suprimir as atividades menos importantes em favor das mais importantes. Em segundo lugar, precisam melhorar o relacionamento entre o ensino formal e o não-formal, demolir o muro que os separa e promover entre os dois uma melhor divisão de trabalho. Em terceiro lugar, para conseguir tudo isto, terão de dinamizar a pesquisa neste setor da educação, tão pouco pesquisado, mas de importância tão vital.

A fim de alcançar estes objetivos, os países têm muito que aprender uns com os outros — e é sobre isto que falaremos a seguir.

6. COOPERAÇÃO INTERNACIONAL: UMA FORMA DE ENFRENTAR A CRISE

Mercado comum da educação para o mundo todo

BENEFÍCIOS MÚTUOS DO COMÉRCIO EDUCACIONAL ENTRE NAÇÕES. IMPORTÂNCIA DOS INDIVÍDUOS NA PROMOÇÃO DESTE COMÉRCIO. PRINCIPAIS COMPONENTES.

Nos dias atuais, os homens de Estado e seus assessores lutam tenazmente pela criação de mercados comuns regionais, através dos quais os bens econômicos possam fluir com maior abundância. No entanto, os sistemas de ensino já possuem seu próprio mercado comum, e há bastante tempo. Esse mercado comum é de alcance mundial e seu "volume de negócios" aumentou rapidamente nos últimos vinte anos em quantidade, diversidade e área geográfica. Mesmo assim, dificilmente são ainda observados seus benefícios potenciais.

Poderá esta troca internacional de bens educacionais e culturais ser organizada de modo a ajudar na solução da crise da qual participam todos os membros do mercado comum da educação? Esta pergunta apresenta e equaciona nossa principal preocupação neste momento. Contudo, antes de entrarmos diretamente no assunto, apresentaremos algumas questões preliminares. De que forma este intercâmbio internacional, desenvolvido nos últimos anos, tem afetado a crise na educação e contribuído de alguma forma para precipitá-la? Terá sido uma força neutra? Ou terá servido para evitar que a crise ficasse ainda mais aguda?

Um exame dos aspectos essenciais deste sistema de intercâmbio esclarecerá a questão, assim como, talvez, uma consulta à Figura 3, que apresenta de maneira esquemática o intercâmbio do sistema de ensino de um país com os de outras partes do mundo.

Este diagrama sugere alguns fatos de capital importância, dos quais o primeiro é o seguinte: na realidade todo sistema de ensino nacional é parte integrante de um sistema de ensino mundial, sendo possível dizer o mesmo da "comunidade intelectual" de cada país, onde alguns membros são auxiliares importantes do sistema de ensino, apesar de exercerem suas atividades fora das fronteiras desse sistema. Isto não é verdadeiro apenas em teoria, mas também é uma forte realidade funcional. Realmente, qualquer sistema de ensino que se isole da comunidade mundial está sujeito a vir a gangrenar, tão certamente quanto um membro do corpo que se isola da circulação do sangue arterial. E aquilo que faz sofrer o sistema também faz sofrer a sociedade.

Há uma segunda explicação para esta interdependência. O intercâmbio educacional entre países traz quase sempre benefícios mútuos. As recentes experiências vividas pelos países do Oriente e do Ocidente são prova do que afirmamos. Nos dias mais sombrios da tensão política, quando as trocas comerciais quase se interromperam completamente, estes países, inclusive os Estados Unidos e a União Soviética, consideraram mutuamente vantajoso manter o intercâmbio educacional e cultural. Já não resta nenhuma dúvida quanto aos benefícios, e o processo continua. O intercâmbio pode ter ajudado as respectivas economias a se desenvolverem mais rapidamente. Mas os observadores concordam que o benefício mais importante foi manter abertos os canais da comunicação intelectual e cultural, mesmo quando estes canais apresentavam-se obstruídos para outros tipos de diálogo. Um efeito significativo foi o de ajudar a destruir mitos nocivos e imagens falsas, mantidos por cada um dos lados em relação ao outro. O intercâmbio ajudou a ampliar e aprofundar a autêntica compreensão mútua por intermédio de observações e diálogos diretos e também estimulou e enriqueceu cada um dos sistemas de ensino envolvidos. Do ponto de vista individual, do mesmo modo foram beneficiados muitos professores, escritores e artistas que se defrontaram em um forum universal, ao qual há muito sabiam pertencer.

Encontramos no domínio da ciência e da tecnologia outra prova dos benefícios mútuos do intercâmbio intelectual em âmbito mundial. Todos os países têm consciência de que a livre troca de conhecimentos e de especialistas é indispensável para o progresso de cada um deles. Apesar de algumas barreiras deste intercâmbio científico, não se pode negar que, nos últimos anos, os cientistas, ajudados pela Unesco, por outras organizações internacionais, pelos governos e por sociedades profissionais voluntárias, têm dado exemplo da possibilidade da prática de uma cooperação intelectual que os depositários de outras formas de conhecimento deveriam imitar. Falando dos gigantes intelectuais que realizaram tal intercâmbio, Melville disse: "Os gênios de todo o mundo se dão as mãos, de tal forma que a verdade circula de um para outro ao redor da terra" [1].

1. Citado em JAMES A. PERKINS, *The International Dimension of the University*, comunicação feita pelo reitor da Universidade Cornell

Isto nos leva ao terceiro fato importante sugerido pelo diagrama, fato às vezes obscurecido pela superestrutura institucional criada para promover o intercâmbio intelectual. São indivíduos que, na verdade, fazem girar as rodas do mercado comum do livre intercâmbio intelectual. É claro que são essenciais as instituições e também certamente as universidades do mundo inteiro que são ou deveriam ser as colunas-mestras de toda a estrutura intelectual. Em última análise, contudo, são os especialistas, professores e estudantes destas instituições que emprestam ao empreendimento sua vitalidade, seu êxito ou malogro, sua riqueza ou sua debilidade. James Perkins resumiu a questão desta maneira:

> É da universidade que saem os intelectuais que vão encontrar-se com seus colegas de outras terras e é para ela que eles retornam a fim de reexaminar, testar de novo e reformular as idéias, antes de devolvê-las para o mundo.

Perkins lembra-nos, também, a existência neste sistema de intercâmbio internacional de regras que impõem a seus membros exigências e obrigações especiais. Entre essas regras destacam-se as seguintes:

> um compromisso soberano de procura da verdade; uma submissão absoluta à objetividade; a rejeição do preconceito baseado na aversão pelo que é diferente; a compreensão de que a procura científica não tem fim; a prontidão para examinar e reexaminar assuntos que já parecem resolvidos [2].

Um quarto fato a ser mencionado é o de que o intercâmbio entre os sistemas de ensino não se presta a uma classificação rigorosa. Ele é antes difuso e multicolorido. Ainda assim, para fins de análise e discussão, seus variados componentes podem ser classificados, de maneira um tanto imprecisa, em três categorias: 1) *conhecimentos e idéias* — transportados por meio da palavra impressa, em filmes, por meios eletrônicos, ou nas cabeças das pessoas; 2) *indivíduos* — professores, estudantes, pesquisadores, especialistas, e outros, e 3) *instalações, equipamentos e materiais* —

---

perante a Comissão Feminina de Planejamento da Japan International Christian University Foundation, Nova York, out. 1966.
2. *Ibid.*

enviados de um país para outro e úteis à tecnologia do processo educacional.

A fim de facilitar o intercâmbio sob estas três formas há necessidade, muitas vezes, de um quarto ingrediente: o dinheiro. Dinheiro para bolsas de trabalho e de estudo, hospedagem de especialistas ou professores visitantes, aquisição de equipamentos e materiais e construção de prédios.

Isto nos leva ao último fato importante sugerido pelo diagrama: o princípio do benefício mútuo, das normas, e da importância dos indivíduos para o funcionamento do sistema de intercâmbio, aplica-se com força igual às transações educacionais tanto entre países industrializados, quanto entre os menos desenvolvidos. Nos dias atuais encontramos inúmeras transações que se rotulam como "assistência externa" ou "ajuda estrangeira", e isto cria a impressão de existir um fluxo em *um* só sentido — na realidade, porém, os benefícios quase invariavelmente fluem nos *dois* sentidos. Ricardo Diez-Hochleitner, diretor de um dos Departamento da Unesco, descreveu de maneira sucinta este aspecto: "A assistência técnica não pode continuar a ser considerada como um tráfego de mão única; qualquer país precisa de mão-de-obra especializada de outros países, do mesmo modo como necessita de produtos materiais. (...) Não seria o caso de, no futuro, substituirmos o conceito de assistência técnica pelo de cooperação técnica? [3]"

Quem quer que tenha tomado parte neste fluxo — professor, consultor, ou cientista, deslocando-se para outro país a fim de "ajudar" o sistema de ensino — normalmente reconhece que volta para casa enriquecido pela experiência vivida. Qualquer visitante que tenha olhos para ver, ouvidos para ouvir e a mente aberta à outra cultura, dificilmente deixará de voltar para casa com uma rica colheita. Seu proveito será ainda maior e mais profundo se for capaz de desvencilhar-se de sua forma habitual de ser para ter um contato mais íntimo com seus colegas estrangeiros, pois

---

3. RICARDO DIEZ-HOCHLEITNER, *Technical Assistance to Developing Countries in the Field of Education*, documento do Grupo de Trabalho em Educação apresentado na Nona Conferência Mundial da Society for International Development, Milão, 7-11 jun. 1967.

estes muito provavelmente vêem o mundo, a mesma matéria acadêmica, e até o próprio processo educacional, sob um ângulo inteiramente diverso. E não é só o indivíduo itinerante que se beneficia com este confronto de percepções diversas. Também os países e as instituições de ensino beneficiam-se quando emprestam a outros países uma parcela de seus recursos humanos. Os estudantes, os professores e os conhecimentos são enriquecidos pelo que é trazido de volta por aqueles que visitaram outros países, bem como pelos visitantes estrangeiros. Só o provincianismo é que perde.

Pensamos já ter falado o suficiente sobre os aspectos básicos do mercado comum da educação. Examinaremos agora, mais de perto, o intercâmbio internacional chamado de "assistência externa" ou "ajuda estrangeira". Ao proceder a esse exame nosso principal propósito será definir sua influência na crise mundial da educação, e o que poderá essa assistência ou ajuda fazer a fim de debelar a crise.

Assistência externa e a crise

DIMENSÕES QUANTITATIVAS. IMPORTÂNCIA ESTRATÉGICA DA AJUDA. AUTO-SUSTENTAÇÃO DOS PAÍSES POBRES. DIMINUIÇÃO RECENTE DO VOLUME DE AJUDA. DIMENSÕES QUALITATIVAS. TENTATIVAS DE AVALIAÇÃO DOS RESULTADOS DA AJUDA. LIÇÕES DA EXPERIÊNCIA. DE QUE FORMA A AJUDA CONTRIBUIU PARA AGRAVAR A CRISE. NECESSIDADES FUTURAS.

De tanto ouvir falar somos levados a imaginar que a "assistência externa" entre países desenvolvidos e em desenvolvimento constitui a maior parte do intercâmbio internacional em matéria de educação. Na realidade, ela é uma parte pequena, apesar de seu alto valor. A maior parte do intercâmbio educacional no mundo todo se dá entre países industrializados, sendo pequena a participação dos programas "oficiais", como o Programa Fulbright (administrado em grande parte pelos próprios professores em base bilateral). Não há dúvida, porém, de que desde a Segunda Guerra Mundial os programas oficiais têm estimulado o intercâmbio não-oficial entre nações industrializadas, e salientado a importância tanto da compreensão quanto dos benefícios mútuos.

Porém, mesmo no caso do intercâmbio educacional entre países industrializados e em desenvolvimento que vêm experimentando uma grande expansão, uma parte surpreendentemente grande desse intercâmbio precisa-se fora dos programas oficiais do governo e dos programas das organizações privadas, como as fundações. Parece, por exemplo, que bem mais de metade dos estudantes provindos de países em desenvolvimento, estudando em universidades da Europa Ocidental e da América do Norte, fazem-no por conta própria, sem apoio oficial ou de organização privada [4]. Os dados disponíveis parecem indicar que, enquanto os estudantes estrangeiros que não recebem ajuda — a maioria — são os mais prováveis candidatos à "evasão de cérebros", os estudantes que participam de programas de intercâmbio, patrocinados pelos governos ou por organizações particulares, apresentam uma boa proporção de retorno a seus países de origem.

A situação é bem diferente no que se refere a professores, cientistas, consultores, bem como recursos para instalações e equipamentos, que fluem *dos* países industrializados para os países em desenvolvimento. Neste caso, os programas de assistência das agências internacionais, dos governos e das fundações respondem por uma grande parte do movimento total. A Unesco, por exemplo, tanto por intermédio de seus recursos próprios quanto em colaboração com o Programa de Desenvolvimento das Nações Unidas, o Banco Mundial, a Unicef, tem estado presente, como força estimuladora, na vida educacional de muitos dos países-membros na Ásia, na África e na América Latina. Os principais programas bilaterais também tiveram grande influência na educação de muitos países em desenvolvimento.

4. "A bem da verdade, é preciso assinalar que não é assim financiada a grande maioria das pessoas provindas de países em desenvolvimento que estudam no exterior (isto é, com ajuda oficial)..." OECD, *Technical Assistance to Developing Countries. Problems of Requirements and Supplies* (Paris, Development Assistance Committee, Working Party on Assistence Requirements, 1968).

Infelizmente não existem dados satisfatórios que permitam estabelecer o volume, a forma, as fontes e a distribuição geográfica da assistência educacional aos países em desenvolvimento. O que apresentamos a seguir, portanto, não passa de aproximações grosseiras, apenas para dar uma idéia da situação [5]. Os países em desenvolvimento estão gastando anualmente em educação cerca de 10 bilhões de dólares. Isto significa cerca de 4 por cento do PNB desses países, ou algo ao redor de 250 bilhões de dólares. Do total dos gastos com educação, parece que cerca de um bilhão de dólares, ou seja, 10 por cento, provêm de fontes externas. Por outro lado, dessa ajuda externa, algo entre 10 e 20 por cento vem através das Nações Unidas e de outras agências multinacionais e os restantes 80 a 90 por cento correm por conta de acordos bilaterais, tanto privados quanto governamentais. Do total da ajuda externa à educação, provavelmente 10 a 20 por cento constituem a participação de fontes privadas, sendo ô restante financiado direta ou indiretamente pelos governos.

Qual a forma e quais os objetivos da distribuição desta ajuda externa à educação? Ao que parece, 10 a 20 por cento destinam-se a bolsas de trabalho e bolsas de estudo, na maior parte para estudo no exterior; outros 20 a 30 por cento a instalações, como edifícios e equipamentos. Os restantes 60 a 70 por cento são gastos com pessoal — na maior parte professores, especialistas e consultores que participam de programas de assistência aos países em desenvolvimento. Em 1965, acima de 35 000 professores de "assistência técnica" e outros 8 000 professores voluntários prestavam serviço nos países em desenvolvimento [6].

É bastante desigual a distribuição geográfica dessa assistência educacional, com grandes variações entre as regiões e entre países da mesma região. A média de ajuda externa aos países em desenvolvimento — cerca de 10 por cento dos gastos totais destes países com a educação — apresenta proporções diferentes, indo desde 1 por cento em alguns países até 30 por cento

5. Ver Anexo 35.
6. Ver Anexo 35.

ou mais em outros. Os países da Ásia e da América Latina parecem ficar entre 1 a 5 por cento. Os países africanos de língua inglesa, entre 12 e 15 por cento; e numerosos países africanos de língua francesa chegam a alcançar 30 por cento [7].

Dentro de uma visão perspectiva dos aspectos *quantitativos* da ajuda externa à educação, existem ainda três importantes pontos a considerar. Em primeiro lugar, a assistência à educação representa uma parte relativamente pequena — da ordem de um décimo — de todos os tipos de assistência ao desenvolvimento, inclusive empréstimos, mas representa uma proporção um pouco maior da "assistência técnica". Com duas ou três importantes exceções, como a França, poucos países "doadores" e poucas agências internacionais além da Unesco parecem dar prioridade ao desenvolvimento educacional, embora estejam conferindo à educação maior atenção que há alguns anos. Em segundo lugar, a quantia total de ajuda externa vem mantendo-se estacionária nos últimos anos e, devido aos fatores inflacionários, provavelmente declinando desde 1961. De qualquer modo, os países em desenvolvimento mantêm com os recursos próprios a maior parte de seu desenvolvimento educacional. Finalmente, a maioria dos países em desenvolvimento concentra no nível primário, metade ou mais da metade de seus recursos, sendo, neste nível, mínima, a ajuda externa. Assim, esta ajuda apresenta maior significado nos níveis secundário e superior e na formação de professores. Nestes setores, tem sido dada preferência a novas instituições e novos programas, como institutos técnicos de nível secundário ou superior, ensino de ciências, novos tipos de escolas secundárias, formação de professores e alfabetização orientada para o trabalho.

Mais importantes, porém, que os aspectos quantitativos são os *qualitativos*. Existe, sem dúvida, uma certa correlação entre o volume da assistência e sua eficácia. Mas mesmo um pequeno esforço específico pode ter, às vezes, uma influência benéfica acima de

---

7. Ver, por exemplo, L. CERYCH, *L'Aide Extérieure et la Planification de l'Education en Côte-d'Ivoire*, Monographies Africaines, n. 12 (Paris, Unesco/IIEP, 1967), e *The Integration of External Assistance...*, op. cit.

qualquer proporção ligada ao custo, se o homem certo estiver no lugar certo, no momento certo, com a atribuição certa. Por exemplo, o consultor de planejamento que tenha capacidade e imaginação dará uma contribuição muito importante, se conseguir ajudar o país a melhor planejar o desenvolvimento da educação e, desta forma, utilizar de maneira mais produtiva seus próprios recursos. O mesmo se pode dizer do especialista estrangeiro que presta assistência na revisão do currículo e na criação de material didático mais adequado, ajude a projetar prédios escolares mais baratos e melhores e a estabelecer programas viáveis de alfabetização orientada para o trabalho ou programas de treinamento de agricultores. A mesma contribuição será dada pelo professor visitante que demore o tempo suficiente para preparar vinte administradores escolares de primeira linha ou cinqüenta bons professores. Qualquer um destes visitantes ajudará um país em desenvolvimento a conseguir uma marcante transformação no seu sistema de ensino, sem muitos gastos em assistência externa.

De forma alguma pretendemos afirmar que a ajuda externa seja uma forma pouco dispendiosa de colaboração, mas sim que a qualidade ainda é mais importante que a quantidade. Precisamos, porém, muito tanto de uma quanto de outra. É claro que nem todo especialista ou professor estrangeiro é um "portento". Sendo humanos, e nem sempre bem escolhidos ou bem preparados para uma das tarefas mais exigentes, delicadas e desafiadoras do mundo, alguns se revelam medíocres e pouco fazem de útil. Também nem todos os programas e instituições criados com ajuda técnica e financeira do exterior conseguem ser um "sucesso". Em casos extremos, alguns morrem antes de nascer e outros que conseguem vingar não se ajustam às necessidades locais e acabam por tornar-se um problema a mais para o país.

Mas, fazendo um balanço geral, que dizer sobre a contribuição positiva que a ajuda externa, tomada no seu conjunto, poderá oferecer à educação? Se fosse preciso basear as conclusões em dados cientificamente estabelecidos, muito pouco se poderia dizer como resposta a essa indagação. Infelizmente, após muitos anos de experiência, e de muitos milhões de dólares gastos em assistência técnica, contamos com poucos dados seguros e sistemáticos que permitam a avaliação de projetos individuais e muito menos a avaliação dos benefícios líquidos resultantes do esforço total.

No entanto, isto não surpreende quem quer que tenha acompanhado a execução dos programas de assistência. As pessoas neles envolvidas têm estado tão ocupadas na realização de suas tarefas que pouco tempo encontram para uma reflexão retrospectiva; além disto, há uma grande mobilidade de especialistas e posições. Muitos dos que mudam de posição para posição e de país para país acabam por adquirir no processo uma grande experiência. As agências, contudo, não têm sabido tirar vantagem deste fato e aprendido as lições da experiência, repetindo freqüentemente os velhos erros; não é sempre que isso acontece, mas sua repetição merece que fique aqui registrada.

No calor de uma batalha orçamentária ou logo após uma batalha perdida, costumam repetir-se as proclamações sobre a necessidade de avaliação dos projetos e dos programas; raramente, porém, estas proclamações vêm acompanhadas de recursos humanos e financeiros para a realização das avaliações. E mesmo que houvesse recursos, as avaliações seriam extremamente difíceis e levariam a conclusões bastante frágeis. Um projeto específico precisa ser notoriamente bem sucedido ou então resultar em um completo desastre para que qualquer pessoa ponderada possa acreditar nas conclusões apresentadas, pois uma avaliação deste tipo corre sempre o risco de ser incompleta ou prematura. Efeitos colaterais, não almejados e não previstos, mas que surgem anos mais tarde, passarão a ser mais importantes que o sucesso ou o fracasso do objetivo original.

Apesar de tudo, e não obstante todas estas dúvidas, ainda há lugar para o otimismo: todos aqueles que têm alguma familiaridade com os programas de assistência à educação chegam forçosamente à conclusão geral de que, a despeito de muitas falhas, estes programas tiveram um impacto salutar nos países que os receberam. John Hilliard, da Fundação Ford — ele mesmo um veterano trabalhador em programas de assistência —, fez um balanço das manifestações favoráveis e contrárias aos esforços de assistência ao desenvolvimento e suas conclusões aplicam-se ao campo específico da educação. Para ele, são inadequados os dois tipos de manifestação, e isto o levou a dizer o seguinte:

> Uma forma mais válida de avaliação resida, talvez, no fato de que muitos países em desenvolvimento estão obtendo progressos reais e visíveis ... existe inegavelmente uma mudança no clima do desenvolvimento, uma perceptível ligação com o futuro, pessoas melhor instruídas, instituições bem orientadas, infra-estrutura física, inexistentes há dez anos atrás... Também persistem em todas estas áreas problemas extensos e crônicos, além de problemas crescentes de aumento populacional, urbanização, maturidade política, e sistemas de comunicação, que exigem a participação nacional e a cooperação internacional [8].

Referindo-nos especificamente à crise da educação, é preciso admitir que os programas de ajuda externa, a despeito de seus evidentes benefícios talvez tenham contribuído para o seu agravamento, através de dois caminhos. Por um lado, devem ter elevado e acelerado a já forte demanda popular pelo ensino e levado os líderes locais a fazerem promessas acima das reais possibilidades de atendimento da demanda. O simples fato de os estrangeiros participarem de seu entusiasmo pela educação e de fazerem contribuições consideráveis neste sentido, possivelmente, encorajou muitos líderes locais a aumentarem suas esperanças e promessas além das possibilidades de realização. Mesmo que isto tenha acontecido — e ninguém pode disso ter certeza absoluta — o resultado não deveria ser considerado um malefício intencional. Teria acontecido um prejuízo considerável, caso as pessoas e os líderes dos países em desenvolvimento permanecessem indiferentes ao valor da educação como um instrumento poderoso para o desenvolvimento de si mesmos e de seu país.

Há um outro motivo para criticar os efeitos da ajuda externa. Muitas vezes, os países em desenvolvi-

---

8. JOHN F. HILLIARD, *A Perspective on International Development* (Washington, D.C., American Council on Education, 1967), uma reimpressão da Fundação Ford.

mento foram, de boa fé, estimulados a imitarem os modelos e as práticas educacionais dos países "doadores" — ainda quando eram evidentemente inadequados às necessidades e às circunstâncias dos países assistidos. Esta prática e suas conseqüências são suficientemente conhecidas e dispensam maiores comentários. Talvez baste chamar a atenção para um ponto: os países em desenvolvimento não são inteiramente responsáveis pela sua própria crise da educação, na medida em que ela resulta da inadequação do sistema educacional à realidade desses países. Tem contribuído para isso uma grande quantidade de "ajuda especializada" vinda do exterior.

O que interessa saber de imediato, porém, não é o quanto realizou ou o quanto deixou de realizar até aqui a assistência à educação, mas o que se pôde *aprender* com a experiência passada e como seria utilizada esta aprendizagem no sentido de construir um futuro melhor. Certamente muito se tem aprendido; muitos aperfeiçoamentos foram conseguidos e existe maior consciência das inúmeras dificuldades práticas que ainda precisam ser removidas para que a ajuda externa se torne mais eficiente e eficaz. Pensamos ser dispensável tratar pormenorizadamente das medidas corretivas, uma vez que já houve numerosas discussões francas e esclarecedoras entre as partes interessadas, bem como investigações sérias e uma enorme troca de memorandos, relatórios e artigos sobre o assunto [9]. Mas, devido à sua relação com as amplas linhas da futura estratégia, merecem ser feitas aqui duas observações.

9. UNESCO, *Appraisal of Unesco's Programmes for the Economic and Social Council* (Paris, Unesco, 1960); JOHN W. GARDNER, *AID and the Universities: A Report to the Administrator of the Agency for International Development* (Washington, D.C., AID, 1964); MINISTÈRE D'ETAT CHARGÉ de la réforme administrative, "La Politique de Coopération avec les Pays en Voie de Developpement", Paris, Relatório da Comissão de Estudos criada em 12 de março de 1963 apresentado ao governo em 18 de julho de 1963; W. L. THORP, "Development Assistance Efforts and Policies", 1966 *Review* (Paris, OECD, 1966); P. H. COOMBS, "Ways to Improve United States Foreign Educational Aid", em *Education and Foreign Aid* (Cambridge, Harvard University Press, 1965); L. CERYCH, *Problems of AID to Education in Developing Countries* (Nova York, Praeger Special Studies in International Economics and Development, 1965); e *AID to Education, An Anglo-American Appraisal* (Londres, Overseas Development Institute, 1965).

A primeira observação é a de que deve haver uma estratégia elaborada e participada por todas as partes interessadas, em função de objetivos a longo prazo. Seu propósito deve ser o de obter o máximo de proveito da ajuda externa, pela concentração dessa ajuda nas necessidades mais críticas — definidas como tais no contexto dos planos de desenvolvimento educacional racionalmente elaborados — e que os países assistidos tenham menor possibilidade de atender com seus próprios recursos.

Para algumas pessoas isto pode parecer a afirmação do óbvio e para outras, um desejo de perfeição. Não pretendemos que seja nem uma nem outra coisa, mas apenas que reflita uma velha proposição a ser aplicada em maior extensão. Mais especificamente não é porque os sistemas de ensino dos países em desenvolvimento precisam de quase tudo que se justifica uma abordagem fragmentária, por ensaio-e-erro. Haverá diferenças de opinião sobre *quais* devem ser as prioridades, mas ninguém pode duvidar de que *deve haver* prioridades. Em tais circunstâncias, um fuzil de mira é mais eficiente que uma espingarda que espalha chumbo. Não se pode, porém, subestimar as dificuldades da elaboração de uma tal estratégia. Apesar dos encorajadores progressos, ainda estão por ser elaborados os critérios e a metodologia para tal fim.

A segunda observação diz respeito ao volume e à duração da ajuda externa. Ninguém duvida de que os países e os sistemas de ensino do mundo inteiro precisam preparar-se para ajudarem-se mutuamente, em larga escala, durante ainda muito tempo. Os programas de assistência à educação, qualquer que seja o nome que venham a ter no futuro, precisam ser aceitos como um fato natural na vida dos países, pelo menos até o fim deste século e assumir proporções mais amplas que as atingidas — em volume, qualidade, criatividade e refinamento. Não é nosso intuito desmerecer os valiosos esforços feitos até aqui, mas pelo contrário, reconhecer seu mérito e então dizer sem rebuços quais as urgentes necessidades futuras.

Já tivemos oportunidade de assinalar que os esforços realizados até agora ajudaram indubitavelmente muitos países em desenvolvimento a darem um bom começo na organização dos modernos sistemas de ensino de que necessitam para se tornarem nações fortes e modernas. Mas tais sistemas não são como uma indústria de fertilizantes ou uma usina de aço que podem ser construídas em poucos anos. Nenhum dos mais "avançados" sistemas de ensino do mundo foi construído a não ser por várias gerações. Os países em desenvolvimento da atualidade não dispõem de tanto tempo, mas por maior que sejam a coragem e determinação, não poderão conseguir milagres na corrida contra a inexorabilidade do tempo.

Neste exato momento, os países em desenvolvimento estão perdendo a corrida. Desastradamente amplia-se um abismo econômico e educacional, não só entre eles e os países industrializados do mundo mas, o que talvez seja ainda pior, também no interior de cada país, entre a zona urbana e a rural, os setores modernos e os tradicionais e as novas elites e as massas. A crise da educação que já oprime os países em desenvolvimento não é particular deles — é uma crise que atinge a todos os demais países que com eles vivem neste planeta, no qual as distâncias são cada vez menores, e que gostariam de continuar nesta convivência.

Incumbências especiais das universidades

PAPEL PECULIAR E POTENCIAL DAS UNIVERSIDADES. IRREGULARIDADE DE SEU DESEMPENHO. AS UNIVERSIDADES MAIS ANTIGAS NÃO ESTÃO APARELHADAS PARA ENFRENTAR OS DESAFIOS DO PRESENTE. MUITAS UNIVERSIDADES VÊM FALHANDO NA AJUDA A PAÍSES POBRES. AS UNIVERSIDADES TÊM URGENTE NECESSIDADE DE AJUDAR O ENSINO PRIMÁRIO E SECUNDÁRIO. OPORTUNIDADES PARA COLABORAÇÃO EM PROBLEMAS NACIONAIS COMUNS. OITO INCUMBÊNCIAS ESPECÍFICAS.

Dentro dos limites dos programas de ajuda externa e além deles, há inúmeras oportunidades para o fortalecimento do intercâmbio educacional dos países, de forma a amenizar a crise que atinge a todos e fazer do mundo um lugar mais agradável para cada um deles.

Mas a quem cabe a responsabilidade de não deixar passar estas oportunidades?

Certamente, não há uma resposta única para esta questão. No comércio internacional da educação as tarefas competitivas dividem-se entre um grande número de agências — Unesco, organizações regionais, governos nacionais, organizações profissionais, fundações, outras organizações privadas e muitas pessoas. O sucesso destas agências depende, porém, em grande parte, da liderança em assuntos internacionais de educação de uma agência de cúpula do próprio sistema de ensino — a universidade. Nesta tarefa, as universidades do mundo inteiro vêm apresentando um desempenho bastante desigual; alguns exemplos brilhantemente encorajadores contrastam com outros simplesmente decepcionantes e parece haver ainda muito o que melhorar.

Por uma questão de tradição e consentimento geral, espera-se que a universidade, situada no topo do sistema, assuma a liderança. Espera-se, também, que ela seja a guardiã da verdade, a descobridora de novos conhecimentos, a desafiadora de velhos dogmas, a conservadora da herança social, a modeladora da juventude, e a perscrutadora do futuro. Para que possa desempenhar tarefas tão pesadas, é conferida à universidade uma posição privilegiada, acima dos problemas cotidianos, das disputas e paixões da qual poderá observá-los com maior clareza.

Ultimamente, contudo, um bom número de críticos — e os principais pertencem à comunidade universitária — perguntam cada vez com maior insistência se as universidades estão correspondendo às expectativas sociais. Alguns destes críticos, tendo em mente especialmente as universidades mais antigas e tradicionais da Europa e da América Latina, formularam uma severa acusação: incriminam as universidades de haverem pervertido e esquecido sua missão social. Ao invés de procurarem novas verdades, elas se têm ocupado com a construção de baluartes acadêmicos para a proteção de antigas crenças; ao invés de terem os olhos voltados para as dificuldades sociais, elas se mantêm a distâncias astronômicas dos problemas urgentes da sociedade que requerem sua ajuda; ao invés de defenderem sua autonomia como uma condição para um trabalho honesto e produtivo, elas defendem ferozmente esta autonomia como um privilégio e como um fim em si mesmo; ao invés de prepararem os jovens de hoje para serem os solucionadores dos problemas da sociedade de amanhã, elas têm treinado e estimulado estes jovens para fugirem destes mesmos problemas.

Estas críticas são naturalmente exageradas e certamente não se aplicam com igual justiça a todas as universidades e a todos os países. Não obstante, elas contêm suficiente dose de verdade para causar um certo desconforto.

A verdade é que as universidades, especialmente as mais antigas, não foram feitas para um mundo como o de hoje e têm encontrado mais dificuldade que os níveis inferiores do ensino para se adaptarem às condições do meio em rápido processo de mudança. A renúncia das universidades a seu papel de liderança do sistema de ensino parece estar coincidindo, em todos os países, com uma transição do sistema, que deixa de servir às elites para servir às massas. No entanto, é precisamente neste momento que as escolas primárias e secundárias, as instituições de formação de professores, e os administradores escolares, aturdidos por um torvelinho de problemas novos e difíceis, mais precisam da ajuda de seus colegas das universidades. Em alguns lugares, como na América do Norte e na União Soviética, começa a ser dado este tipo de ajuda, mas demorou muito para isto acontecer. Em outros lugares, as universidades continuam não só a tratar com indiferença os pedidos de ajuda, como ainda se queixam de que as escolas dos níveis inferiores não estão preparando adequadamente os alunos que entram para a universidade.

Esta mesma lentidão para a adaptação manifesta-se com relação ao recebimento de estudantes estrangeiros, notando-se de novo diferenças de país para país e de universidade para universidade. De acordo com uma antiga e venerável tradição, as universidades continuam a receber em números sempre crescentes estudantes e professores estrangeiros. Se alguma coisa tem falhado neste setor, é o conteúdo do que ensinam aos visitantes. Com muita freqüência ensinam o que é importante para o próprio país, mas sem qualquer importância para o país do visitante estrangeiro e isto acaba contribuindo para a "evasão de cérebros".

Mas onde as universidades têm falhado de maneira mais flagrante — se realmente falharam — é na ajuda a instituições irmãs, a sistemas de ensino e a sociedades de outros países na luta por se organizarem com firmeza e por apresentarem um desempenho mais adequado a suas condições e aspirações. (As universidades americanas em geral constituem uma notável exceção.) Temos observado uma corrente incessante de professores universitários, consultores e cientistas que cruzam o oceano para dar uma ajuda a povos de outros lugares. Mas muito freqüentemente eles o fazem por própria conta e risco, sem o apoio de suas universidades, e põem em perigo a própria carreira acadêmica no lugar de origem.

Da mesma forma, as universidades dos países industrializados, que são instituições vivas e não simples pensões familiares para intelectuais, têm-se mostrado lentas na procura de contatos com suas congêneres de outros países industrializados. Na realidade, os contatos existem uma vez que as pontes entre as universidades foram impostas pela necessidade e têm suportado um intenso tráfego de intelectuais e estudantes. Mas tais pontes não têm sido tão amplas e firmes como precisariam ser e para que possam sê-lo, as próprias universidades, como instituições criativas que são, deveriam dedicar-se com mais afinco à sua construção.

É perfeitamente compreensível a lentidão das universidades no estabelecimento de contatos, uma vez que isso é fundamentalmente contrário à sua natureza. A universidade medieval considerava natural receber intelectuais itinerantes, mas não concebia a idéia de ser ela mesma itinerante. A universidade típica de estilo europeu era organizada para um papel passivo, não para tomar iniciativas. De fato, como já tivemos ocasião de dizer, a maioria destas universidades, inclusive suas congêneres latino-americanas, praticamente não dispõe de meios institucionais para a tomada de decisões, estabelecimento de estratégias, assumir compromissos, e planejamento de seu próprio futuro. No início isto não constituía problema, uma vez que a instituição estava ajustada a seu meio, mas agora as circunstâncias mudaram enormemente e por isso a própria instituição precisa mudar para poder honrar seu compromisso para com a sociedade.

Não virão com facilidade estas mudanças internas na universidade, essenciais à sua própria sobrevivência e à continuidade, importante papel que desempenham na sociedade. Na América do Norte estas mudanças ocorreram mais rápida e menos penosamente, porque lá as universidades, tendo surgido em um momento histórico posterior e em uma sociedade de fronteiras, adquiriram desde cedo uma tradição de serviço público e de adaptação às necessidades sociais. Nos últimos vinte anos, muitas delas estenderam as fronteiras de seu *campus* até os pontos mais distantes da terra. E, dispondo dos instrumentos institucionais para tomar decisões e assumir compromissos, muitas delas comprometeram-se *como instituições* a ajudar na instalação e fortalecimento de novas instituições educacionais nos países em desenvolvimento. Em resumo, elas se tornaram agências de desenvolvimento da educação.

Mas antes que o quadro pareça muito cor-de-rosa, devemos observar que as universidades norte-americanas têm também encontrado dificuldades para se tornarem membros de uma comunidade internacional e até o momento, elas conseguiram apenas parcialmente. Nos últimos dez anos, proliferou vasta literatura de críticas, diagnósticos e recomendações sobre o "papel da universidade nos assuntos mundiais". Uma das conseqüências dessa onda de críticas foi a união, em 1963, das principais fundações particulares dos Estados Unidos, com o objetivo de criar uma entidade independente — a Education and World Affairs — destinada a ajudar as universidades a traçarem seus programas, bem como a facilitar seu trabalho pelo mundo. As instituições educacionais americanas — tanto universidades quanto escolas de nível diferente — receberam outro estímulo no sentido de "abertura para o mundo" por uma lei de 1966, a International Education Act.

Trata-se de um excelente ato legislativo, mas infelizmente o Congresso demorou a aprovar recursos para que pudesse ser posto em prática [10].

As reformas internas da estrutura e do comportamento da universidade surgem com maior facilidade quando existe um desafio específico, uma tarefa definida a ser realizada e um amplo consenso dentro da universidade no sentido de que essa tarefa deverá ser executada. Tendo isso em mente, parece-nos oportuno indicar aqui alguns exemplos de tarefas que precisam ser urgentemente executadas e que as universidades, com inteira propriedade poderiam delas se incumbir.

As universidades podem:

a) Ajudar os países em desenvolvimento na criação de novas instituições de ensino superior e estimular o aperfeiçoamento das já existentes, dentro de uma orientação que atenda às necessidades e peculiaridades desses países e não segundo os padrões da universidade que presta assistência.

b) Ajudar no planejamento (e execução) do aperfeiçoamento dos sistemas de ensino dos países em desenvolvimento, incluindo a educação de pessoas que não podem freqüentar escola, bem, como a elaboração de novos métodos, conteúdos e estruturas de ensino que se ajustem às necessidades e possibilidades de cada sociedade em particular.

c) Ajudar no desenvolvimento da capacidade de pesquisa dos países em desenvolvimento — às vezes em base regional — especialmente sobre problemas prioritários para estas áreas, nas quais os pesquisadores dos países industrializados estarão ansiosos para

10. R. A. HUMPHREY, ed., *Universities... and Development Assistance Abroad* (Washington, D.C., American Council on Education, 1966); "The Role of Universities in Development Assistance, Report of the meeting held at Maarn, the Netherlands, September 1964", Haia, Netherlands Universities Foundation for International Co-operation (NUFFIC), 1965; "The University Looks Abroad: Approaches to World Affairs at Six American Universities", Nova York, Report from EWA, 1965; "The University and World Affairs", Nova York, a Report of the Committee on the University and World Affairs, 1960; e "Education and World Affairs", Report on the 1963-64 Program, Nova York, 1965.

trabalhar em colaboração com os pesquisadores locais, por causa da oportunidade e das facilidades oferecidas.

d) Ajudar a fortalecer o diálogo entre universidades dentro das regiões em desenvolvimento e entre estas e as universidades dos países industrializados, de forma que o conhecimento, a experiência e as idéias úteis ao aperfeiçoamento da educação possam circular mais plena e rapidamente através do mundo.

e) Assumir a liderança da inovação do ensino, em todos os níveis, com o objetivo de resolver os problemas urgentes de difícil solução, se utilizados somente os recursos convencionais, e ajudar a circulação rápida e o intercâmbio de resultados de pesquisa, não obstante o lugar em que ela tenha sido executada.

f) Estimular e prestar assistência a pequenos países vizinhos de regiões em desenvolvimento, para que trabalhem em cooperação no estabelecimento de instalações *comuns* de ensino superior, proporcionando treinamento especializado e pesquisa em escala suficiente para tornarem-se economicamente viáveis e compatíveis com as mais elevadas normas de qualidade.

g) Fazer o que estiver ao seu alcance para reduzir a evasão de talentos necessários aos países em desenvolvimento — por exemplo, adaptando seus programas de treinamento para que se ajustem às necessidades prioritárias dos estudantes estrangeiros destas regiões, evitando encorajar os estudantes mais capazes e alongarem sua permanência e adotando uma política de emprego de pessoal estrangeiro que leve em conta as urgentes necessidades de mão-de-obra dos países em desenvolvimento.

h) Estabelecer instrumentos institucionais que facilitem e estimulem a colaboração entre os intelectuais dos vários países industrializados, qualquer que seja sua orientação política e social, para que enfrentem em conjunto e da maneira mais completa alguns dos principais problemas comuns, como renovação urbana, preservação dos recursos naturais (inclusive o ar e a água), ajuda aos deficientes culturais e aos marginalizados, orientação da juventude diante da perplexidade do mundo atual, adaptação dos sistemas de ensino às condições de mudança.

As universidades do mundo têm uma função que lhes é específica. Ninguém mais poderá executá-la tão bem quanto elas, desde que se organizem para enfrentar as novas responsabilidades. Caso se recusem a assumir estas responsabilidades, tanto as universidades quanto toda a civilização perderão com isso. Mas se as aceitarem e se erguerem para recebê-las, a procura produtiva pela verdade e pelo conhecimento, o desenvolvimento e o progresso da humanidade visando alcançar a paz, certamente, nos anos futuros, caminharão para a frente, com um ímpeto jamais imaginado.

7. SUGESTÕES PARA UMA ESTRATÉGIA

NATUREZA E FUNÇÃO DA ESTRATÉGIA DE DESENVOLVIMENTO DA EDUCAÇÃO. RECAPITULAÇÃO DOS CINCO FATORES DA CRISE. DOIS ASPECTOS ESSENCIAIS DA ESTRATÉGIA PARA FAZER FRENTE À CRISE. CINCO METAS PRIORITÁRIAS DA ESTRATÉGIA. UMA PALAVRA FINAL.

O objetivo principal deste livro é o diagnóstico e não a terapêutica. Ainda assim, tendo examinado os traços marcantes e as causas da crise mundial da educação, dificilmente poderíamos fugir agora à preocupação com os aspectos operacionais: Que se poderá fazer com relação à crise?

No decorrer do diagnóstico, tornaram-se evidentes algumas direções lógicas que as soluções devem respeitar. Ao mesmo tempo, evidenciou-se o *ilogismo* de certas "panacéias" muito comuns, como as expressas por afirmações como: "tudo se resolve com mais dinheiro" ou "o que está faltando é um bom administrador" ou "basta fazer com que os professores e os alunos trabalhem mais".

Estamos convencidos da não existência de soluções simples e também de que as soluções são múltiplas. Todas são de difícil aplicação e requererão muito tempo para apresentar efeitos satisfatórios.

Acreditamos basear-se a principal esperança de solução da crise em estratégias que compreendam proporções equilibradas de esforços nacionais e internacionais cuidadosamente montadas no sentido de fazer frente aos principais componentes da crise. Além disto, precisam cobrir pronta e vigorosamente um período de tempo que se estenda desde as necessidades táticas imediatas até situações que vierem a se configurar em cinco, dez e vinte anos. Estas estratégias talvez deparem com um futuro educacional perigoso, sem qualquer orientação, ao sabor das circunstâncias — talvez para cair num círculo vicioso ou para não ir a parte alguma.

Natureza de uma estratégia para a educação

A estratégia para o desenvolvimento da educação, no sentido em que o termo é tomado neste livro, constitui um quadro de referência no qual se apoiariam as diretrizes a serem adotadas na educação e tem por objetivo tornar estas diretrizes equilibradas e integradas, bem distribuídas no tempo, adequadamente ponderadas e corretamente orientadas. Como as próprias diretrizes, o quadro de referência precisa ser flexível: precisa passar por constantes revisões e ser modificado à luz dos progressos, surpresas, novos conhecimentos e evidências. Não poderá, porém, ser tão flexível a ponto de facilmente desmantelar-se para recompor-se de outra forma quando, por exemplo, acontece uma mudança de ministério. Sem razoável continuidade e durabilidade e sem o acúmulo de energia só oferecido pela continuidade e pela consistência, a estratégia pouco mais será que um cenário de teatro — tudo na frente, nada atrás. Empurrando-se com alguma força, tudo desaba.

Uma boa estratégia precisa apoiar-se com firmeza em amplo consenso, que envolva os diversos interesses políticos, sociais e educacionais e receba a lealdade e o entusiasmo dos líderes destas diversas áreas. Alguns países infelizmente parecem não estar ainda preparados para tal estratégia, por não terem alcançado os pré-requisitos políticos, sociais, econômicos e educacionais indispensáveis à construção e manutenção de uma estratégia de desenvolvimento da educação ou ainda de desenvolvimento econômico e social, em geral. Não obstante, mesmo em tais casos, há necessidade de um esforço para elaborar a estratégia, porque não se fazendo nada, nada se tem a ganhar, enquanto o esforço em si mesmo poderá provocar o surgimento dos pré-requisitos que estavam faltando.

Uma estratégia de desenvolvimento da educação não é algo que existe no vácuo ou que possa ser montado numa sala dos fundos de um ministério, e organizada por um especialista, um estatístico e uma máquina de calcular. Ela deverá ser construída a partir de uma comunhão de objetivos, de uma percepção racional e de uma força de vontade emanados diretamente do meio econômico, social e cultural a que vai servir. Uma estratégia assim concebida, tem uma forma tangível, envolve diversos níveis e se adapta às circunstâncias e responsabilidades peculiares de cada nível e de cada lugar. Pode haver estratégias internacionais, regionais, nacionais, estaduais e locais, em cada instância estabelecida por capazes especialistas. Mas para que as estratégias de diferentes níveis e de diferentes lugares se apóiem mutuamente, terão elas de pautar as atividades pelos mesmos critérios, compartilhar as linhas básicas de prioridades e receber apoio de várias direções.

No diagnóstico que fizemos, chegamos a algumas conclusões gerais a respeito da natureza da crise mundial da educação: como surgiu, qual sua situação atual e quais parecem ser suas tendências para o futuro. Devido à importância dessas conclusões para o estabelecimento de uma estratégia, recapitularemos em seguida, de forma condensada, estas conclusões, ainda que corramos o inevitável risco da supersimplificação.

Recapitulação das conclusões deste livro

Vista através da lente da análise de sistemas, a crise teve sua origem na convergência histórica de cinco fatores, cada um deles gerado pelas arrebatadoras forças de mudança que envolveram a civilização nos tempos atuais. Seguem-se os nomes destas cinco forças:

a) A inundação estudantil. Houve uma inexorável e quase incontrolável elevação da demanda de mais vagas nas escolas, de todas as modalidades e de todos os níveis, em todos os lugares, até nos mais modestos lugarejos. A inundação de estudantes, provocada primordialmente por uma explosão das expectativas humanas e ampliada devido à explosão populacional, acabou por alagar todos os sistemas de ensino. Os administradores destes sistemas têm estado tão inteiramente ocupados com os problemas imediatos de natureza material, que lhes têm sobrado pouco tempo para pensarem em problemas, como a qualidade e a eficiência do ensino. O transbordamento de números não deverá retroceder e pelo contrário, promete aumentar em muitos lugares, até mesmo com maior intensidade, por muito tempo ainda.

b) Aguda escassez de recursos. A fim de fazer frente à inundação estudantil e, paradoxalmente, incrementá-la, os recursos destinados à educação multiplicaram-se de maneira sem precedentes desde a década de 50. E mesmo assim os suprimentos de professores e prédios escolares, equipamentos e livros de textos, bolsas de estudo e bolsas de trabalho e ainda os recursos financeiros necessários para atender a tudo isto, revelaram-se insuficientes para o atendimento da demanda, impondo aos sistemas de ensino, severas restrições à sua capacidade de desempenho satisfatório. As perspectivas para este caso assemelham-se às do caso anterior: a escassez de recursos persistirá e poderá até agravar-se. Para muitos países em desenvolvimento, que já distenderam seus limites financeiros até quase ao ponto de ruptura, sem alcançar o desejado alívio, as perspectivas são angustiosamente problemáticas.

c) *Elevação dos custos.* Os sistemas de ensino terão aumentadas suas preocupações ligadas às limitações cada vez mais severas dos recursos por causa da inexorável tendência de aumento dos custos reais por estudante. Além da devastação causada pela inflação nos orçamentos do ensino e nos rendimentos dos professores, a tendência de crescimento dos custos unitários deriva-se do fato de que o ensino continua sendo uma indústria dependente de um trabalho, ainda muito próximo do artesanato. Na realidade, esta dependência tem aumentado devido aos esforços dispendidos para melhorar sua qualidade através dos meios convencionais.

d) *Inadequação dos produtos.* Se já não bastassem estas angustiantes circunstâncias, os sistemas de ensino são ainda atormentados pela evidência de que aquilo que estão ensinando e aquilo que estão oferecendo — em termos cada aluno em particular e da "variedade de produtos" — parecem, nos seus aspectos importantes, inadequados para os termos atuais. As saídas dos sistemas de ensino são evidentemente desajustadas, em primeiro lugar, às necessidades em rápida mudança do desenvolvimento nacional e também às necessidades igualmente em mudança dos indivíduos numa sociedade em mudança. Por outro lado, porém, as atitudes, as preferências de trabalho e os padrões de *status* inculcados nos indivíduos por seu ambiente, contribuem contra o uso adequado das saídas dos modernos sistemas de ensino e contra a promoção de um autêntico processo de desenvolvimento voltado para a mudança social e a modernização da economia. O resultado forma um problema tríplice, sem solução que gira em torno das velhas atitudes e as oportunidades de trabalho que respondem às novas aspirações, das reais necessidades do desenvolvimento e da própria educação. Uma conseqüência importante deste *impasse* é a crescente incapacidade do mercado de trabalho dos países em desenvolvimento para absorção dos recursos humanos preparados pelos sistemas de ensino, exacerbando-se desta forma o terrível problema do "desemprego de diplomados".

e) *Inércia e ineficiência.* Os sistemas de ensino, quando surpreendidos, nessa situação desesperadora, têm reagido recorrendo ao emprego de métodos "que sempre têm funcionado". Mas isto não tem dado certo. Os velhos esquemas que antes prestavam bom serviço — o sistema de administração, os currículos e programas, os métodos de ensino, as salas de aula auto-suficientes, os meios de formação e recrutamento de professores, e tudo o mais que caracterizava os processos tradicionais de ensino — têm-se revelado inadequados para a nova situação. Os sonoros protestos contra a deterioração da qualidade do ensino parecem indicar que os métodos "que sempre têm funcionado" se estão tornando métodos "que funcionam cada vez menos". Estes métodos ultrapassados (o mesmo que dizer, a inércia dos sistemas de ensino) têm retardado a adaptação dos sistemas para que estes possam fazer frente às modificações do meio.

E assim, devido a esta combinação de razões, os sistemas de ensino do mundo inteiro encontram-se hoje em crise. Naturalmente, a crise difere de ritmo e intensidade, de um lugar para o outro, suas manifestações mais graves sendo encontradas nos países mais pobres que deparam com grandes dificuldades por terem sido surpreendidos numa época em que mal tiveram tempo para iniciar a organização de sistemas de ensino populares equilibrados e bem integrados. Além do mais, sem falar na sua escassez de recursos, esses países têm de enfrentar um desafio pedagógico mais difícil: precisam elevar quase toda uma geração vinda de uma tradição de analfabetismo para uma vida a ser mais vivida no mais moderno e dinâmico mundo da ciência.

Não se pode, porém, subestimar a crise dos países industrializados, só por ser ela relativamente menos visível. A arteriosclerose acadêmica ataca mais prontamente os sistemas de ensino mais antigos e é de cura mais difícil. Ainda que suas entradas possam ser mais abundantes, sua eficiência interna poderá ser tão baixa e suas saídas tão desajustadas às reais necessidades quanto nos países mais pobres.

Conforme a disposição de espírito de cada um dos leitores, a interpretação desta realidade poderá assumir uma de duas possíveis formas. Uma seria interpretá-la como uma espécie de *Götterdämmerung* — um confronto cataclísmico final entre a capacidade da ciência para criar tecnologias revolucionárias e a incapacidade do homem para assimilá-las e dominá-las. A outra giraria em torno da constatação de que estamos diante de um daqueles grandes momentos históricos no qual as forças criadoras precipitam-se para a vida, desafiam a engenhosidade do homem e nele despertam uma viva reação que faz a civilização avançar mais um passo. Os responsáveis pela criação de uma estratégia para a educação devem estar imbuídos deste segundo ponto de vista.

Elementos sugeridos para uma estratégia positiva

Mas qual poderia ser a estratégia? Sem pretendermos dar uma resposta completa, podemos desde logo sugerir que a estratégia precisaria apresentar dois aspectos indispensáveis. Em primeiro lugar, dar atenção às relações entre as coisas. Deverá tentar aperfeiçoar toda uma série de relações — inclusive aquelas que existem dentro do sistema de ensino, entre seus vários níveis e partes internas e entre o sistema de ensino e seu meio cultural tanto do lado da entrada quanto da saída. Estas relações, que no momento presente se encontram em precária situação, precisam de uma restauração que lhes dê melhor equilíbrio e um movimento mutuamente compatível. É esta necessidade de dar atenção às relações e de ver as coisas no seu todo que demonstra a importância da análise de sistemas na construção da estratégia da educação.

O segundo caráter da estratégia consiste em conferir um vigoroso destaque à *inovação* — inovação em quase todos os aspectos do sistema de ensino; não mudanças pelo simples gosto de mudar, mas mudanças cuidadosamente calculadas para produzirem aperfeiçoamentos e indispensáveis ajustamentos. Não se pode pretender um ajustamento unilateral da sociedade e da economia ao sistema de ensino. Caso se deseje uma acomodação, será o sistema de ensino que deverá tomar a iniciativa de ajustamento, não procurando conservar seu antigo modo de ser, mas realizando um esforço genuíno no sentido de adaptar-se às novas circunstâncias. Assim, teremos de saber como fazer sistemas de ensino acomodados tomarem esta iniciativa e começarem a modificar-se mais rapidamente na direção certa.

Contudo, as inovações educacionais não surgirão automaticamente. Ainda que isso acontecesse elas não seriam assimiladas com rapidez. As inovações oriundas de fontes externas poderiam ser recebidas com cortesia, mas seriam, em seguida, discretamente engavetadas. Para que a estratégia tenha êxito, a inovação deverá passar a ser o que nunca antes foi; precisa tornar-se uma maneira de ser da educação.

Isto implica, claramente, duas exigências: as pessoas mais diretamente envolvidas no ensino precisam convencer-se de que não há outra saída para a crise — e que, na verdade, a inovação poderá trazer para a educação outro incitamento e um espírito de aventura. Em outras palavras, é preciso que haja uma nova atitude com relação à mudança, tanto da parte dos educadores quanto de seus clientes mais próximos — os alunos e pais de alunos. No domínio da ciência, os prêmios Nobel são atribuídos àqueles que desafiam os velhos dogmas e os substituem por novas verdades. A mesma sadia irreverência pelas "verdades consagradas pelo tempo" precisa de alguma forma ser instilada na instituição que se supõe responsável pela formação de ganhadores de prêmios Nobel. Isto, por si mesmo, é um grande empreendimento educacional e não se deve adiar seu lançamento.

Outra condição para que haja inovações é que os próprios sistemas de ensino aparelhem-se para isto. Dissemos no início que a agricultura só conseguiu passar da condição tradicional para a moderna, depois que foram postos à disposição dos agricultores os instrumentos da pesquisa científica. A partir de então, o *processo* de inovação, uma vez institucionalizado, tornou-se um hábito para o agricultor. Assim nasceu a agricultura moderna e tudo se modificou. E, no entanto, quem acreditaria meio século antes que isto pudesse acontecer? O ensino não precisa de uma fazenda experimental, mas de algo equivalente e que venha acompanhado de um serviço efetivo de extensão, uma ampla e rápida divulgação dos resultados de pesquisa.

A fim de que se instale um significativo esforço no sentido da inovação do ensino, impõe-se a existência de uma ordem de prioridades. Não se pode fazer tudo de uma só vez e é preciso que algumas coisas aconteçam primeiro para que outras possam suceder a elas. Nossa análise da crise da educação permite-nos sugerir as seguintes metas prioritárias:

a) *Modernização da administração escolar*. O ensino provavelmente não passará de seu estado de semi-artesanato para uma condição mais moderna, caso os sistemas não forem confiados a administradores modernos adequadamente treinados, os quais por sua vez possam contar com bons fluxos de informação, modernos instrumentos de análise, pesquisa e avaliação, e recebam o apoio de equipes de especialistas bem preparados. Se isto não suceder, tenderá a agravar-se a crise da educação. Em seu esforço para modernizar o próprio sistema administrativo, o ensino poderia inspirar-se nas práticas adotadas por outros setores da sociedade, que já alcançaram marcantes progressos neste sentido, utilizando, inclusive, os conceitos e a metodologia da análise de sistemas e do planejamento integrado.

b) *Modernização do corpo docente*. O professor de hoje não tem oportunidade para ser moderno, aumentar a própria produtividade e manter-se em dia com os novos conhecimentos e as novas técnicas de ensino. Mas isto sempre foi assim. O professor, na maioria das vezes, é preparado para o ensino de ontem e não para o de amanhã e se por acaso for preparado para o ensino de amanhã, logo se verá impedido de utilizar o seu preparo ao deparar-se com a realidade de seu primeiro emprego. A partir de então seu crescimento profissional é, na melhor das hipóteses, problemático, especialmente se entregar-se ao isolamento de uma escolinha rural. Ninguém se importará com seu crescimento profissional. Com alguma sorte, conseguirá uma ajuda ocasional de um inspetor itinerante — se o inspetor se dispuser a isto — e da troca de idéias com outros colegas na mesma situação que venha a encontrar em um "curso de atualização". Mas isto é tudo e a esta altura ele provavelmente já terá desistido e se conformará com a segurança — e a chatice — de ensinar da mesma forma como foi ensinado por seus professores.

É claro que os sistemas não se modernizarão sem que todo o modo de formação de professores passe por uma completa revisão, dinamizado pela pesquisa pedagógica, torne-se intelectualmente mais rico e estimulante e vá além da formação pré-serviço para tornar-se uma contínua renovação profissional para *todos* os professores.

Uma reforma deste tipo terá a feliz possibilidade de atrair para o sistema de ensino um número maior de pessoas de talento, bem como de promover novas "divisões de trabalho" que abram oportunidades para que estas pessoas progridam e possam ser mais eficientemente utilizadas no ensino. Quando chegar este dia, os professores e suas organizações de classe poderão dar adeus à velha estrutura monolítica de salários e à monolítica descrição de cargos que lhe dava apoio — fatores que contribuíam para desalentar e afugentar os bons professores.

c) Modernização do processo de aprendizagem. Mas, no fim de tudo, são os estudantes, e não os professores, as principais vítimas das estruturas de ensino arcaicas. No primeiro dia de aula, a maioria deles acha-se tomada de uma natural curiosidade sobre tudo o que se passa ao seu redor. Para satisfazer a esta curiosidade não seriam suficientes os conhecimentos dos melhores professores e dos pais mais instruídos, nem a sabedoria de um Sócrates. A criança logo descobre, porém, que a escola não é o lugar onde pode encontrar respostas para suas perguntas. Estas respostas ela irá encontrar no pátio de recreio ou em outro local qualquer e o seu verdadeiro professor poderá ser apenas um ano mais velho que ela. A criança descobre ainda que a escola possui suas próprias perguntas para as quais ela tem de saber as respostas certas, caso queira pertencer à categoria de "bom estudante". Quando aprende as respostas mais depressa que seus colegas, o estudante logo se aborrece. Se, pelo contrário, aprende em ritmo mais lento que o dos outros, acaba derrotado. Certamente, deverá haver maneiras mais adequadas para aproveitar a curiosidade natural das crianças de acordo com suas diferenças individuais e com o potencial de cada estudante para que, independentemente de seu nível ou tipo de inteligência, possa ele aprender de acordo com seu próprio ritmo. Na verdade, seria difícil imaginar uma estrutura menos apropriada para aproveitar estas admiráveis qualidades humanas que a em uso nas escolas tradicionais.

É extremamente duvidoso, porém, que exista uma só forma, uma só técnica, um só artifício, que por si mesmos possam obter melhores resultados que os conseguidos pelos processos tradicionais de ensino-aprendizagem. O que precisa ser descoberto é uma nova *combinação* dos elementos, um novo "sistema" de ensino e aprendizagem que realize um trabalho significativamente melhor que o atual, mas sem implicar uma elevação proporcional dos custos. O ensino nos vilarejos africanos não pode ser feito através de computadores, por mais eficientes que sejam estas máquinas. A propósito, nem mesmo as escolas norte-americanas podem ter este tipo de ensino, a não ser uma ou outra, e assim mesmo em caráter experimental. Mas, quando utilizados no contexto certo, as tampinhas de garrafa, os botões e os pedaços de barbante têm sido, às vezes, preciosos meios auxiliares de aprendizagem. Certamente um sistema de ensino não precisará ser rico nem ter os melhores professores do mundo para aumentar a eficiência pedagógica e econômica de seu processo de aprendizagem. Algumas vezes até um modesto investimento na genuína máquina de ensinar — o livro de texto — poderá levar a resultados compensadores. Mas não é preciso nem possível parar aí. Assim, juntamente com novos centros de formação e aperfeiçoamento de professores, seria altamente vantajoso dispor-se de mecanismos que contribuíssem para o aparecimento de *novos sistemas de aprendizagem* e a criação e produção de materiais didáticos e outros acessórios indispensáveis à sua prática [1].

d) Fortalecimento das finanças da educação. Até este ponto, e isto certamente foi notado, todas as nossas sugestões implicaram gastos de dinheiro, ainda que de maneira mais produtiva. Entretanto, não podemos fugir à realidade: os sistemas de ensino, por mais que se tornem eficientes e atuantes, irão precisar de muito mais dinheiro do que, ao que tudo indica, irão receber. O ensino caro pode ser de má qualidade, mas o ensino bom nunca é barato. E o mundo está necessitadíssimo de muito bom ensino.

Apesar de que um número cada vez maior de sistemas de ensino parece estar atingindo os limites financeiros máximos, isso não significa que a situação não possa ser melhorada. Seus atuais problemas prendem-se a métodos e fontes de financiamento do momento presente. Mas, da mesma forma que para os métodos de ensino, há uma ampla flexibilidade e variedade de opções para se conseguir mais fundos para a educação. E, assim, outro elemento de estratégia que gostaríamos de sugerir refere-se a um esforço comum no sentido de serem descobertas as possibilidades e as fontes suplementares de recursos para a

1. Para uma discussão do significado de "novos sistemas de ensino" ver Schramm *et al., op. cit.* Sobre os centros propostos para criação de novos sistemas de ensino ver também Wilbur Schramm, "The Newer Educational Media in the United States", uma conferência preparada para a Meeting of Experts on the Development and Use of New Methods and Techniques of Education, Paris, Unesco, março 1962.

educação. Uma boa forma de começar talvez fosse o exame das práticas financeiras existentes e dos engenhosos artifícios descobertos por alguns sistemas, sobre os quais os demais, provavelmente, não tenham ouvido falar. Inevitavelmente descobrir-se-á que para conquistar as fontes mais ricas de recursos financeiros, ter-se-á de deixar de lado certos tabus, inclusive alguns socialmente louváveis. Este será o preço a ser pago, pelo menos por enquanto, para que a educação não morra estrangulada em um emaranhado de bons princípios.

e) *Maior atenção ao ensino não-formal.* Sempre nos pareceu estranhamente artificial chamar de "instruída" a pessoa que freqüentou escola e negar este qualificativo a quem não tenha passado pelos bancos escolares. Os fatos desmentem tal discriminação. Parece igualmente estranho aceitar a pressuposição de que se um país só pode mandar para a escola metade de suas crianças, a outra metade estará condenada ao analfabetismo. Quem, realmente, quiser aprender, *só* terá oportunidade em uma classe convencional, diante de um professor e de um quadro-negro? O bom senso e a experiência dizem-nos ser absurda esta proposição. No entanto, parece ser nela que se baseiam as diretrizes e as medidas práticas do setor do ensino adotadas em quase todo o mundo.

Nossa sugestão é de que se faça, como parte da estratégia para vencer a crise educacional, uma completa revisão da distinção entre escolarização "formal" e "não-formal". Em muitos países, seria certamente mais produtivo destinar maiores recursos para as **várias** formas de educação de adultos — isto é, àquelas formas que tanto beneficiam os indivíduos quanto a economia. Mas não estamos certos de que isto baste e gostaríamos de saber se não há outras inovações mais ousadas a serem descobertas que, com os recursos disponíveis, fossem capazes de desferir golpes mais enérgicos e seguros contra a ignorância.

A aprendizagem exige tempo e motivação e milhões de jovens e adultos que não podem freqüentar escola possuem tanto um quanto outro. Mas eles necessitarão, ainda, de fácil acesso ao material de aprendizagem. Não seria impossível imaginar modos para saciar a fome de aprendizagem dessas pessoas, caso recorrêssemos a todas as atuais facilidades de comunicação e reprodução. Nem todos estarão interessados e talvez apenas uma minoria possua motivação e energia necessárias para praticarem uma auto-aprendizagem efetiva. Não se deve esquecer, porém, que muitos dos grandes líderes do passado — bem antes dos modernos meios de comunicação — conseguiram resultados surpreendentes, estudando sozinhos à luz de uma vela. Nos países em desenvolvimento, os líderes irrealizados de amanhã são os jovens brilhantes e ambiciosos de hoje que, por falta de oportunidade, não tiveram acesso ao material de aprendizagem. Talvez seja essa outra desafiadora oportunidade de inovação na área do ensino, possivelmente com conseqüências mais proveitosas que qualquer outra medida a ser tomada em prol da escola formal.

Nestas poucas páginas, tocamos apenas de leve em algumas medidas que, a nosso ver, são necessárias para uma estratégia capaz de vencer a crise que se propõe combater. Outras pessoas poderão certamente fazer alguns acréscimos, sugerir modificações úteis ou mostrar por que algumas destas medidas são impraticáveis. Somos os primeiros a reconhecer serem medidas de difícil aplicação. Mas se as considerarmos impossíveis, que nos restará fazer?

Terminando, destacamos mais um aspecto da estratégia — a *cooperação internacional*. Concordamos que cada país deve ser o dono de seu próprio destino e que cabe a ele mesmo a maior responsabilidade pela manutenção do sistema de ensino, por mais pobre que seja. Mas à luz do que já foi exposto, afirmamos que nenhum país, dadas as condições da crise que afeta a todos, terá êxito, caso resolva caminhar sozinho. Portanto, a cooperação internacional em grande escala é um aspecto obrigatório da estratégia educacional de todos os países, sejam eles ricos ou pobres.

Isto vai muito além da difusão de boa vontade e compreensão mútua entre educadores do mundo inteiro, por meio de reuniões periódicas em Paris ou Genebra, em Nova Delhi ou Santiago, onde velhos amigos juntam-se a novos amigos para uma útil troca de experiências. Não subestimamos o valor de tais contatos e intercâmbios, mas a cooperação deverá estabelecer-se muito além dos debates e da aprovação de resoluções. Temos em mente medidas muito práticas e concretas que colocarão educadores de inúmeros países trabalhando juntos, na procura de soluções para problemas comuns e de descobertas que beneficiem a todos. Pensamos também no fortalecimento dos mecanismos práticos para comunicação de novas descobertas, onde quer que ocorram, bem como a difusão ampla, fidedigna e rápida de notícias — tarefa que as agências internacionais são bem apropriadas para realizar. Pensamos, finalmente, em um novo tipo de relacionamento entre os sistemas de ensino dos países ricos e pobres.

Três proposições principais servirão de base a tal relacionamento:

No presente e durante muitos anos vindouros, os países industrializados precisam dar aos países em desenvolvimento uma ajuda mais substancial que a até aqui oferecida.

Esta ajuda não deve consistir na exportação automática das formas convencionais de educação dos países "doadores" para os "receptores", mas na procura em comum das soluções que atendam às reais necessidades dos países em desenvolvimento.

Ainda que em termos econômicos a ajuda deva fluir em um único sentido, isso não implicará que os países em desenvolvimento não possam igualmente contribuir para o desenvolvimento da educação dos países industrialmente desenvolvidos. Ainda que não houvesse outros motivos, poderiam dar sua contribuição porque, sendo seu passado mais recente, a situação educacional é menos complexa e assim os problemas e a versão que têm da crise mundial da educação mais visíveis e instrutivas. Devido a esses mesmos motivos, os líderes educacionais e os professores dos países em desenvolvimento reconhecerão com mais facilidade a necessidade de se livrarem de seu folclore e de suas inibições para caminharem em novas direções. Pensamos, portanto, não estar longe o dia em que, em termos de inovações educacionais, se estabeleça o fluxo de assistência técnica dos países pobres para os ricos.

Neste ampliado e mutuamente proveitoso intercâmbio educacional entre países, haverá abundância de trabalho e responsabilidade para todos os tipos de organizações, quer sejam públicas ou privadas, internacionais, regionais e nacionais. O problema estará em como organizar seus esforços e aproveitar as capacidades próprias de cada uma delas. Aqui também existe um grande potencial inexplorado, não apenas no sentido de aumentar o volume de ajuda externa e de outras formas de intercâmbio, mas também no de melhorar a qualidade e a eficiência.

Terminamos fechando o círculo de nossa análise e voltando ao ponto de partida — conferindo à crise da educação um caráter eminentemente *mundial*.

Desejamos, ainda, dizer algumas palavras: Ao leitor que aceita esta tese com relação a outros países, mas dela exclui o seu país de origem: "Talvez tenha razão, mas lhe pedimos que volte a fazer um exame crítico da situação educacional de seu próprio país, uma vez que já pode estar passando o momento ótimo para isso". A todos e a cada um em particular: "Qualquer que seja a situação do sistema de ensino do país de origem de cada um, caso estejam em crise outros sistemas que devem atender à maioria dos cidadãos deste planeta, nenhum país, por mais rico que seja, poderá considerar-se livre das conseqüências dessa situação. A crise da educação é um assunto que atinge a todos".

> # ANEXOS

ANEXO 1. Conferência Internacional Sobre a Crise Mundial da Educação

Williamsburg, Virgínia, outubro de 1967.

Relatório-síntese apresentado pelo Dr. James Perkins, Presidente da Conferência.

A Conferência Internacional sobre a Crise Mundial da Educação reuniu cento e cinqüenta líderes educacionais de cinqüenta e dois países. A reunião foi idealizada pelo Presidente Lyndon B. Johnson porque era seu pensamento — e os educadores com ele concordavam — já ter chegado o momento de se proceder a uma reavaliação das potencialidades da educação, visando atender às crescentes aspirações dos habitantes do mundo inteiro, por uma vida melhor e mais livre.

Os participantes da Conferência subscreveram as quatro seguintes proposições, consideradas básicas para uma ação construtiva:

1) Que a educação constitui atualmente uma preocupação básica de todos os países do mundo e, além disto, que os planos educacionais de um país somente poderão ser realizados com êxito, caso levem em consideração os sistemas e os planos educacionais dos demais países.

2) Que em cada país a educação não mais poderá ser considerada atribuição de empresas que não guardam vinculação entre si, nem ser proporcionada em diferentes níveis com objetivos independentes. Em cada sociedade, a educação precisa ser considerada como um todo unificado, cujas partes mantenham equilíbrio, que será o reflexo das exigências da sociedade e dos recursos disponíveis para sua satisfação.

3) Que realmente existe uma crise na capacidade da educação para estabelecer uma harmonia entre seu desempenho e as expectativas. A crise assume duas formas. A primeira é um desajuste observado no mundo inteiro, entre, de um lado, as esperanças individuais e necessidades sociais e, de outro, as possibilidades do sistema de ensino. A segunda é um desajuste ainda maior entre os países em desenvolvimento, que enfrentam grave escassez e inadequação de recursos e os países desenvolvidos, cada vez mais preocupados com suas próprias necessidades internas.

4) Que em todos os países, tanto ricos quanto pobres, a estrutura didática, a estrutura administrativa, os currículos e programas, e os processos de aprendizagem precisam ser alvo de cuidadosos estudos visando descobrir os modos de substituir a inflexibilidade pela inovação, as idéias tradicionais e ultrapassadas por um espírito renovado e empreendedor.

Os participantes foram de opinião que estes postulados precisam ser aceitos tanto pelos educadores quanto pela sociedade, a fim de que a educação possa ultrapassar uma atitude conformista e realizar as tarefas indispensáveis ao próprio futuro da humanidade.

Tendo em mente estes postulados, os membros da Conferência passaram a examinar as providências necessárias ao aperfeiçoamento do desempenho da educação, classificando-as em seis áreas: informações sobre educação, estrutura administrativa, pessoal docente e discente, conteúdos curriculares e métodos de ensino, recursos, e cooperação internacional.

A. *Informações sobre educação*

O sistema de ensino para poder aperfeiçoar-se precisa saber o que está fazendo e de que maneira o está fazendo. Além disto, a fim de que a sociedade possa fortalecer seu próprio sistema de ensino, muitas pessoas além dos educadores devem ter acesso a dados essenciais.

Assim, são consideradas como pertinentes as seguintes recomendações:

1) Todo sistema de ensino deve, com regularidade, colher, analisar e publicar informações seguras e atualizadas sobre professores, alunos, receitas e despesas. Há uma necessidade imperiosa de bons estatísticos. Quando eles não existirem num dado país, precisam ser trazidos de outros lugares e, neste caso, providenciar-se-á a formação de estatísticos nacionais para mais tarde desempenharem suas funções.

2) Todo sistema de ensino deve montar um mecanismo eficiente e permanente para avaliação de seu próprio desempenho e descobrir as maneiras específicas que levem ao aumento quantitativo e qualitativo das oportunidades educacionais, dentro dos limites dos recursos disponíveis e a detectar as inovações mais necessárias e promissoras. Tais avaliações devem começar por um exame perspicaz da conjuntura educacional como um todo, desde o currículo até os procedimentos na sala de aula. (Por exemplo: Será que os alunos ainda deverão ficar sentados diante do professor durante seis horas por dia? Terá, ainda, algum

significado a tradicional classificação das matérias de ensino? São bons os livros didáticos em uso nas escolas?) Além disto, na elaboração de programas e projetos de ensino, o sistema de avaliação deve fazer parte intrínseca dos próprios programas.

3) Além da auto-avaliação contínua, os sistemas de ensino devem submeter-se periodicamente a um exame amigável, mas crítico, da parte de outros sistemas congêneres. A viabilidade e o valor de tais "confrontos" foram demonstrados claramente nos estudos feitos pela Organization for Economic Co-Operation and Development. Especialmente destinado às regiões do mundo em desenvolvimento, poderá ser patrocinado pela Unesco ou por outra organização regional capacitada para isso, um processo semelhante de avaliações executado entre países vizinhos.

4) O interesse pela informação adequada deve estender-se também à própria sociedade e particularmente aos setores mais diretamente interessados no desempenho da educação e do ensino. Este interesse exige duas providências. A primeira é o aperfeiçoamento dos métodos de obtenção de informações de valor. Isto é de responsabilidade da educação. A segunda, consiste na conquista de melhor compreensão da parte dos meios de informação — imprensa, televisão e rádio, principais canais de comunicação entre o sistema de ensino e o público. É importante que estes veículos de informação empreguem repórteres com grande competência em assuntos de educação e ensino e que mantenham contínuo contato com o mundo educacional. Estes repórteres deveriam ter na imprensa um *status* que fosse o reflexo da importância da educação, e a matéria por eles preparada deveria receber o mesmo nível de tratamento dado às notícias esportivas e financeiras.

B. *Estrutura administrativa*

O aperfeiçoamento da administração, em todos os níveis do sistema de ensino é um pré-requisito para que possa haver inovação.

As seguintes medidas devem ser tomadas para modernizar uma administração:

1) Os administradores e especialistas devem ser recrutados principalmente entre os professores. A administração escolar é melhor desempenhada por aqueles que possuem experiência docente e talento para as tarefas administrativas. Talvez possam ser encontrados bons administradores em outras profissões, mas eles precisarão receber um cuidadoso preparo em assuntos de educação.

2) Todos os países devem manter, em nível superior, escolas especializadas na formação e aperfeiçoamento de administradores escolares. As universidades, tanto nos países em desenvolvimento quanto nos industrializados, devem estudar a possibilidade de dar sua contribuição para a formação destes profissionais altamente necessários ao sistema.

3) O planejamento é um elemento básico da administração. A Unesco tem atribuído alta prioridade a esta atividade e deve-se recorrer mais ainda freqüentemente ao International Institute for Educational Planning.

4) A administração e o planejamento atuam através das estruturas do ensino. A boa administração precisa estar harmonizada com as estruturas montadas para a realização das futuras tarefas especializadas do ensino. As estruturas precisam sempre responder a funções; como as funções do ensino diversificam-se para responder às necessidades em mudança, as estruturas serão flexíveis a fim de que possam receber novas mudanças curriculares, novos níveis de ensino e desincumbir-se de novas tarefas no domínio da agricultura, da ciência ou da tecnologia.

É importante não esquecer a necessidade de proporcionar ensino aos indivíduos impossibilitados de seguir os programas formais. Nos países industrializados, o ensino formal não mais é capaz de satisfazer tudo o que se deve aprender durante a vida toda. As estruturas do ensino formal precisam tornar mais fácil para os estudantes o uso do sistema, procurando estabelecer pontos de entrada e de saída mais aceitáveis, como, por exemplo, licenciaturas curtas, programas de preparo profissional para desistentes das escolas formais e programas de preparo pré-escolar para crianças com deficiência cultural.

Nos países em desenvolvimento, o ensino formal precisa ser suplementado por programas como: treinamento não-formal de trabalhadores, cursos supletivos para aqueles que abandonam a escola muito antes de estarem prontos para ingresso no mercado de trabalho, programas de extensão rural.

Todos os países precisam: incrementar a realização de um maior número de pesquisas sobre a maneira como os diferentes indivíduos aprendem em todos os estágios de suas vidas; promover o preparo especial de professores para trabalhar com adultos ou com estudantes que tenham dificuldades especiais de aprendizagem; pesquisadores, planejadores e a própria sociedade devem dar especial atenção à estrutura do ensino dado fora da estrutura formal; explorar o ensino pela televisão e outras formas de comunicação de massa para eliminar a frustração daqueles que não puderam ser atendidos pelo sistema formal.

5) A universidade, como instituição de cúpula do sistema de ensino, precisa ser particularmente sensível às necessidades de todo o sistema. Mas a universidade não poderá inovar, se for controlada muito de perto pelo poder central; não poderá ser útil, se não estiver preparada para produzir os profissionais altamente especializados de que a sociedade tanto necessita e não terá capacidade para modernizar-se se não for administrada com firmeza.

C. *Pessoal docente e discente*

O professor e o aluno são o centro do universo do ensino. Em um sentido bastante real, tudo o mais gira em torno deles, visando ajudá-los a se aperfeiçoarem como indivíduos e facilitar seu relacionamento construtivo.

1) Em todos os países, deve ocupar um lugar prioritário o recrutamento de bons professores. Ho-

mens e mulheres que dariam bons professores são freqüentemente atraídos para outras profissões, tanto por serem relativamente fracas as recompensas e os incentivos do magistério quanto porque as condições de trabalho não permitem um alto desempenho. Os melhores professores deveriam ter salários equivalentes aos dos profissionais mais bem pagos do país.

Mas para justificarem estes salários, os bons professores precisariam apresentar um alto nível de produtividade. Isto quer dizer que os professores teriam de mudar sua velha concepção de número fixo de alunos por professor, bem como precisariam ser adotados novos critérios para estabelecimento de níveis de salários, com base no desempenho e na produtividade e não no tempo de serviço.

Os bons professores devem desempenhar um papel muito importante fora da sala de aula, tornando-se uma significativa força de desenvolvimento social e participando dos esforços para o aperfeiçoamento das comunidades em que trabalham. O professor e a sala de aula precisam tornar-se parte integrante do processo de transformação da sociedade. Esta missão não pode ser ignorada tanto nos países industrializados quanto nos em desenvolvimento.

2) A formação adequada dos professores para os novos níveis profissionais exigirá uma nova definição das instituições de formação de professores. Estas instituições precisam incrementar a pesquisa e a experimentação, bem como tornarem-se centros influentes de inovação; deverão, ainda, estar preparadas para a divulgação dos resultados de pesquisas que promoverem sua aplicação na prática.

Estas instituições manter-se-ão em íntimo contato com a sociedade, procurando demonstrar a importância de suas funções. Ao mesmo tempo estabelecerão um relacionamento íntimo tanto com as escolas quanto com os professores em exercício nas escolas, visando que tanto estas quanto as instituições de formação de professores não se isolem das novas idéias a respeito de currículo e dos resultados das pesquisas. As instituições de formação de professores, qualquer que seja a forma que adotem para desempenhar seu papel, terão de agir como uma força agressiva no sentido da mudança da educação e nunca como um simples reflexo do *status quo*.

3) Este novo tipo de professor de alta produtividade irá certamente precisar de uma nova tecnologia. Cada vez com maior intensidade utilizará a instrução programada, o ensino por equipes, filmes, rádio e televisão. O professor nunca poderá deixar-se dominar pela tecnologia, mas isto só será possível caso ele assuma uma atitude positiva com relação à tecnologia. Quando utilizada adequadamente, a tecnologia constitui a principal esperança para se conseguir um aumento no número de estudantes atendidos por um bom professor.

4) Os próprios estudantes precisam tomar parte mais ativa no processo de ensino. Eles não só podem fazer muito para manter ativa a escola, como também sua atitude com relação a seu aperfeiçoamento pessoal será um fator decisivo para sua própria formação. Sendo a mudança a palavra de ordem, os estudantes precisarão estar altamente motivados para um trabalho independente, preparados para manejar uma grande variedade de instrumentos de auto-aprendizagem, prontos e até mesmo ansiosos para trabalharem por conta própria e preparados para usarem a escola de formação em benefício de seu próprio desenvolvimento.

D. *Conteúdos e métodos*

As forças da mudança que tão fortemente afetam os administradores, professores e estudantes, exercem, também, naturalmente, um impacto no conteúdo e nos métodos de ensino. Seguem-se algumas proposições específicas, relacionadas com a mudança e a inovação:

1) O currículo precisa conter matérias úteis à vida do estudante após sua formatura. Em uma economia predominantemente agrícola, é obviamente importante que ele siga um currículo que o prepare para sua mais provável ocupação. Se o sistema de ensino

contentar-se em dar-lhe uma formação clássica tradicional, estará preparando-o para engrossar as fileiras dos desempregados. Na sociedade urbana, é igualmente importante que o aluno seja instruído sobre os problemas do mundo industrial, uma vez que bem cedo ver-se-á envolvido por esse mundo. Em todas as sociedades, à medida que os alunos avançam em idade, aumentam as necessidades de formação especial e o currículo tradicional precisa ser modificado para incluir programas mais especializados.

É de bom alvitre, porém, uma palavra de cautela contra o perigo de se adotar uma orientação exagerada no estabelecimento de objetivos ocupacionais. Há certos instrumentos intelectuais básicos e certas informações também básicas que o estudante precisa adquirir a fim de ser um homem instruído no mundo moderno e capaz de formar uma imagem adequada de si mesmo e da sociedade à qual pertence. Como tudo na vida, isto também é uma questão de equilíbrio, mas parte deste equilíbrio envolve, certamente, o cuidado para que o currículo atenda tanto às necessidades do indivíduo quanto às da sociedade.

2) Conteúdo e técnica são dois assuntos intimamente relacionados, uma vez que um afeta o outro. Novas técnicas serão introduzidas à medida que os processos de ensino disponham de instrumentos oriundos da tecnologia. As escolas de demonstração devem ser consideradas como um meio de tornar visíveis ao sistema de ensino as formas de aplicação da nova tecnologia. Haverá necessidade de programas especiais de treinamento para aqueles que trabalharem na faixa compreendida entre o currículo e a tecnologia. E à medida que o satélite de comunicações abre novas perspectivas para a difusão do bom ensino entre os estudantes de todo o mundo, o currículo e os métodos de ensino precisarão adaptar-se a estes novos recursos.

3) Estas conquistas acentuam a importância da pesquisa em educação. René Maheu, Diretor-Geral da Unesco, sugeriu que 2 por cento do orçamento educacional devem, com propriedade, ser aplicados no

esforço de pesquisa. O ensino não pode mais dar-se ao luxo de ser uma das últimas indústrias artesanais. Porém, o preço da inovação bem sucedida é o incremento da pesquisa. Já se disse que o ensino é a única empresa que joga fora a própria experiência. Esta experiência precisa ser examinada e colocada à disposição, em base internacional, de modo que os autores de soluções bem sucedidas ponham sua experiência a serviço de todos os outros interessados.

E. *Recursos destinados à educação*

Os melhoramentos aqui sugeridos certamente não poderão ser alcançados sem a destinação de novos recursos para a educação. Diversas fontes de recursos devem ser exploradas.

1) Já se assinalou muitas vezes que sua alocação de recursos, basicamente uma decisão política, tomada sob pressão de muitas reivindicações competitivas que se entrechocam no âmago dos orçamentos nacionais. Os recursos destinados a medidas de defesa, por exemplo, absorvem cerca de 150 bilhões de dólares dos orçamentos nacionais do mundo inteiro. Seria possível, certamente, obter um substancial aumento dos recursos destinados à educação, caso os países concordassem em atribuir ao ensino uma parte dos fundos que atualmente fluem para os programas de segurança. Caso se fizesse uma realocação de fundos da defesa para a educação, numa base de 10 por cento, tornar-se-ia mais possível a realização de muitas das medidas específicas recomendadas neste livro. É melancólico assinalar não ter sido ainda efetuada essa realocação. Realmente, uma das tarefas mais importantes do ensino poderá ser a aprendizagem tão excitante e interessante, a ponto de ser capaz de afastar o medo, a tensão, e o desentendimento que jazem no âmago da maioria dos conflitos internacionais.

Os maiores gastos em armamentos são encontrados, naturalmente, nos países mais altamente desenvolvidos. A necessidade de realocação de prioridades internas é mais premente nos países em desenvolvimento. Enquanto isto, René Maheu recomendou que seja duplicado o bilhão de dólares que presentemente fluem dos países desenvolvidos para os em desenvolvimento, destinados aos programas educacionais. Isto é algo que pode ser conseguido imediatamente.

2) Por outro lado, ainda permanecem em grande parte inexploradas as fontes privadas de recursos capazes de darem um apoio direto à educação. Todos os países deveriam fazer uma cuidadosa pesquisa destas fontes. As leis tributárias precisam ser revistas de forma a incentivarem a aplicação de recursos privados em empreendimentos educacionais. A maioria dos países, por exemplo, ainda não recorreu a doações da indústria e de antigos alunos. Programas de treinamento técnico e de formação da juventude poderiam ser financiados por impostos cobrados de empregadores; poder-se-ia recorrer provisoriamente à cobrança de taxas escolares, associadas a um programa de bolsas de estudos para os necessitados. Estas fontes são importantes, não só para a arrecadação de fundos adicionais, como também para diminuir o controle oficial do ensino pelo emprego de recursos privados.

3) Os recursos que já existem precisam ser usados com sabedoria e eficiência. Muito se pode fazer com recursos limitados e imaginação ilimitada. Os recursos iniciais proporcionados pelo governo central podem ser o incentivo para a criação de novas escolas. Com um custo relativamente pequeno aplicar-se-ia, às necessidades educacionais, a energia e os conhecimentos atualmente latentes nos lares, nas fábricas e até mesmo nas prisões. Uma multiplicidade de pequenas escolas se reagrupadas em instituições maiores e melhores, conseguiriam substanciosas poupanças. A tecnologia de um lado contribuirá para diminuir a necessidade de instalar novas bibliotecas e até mesmo dispendiosos laboratórios.

Por mais que os recursos sejam ampliados, nunca haverá dinheiro suficiente para satisfazer as ambições daqueles que querem expandir e melhorar os sistemas de ensino. As expectativas podem aumentar demasiadamente, e, se não forem ajustadas à realidade, darão margem à decepção e abrirão caminho aos demagogos que prometem tudo resolver da noite para o dia, destruindo assim os sistemas de ensino que com tanto esforço construímos. Cabe aos políticos a especial responsabilidade da contenção e do realismo ao fazerem promessas em favor da educação.

F. *Cooperação internacional*

Embora o financiamento externo seja apenas uma parte da cooperação internacional em matéria de educação, é ela altamente estratégica. Contudo, no momento em que as nações em desenvolvimento mais precisam da cooperação internacional, a ajuda financeira externa está dando mostras de retração. É urgente que o volume mundial de tal ajuda seja elevado de seu nível atual de um bilhão de dólares anuais, para duplicar dentro dos próximos três a cinco anos. Tal aumento será perfeitamente possível, se dividido entre os países doadores e se estes se dispuserem a arcar com as despesas.

Mas não basta simplesmente aumentar o nível da ajuda externa, será preciso, também, tornar esta ajuda mais eficiente e mais efetiva. Isto pode ser conseguido, caso forem observadas quatro condições:

1) As duas partes, a que presta e a que recebe assistência, formularão de comum acordo uma cuidadosa estratégia e um arrolamento de prioridades para orientação da ajuda.

2) Deverá existir um sistema regular de avaliação dos vários projetos vinculados à ajuda externa, a fim de que possam ser estabelecidos pontos de referência para uma ação futura.

3) Estabelecimento de uma harmonização na ajuda oriunda de diferentes fontes.

4) O país que recebe assistência precisa ter um bem elaborado plano de desenvolvimento da educação.

Certamente, serão diferentes com relação a cada país as prioridades relativas à ajuda externa em favor da educação. Mas os fatores discutidos aqui deverão ser levados em consideração: planejamento do ensino, inovação, revisão de currículos, fortalecimento e modernização da administração, reforma do treinamento de professores, materiais didáticos e bibliotecas, transformação rural e maior produtividade agrícola e educação para a compreensão internacional.

Os principais programas internacionais — Unesco, World Bank's International Development Association, e Programa de Desenvolvimento das Nações Unidas — são facilmente identificáveis e pelo menos potencialmente adaptáveis a uma estratégia bem definida. Por outro lado, em numerosos programas bilaterais, que perfazem cerca de 90 por cento do movimento total, a ajuda à educação vem associada a diversas outras formas de ajuda — social, econômica e militar. Somente será possível a aplicação de uma estratégia racional e a obtenção do máximo apoio público nos países doadores, caso a assistência à educação seja dada de maneira clara e visível.

Os canais bilaterais e multilaterais de ajuda apresentam vantagens e desvantagens especiais. Existe, contudo, uma terceira e não experimentada posição intermediária, que no caso da educação, talvez pudesse ser explorada com seriedade: a celebração de convênios ou a organização de grupos de consulta, entre as várias agências internacionais e bilaterais, que desta forma harmonizariam seus esforços no sentido de oferecer uma melhor assistência aos grandes países em desenvolvimento ou a agrupamentos de pequenos países.

Terminamos no ponto em que começamos, assinalando o fato de que a educação se tornou uma empresa global, um assunto de interesse e dependência mútuos que envolve literalmente todos os países. Unidos, caso se unam os países do mundo inteiro, terão meios para controlar a crise educacional que atinge a todos eles. Divididos, é muito pouco provável que o consigam.

Com esta convicção, encerramos este trabalho, fazendo uma proposição final. Como o mundo moderno entra para o terço final do século XX, seria oportuna a declaração de um Ano Internacional da Educação.

Isto não quer dizer que a atenção do mundo inteiro em um único ano, pudesse resolver a crise mundial da educação, esta crise, na melhor das hipóteses, persistirá ainda por muitos anos. Porém, um esforço comum mobilizaria energias e inspiraria iniciativas que confeririam a este problema a prioridade que merece.

ANEXO 2. Tendências das matrículas em diferentes partes do mundo (1950 = 100)

	Ensino primário		Ensino secundário		Ensino superior	
	1960	1963	1960	1963	1960	1963
Mundo	*140*	*157*	*172*	*210*	*179*	*230*
Europa	114	119	160	186	161	211
América do Norte	142	153	161	192	157	197
África	223	273	271	364	267	345
Ocidental	298	356	388	600	722	1622
Oriental	210	259	306	449	700	1083
Intermédia	203	268	366	641	—	—
Norte	230	291	332	407	302	400
América Latina	175	203	227	325	203	262
Tropical	193	229	255	369	205	280
Intermédia	186	230	255	401	220	311
Temperada	134	144	184	231	213	255
Região do Caribe	166	174	199	311	151	180
Ásia do Sul	175	204	213	267	240	273
Sul Intermédio	181	214	199	250	266	278
Sudeste	160	181	271	332	179	237
Sudoeste	201	249	341	449	287	420

Fonte: Calculado com dados contidos em UNESCO, *Statistical Yearbook, 1965*, *op. cit.*, pp. 105-107.

Anexo 3. Tendências das matrículas nos Estados Unidos
(em milhares)

Ano	Jardim da Infância e 1.ª a 8.ª séries	9.ª a 12.ª séries	Ensino superior	Total
1899/1900	16 261	699	238	17 199
1909/10	18 529	1 115	355	19 999
1919/20	20 964	2 500	598	24 062
1929/30	23 740	4 812	1 101	29 653
1939/40	21 127	7 130	1 494	29 751
1949/50	22 207	6 453	2 659	31 319
1959/60	32 412	9 600	3 216	45 228
1965/66	36 000	13 000	5 500	54 500

Fonte: U. S. Dept. of Health, Education, and Welfare, *Digest of Educational Statistics*, edição de 1966 (Washington, D.C., 1966).

Anexo 4. Tendências das matrículas na URSS
(em milhares)

Nível de ensino	Matrícula			Número de alunos por 10 000 habitantes		
	1914	1940	1966	1914	1940	1966
Geral	9 656	35 552	48 170	607	1 864	2 040
Vocacional	106	717	1 961	7	38	83
Secundário especializado	54	975	3 994	3	51	170
Superior	127	812	4 123	8	42	175
Total	*9 943*	*38 056*	*58 248*	*625*	*1 995*	*2 468*

Fonte: Nozko, et al., op. cit.

ANEXO 5. Porcentagem de excedentes das escolas secundárias técnicas e de comércio

Países	1955/56	1956/57	1957/58	1958/59	1959/60
Áustria	15,4	7,7	2,7	22,2	6,6
Viena	29,1	16,4	15,9	32,3	3,6

	1960/61	1961/62	1962/63	1963/64	1964/65
Áustria	6,4	8,4	9,7	3,7	4,6
Viena	8,0	11,0	12,7	3,7	1,9

"Uma das demonstrações mais evidentes da insuficiência de vagas em relação à demanda é o número de excedentes, isto é, estudantes qualificados que não conseguiram admissão. A idade para ingresso nas escolas técnicas e de comércio da Áustria é de 15 anos; esta tabela mostra as porcentagens de estudantes qualificados que tiveram sua matrícula recusada em escolas de todo o país (Áustria) e da capital (Viena).

"Na Áustria, uma proporção entre 2,7 e 22,2 por cento de estudantes foi rejeitada por falta de vagas, no período de 1955/56 a 1964/65."

Fonte: OECD, *Educational Planning and Economic Growth in Austria 1965-1975*, op. cit.

ANEXO 6. Crescimento da população em idade escolar
(5-14 anos) em diferentes partes do mundo (1960 = 100).

	1965	1970	1975	1980
Mundo	*105,9*	*122,3*	*131,7*	*142,2*
América do Norte	110,3	115,3	116,7	125,7
Europa	102,2	103,7	102,3	101,8
URSS	116,0	118,5	112,7	112,2
África	112,7	127,0	144,7	166,7
Norte	114,5	131,9	154,3	181,0
Ocidental	114,5	132,5	153,1	180,1
Sul	113,1	129,1	148,2	170,1
Intermédia	107,7	117,9	131,9	149,1
Oriental	110,6	118,4	129,0	147,4
América Latina	117,7	136,3	157,1	179,5
Intermédia	122,2	143,8	167,7	198,9
Sul Tropical	118,9	139,4	162,4	185,9
Região do Caribe	112,2	126,3	142,4	158,3
Sul Temperado	107,9	116,4	125,2	132,1
Ásia Oriental	107,7	111,7	115,1	119,8
Continente	109,9	114,7	118,1	122,4
Japão	84,0	77,0	76,0	79,7
Outros países	123,4	139,6	153,3	165,5
Ásia do Sul	117,4	134,8	151,7	166,4
Sudeste	122,4	142,6	159,2	175,1
Sudoeste	115,0	128,6	146,3	172,4
Sul Intermédio	115,5	132,5	149,3	162,4
Oceânia	109,6	117,7	134,8	134,1

Fonte: Calculado com dados contidos em UNESCO, *Statistical Yearbook, 1965, op. cit.*, pp. 24-27.

No caso da URSS é mais relevante considerar o grupo de idade de 7-15 anos, embora isto torne mais difícil fazer comparações internacionais. Os dados abaixo constituem estimativas feitas pelo IIEP de fontes oficiais

	1960	1965	1970	1975	1980
Grupo de idade 7-15 (em milhares)	32 897	41 028	43 762	40 614	36 406
Números índices	100	125	133	123,5	110,5

ANEXO 7. Índices de mortalidade infantil em alguns países, de 1950 a 1964 (número de mortos antes de 1 ano de idade por 1000 nascidos vivos).

Países	1950-54	1960	1963	1964
Países em desenvolvimento				
Birmânia	240,3	148,6	—	128,1
Colômbia	113,3	99,8	88,2	—
Gâmbia	104,9	66,9	68,1	79,4
El Salvador	81,8	76,3	67,7	65,5
Honduras	65,4	52,0	47,0	—
Hong Kong	81,8	41,5	33,0	26,4
Madagáscar	91,9	69,1	—	76,3
Maurício, Ilha	83,1	69,5	59,3	56,7
México	91,8	74,2	67,7	—
Nicarágua	76,7	70,2	54,4	53,9
Reunião, Ilha da	138,9	83,3	70,3	74,2
Singapura	69,4	34,8	27,9	29,7
Venezuela	75,0	53,9	47,9	—
Países industrializados				
Alemanha (Rep. Federal)	49,3	33,8	25,2	23,8
França	46,2	27,4	25,4	23,3
Reino Unido	29,0	22,5	21,8	20,6
Suécia	20,0	16,6	15,4	14,2
URSS	75,2	35,0	30,9	29,0
USA	28,1	25,9	25,2	24,8

Fonte: NAÇÕES UNIDAS, *Demographic Yearbook*, op. cit. 1961, 1964, e 1965.

Anexo 7 (continuação). Índice de mortalidade, por idade, das populações africana, asiática e européia da África do Sul, em 1961 (por mil habitantes).

GRUPOS DE IDADE	POPULAÇÃO AFRICANA		POPULAÇÃO ASIÁTICA		POPULAÇÃO EUROPÉIA	
	Masculino	Feminino	Masculino	Feminino	Masculino	Feminino
0 — 4	50,5	46,0	18,8	14,0	7,8	6,1
5 — 9	1,7	1,6	1,0	1,5	0,7	0,5
10 — 14	1,1	1,2	1,0	0,6	0,6	0,4
15 — 19	2,2	1,7	1,7	1,3	1,3	0,4
20 — 24	3,8	2,5	1,8	1,5	2,6	0,8
25 — 29	5,0	3,1	2,4	2,3	2,1	1,2
30 — 34	6,4	4,6	3,1	2,7	2,8	1,4
35 — 39	8,0	6,8	3,7	3,9	3,5	1,9
40 — 44	10,7	6,6	6,5	5,7	5,6	3,2
45 — 49	15,2	9,1	14,2	9,4	8,0	4,3
50 — 54	22,5	14,0	18,7	13,7	13,1	7,3
55 — 59	26,2	16,2	26,6	20,0	20,6	10,8
60 — 64	42,4	34,6	37,4	37,6	30,7	17,0
65 — 69	54,6	40,8	64,2	75,4	46,3	25,2
70	107,5	94,0	135,6	125,6	105,6	76,7
Todos os grupos	*16,7*	*14,2*	*8,6*	*6,1*	*9,9*	*7,3*

ANEXO 7 (continuação). Comparação dos índices de mortalidade, por idade, das populações africana, asiática e européia da África do Sul, em 1961.

GRUPOS DE IDADE	MASCULINO			FEMININO		
	População Européia	Asiática	Africana	População Européia	Asiática	Africana
0 — 4	1	2,4	6,5	1	2,2	7,5
5 — 9	1	1,4	2,4	1	3,0	3,2
10 — 14	1	1,7	1,8	1	1,5	3,0
15 — 19	1	1,3	1,7	1	3,2	4,2
20 — 24	1	0,6	1,5	1	1,9	3,1
25 — 29	1	1,1	2,4	1	1,9	2,6
30 — 34	1	1,1	2,3	1	1,9	3,3
35 — 39	1	1,0	2,3	1	2,1	3,6
40 — 44	1	1,1	1,9	1	1,8	2,1
45 — 49	1	1,7	1,9	1	2,2	2,1
50 — 54	1	1,4	1,7	1	1,9	1,9
55 — 59	1	1,3	1,3	1	1,9	1,5
60 — 64	1	1,2	1,4	1	2,2	2,0
65 — 69	1	1,4	1,2	1	3,0	1,6
70	1	1,2	1,0	1	1,6	1,2

Fonte: Calculado com dados contidos em NAÇÕES UNIDAS, *Demographic Yearbook, op. cit.*, 1964.

Anexo 7 (continuação). Comparação da estrutura populacional, por idade, em países desenvolvidos e em desenvolvimento.

GRUPOS DE IDADE CUMULATIVA	PAÍSES INDUSTRIALIZADOS			ÁFRICA			ÁSIA			AMÉRICA LATINA		
	Alemanha (Rep. Fed.)	França	Estados Unidos	Gana	Niger	Marrocos	China (Rep. da)	Coréia (Rep. da)	Índia	Costa Rica	Honduras	Nicarágua
0 — 4	835	868	1 076	1 927	1 734	1 887	1 690	1 611	1 506	1 836	1 812	1 823
0 — 9	1 553	1 729	2 131	3 442	3 573	3 497	3 264	3 140	2 979	3 489	3 369	3 558
0 — 14	2 241	2 621	3 089	4 454	4 549	4 429	4 605	4 234	4 102	4 764	4 561	4 836
0 — 19	2 860	3 328	3 937	5 259[a]	5 304[a]	5 050[a]	5 416[a]	5 179[a]	4 919[a]	5 737[a]	5 493[a]	5 805[a]
0 — 24	3 696	3 921	4 621	6 137	6 192	5 828	6 088	6 013	5 770[a]	6 511	6 292	6 582
0 — 29	4 448	4 584	5 204[a]	7 007	7 094	6 652	6 818	6 777	6 604	7 145	6 952	7 290
0 — 34	5 128[a]	5 292[a]	5 786	7 733	7 778	7 375	7 490	7 395	7 306	7 722	7 510	7 832
0 — 39	5 795	5 994	6 421	8 294	8 315	7 926	8 083	7 944	7 886	8 228	7 996	8 389
0 — 44	6 408	6 563	7 067	8 757	8 754	8 441	8 575	8 412	8 407	8 629	8 373	8 764
0 — 49	6 941	7 065	7 657	9 081	9 093	8 740	8 976	8 821	8 819	8 968	8 684	9 075
0 — 54	7 643	7 688	8 201	9 347	9 373	9 103	9 322	9 152	9 208	9 277	8 942	9 342
0 — 59	8 314	8 287	8 670	9 507	9 575	9 259	9 570	9 427	9 432	9 477	9 125	9 514
0 — 64	8 894	8 820	9 070	9 682	9 728	9 572	9 746	—	9 688	9 668	9 304	9 715
0 — 69	9 326	9 235	9 395	9 773	9 848	9 675	9 860	—	9 798	9 782	9 400	—
População total	10 000	10 000	10 000	10 000	10 000	10 000	10 000	10 000	10 000	10 000	10 000	10 000

Fonte: Calculado com dados contidos na Tabela 5, "Population by age and sex", NAÇÕES UNIDAS, *Demographic Yearbook*, *op. cit.*, 1964, pp. 130-155.
a. Idade média da população.

ANEXO 8. *Índia*: Impacto nas matrículas do crescimento populacional e do crescimento das taxas de participação. (1950 = 100)

NÍVEL DE ENSINO	1965	1975	1980	1985
Primário inferior				
População do grupo de idade	148	—	199	—
Proporção de matrículas	183	—	293	—
Matrícula	272	—	584	—
Primário superior				
População do grupo de idade	151	—	220	—
Proporção de matrículas	258	—	596	—
Matrícula	389	—	1 311	—
Secundário				
População do grupo de idade	137	—	207	—
Proporção de matrículas	309	—	594	—
Matrícula	420	—	1 232	—
Superior				
População do grupo de idade	138	—	—	—
Proporção de matrículas	300	—	—	—
Matrícula	416	837	—	1 582

Fonte: ÍNDIA, *Report fo the Education Commission (1964-66)...*, op. cit.

ANEXO 9. *Suécia*: Origem sócio-econômica dos estudantes universitários.

Ocupação ou instrução do pai	1947	1953	1960
	por cento	por cento	por cento
Professores, graduados de universidade, oficiais militares, diretores de empresa[a]	38	35	35
Trabalhadores[b]	8	11	14
Outros	54	54	51

Fonte: OECD, *Educational Policy and Planning, Sweden*, op. cit., p. 213.

a. De acordo com estatísticas eleitorais, não mais que 5 por cento de toda a população masculina pertenciam a estas categorias.

b. 55 por cento da população masculina.

Em um país *não*-europeu altamente industrializado, como é o caso do Japão, existe uma situação semelhante:

ANEXO 9 (continuação). *Japão:* Distribuição dos estudantes universitários por nível de renda dos pais, 1962.

NÍVEL DE RENDA (em ienes)	CURSOS DIURNOS por cento	CURSOS NOTURNOS por cento	ESTUDANTES DE GRADUAÇÃO por cento	ESTUDANTES DE DOUTORADO por cento
Menos de 300 000	11	16	14	19
300 000 a 660 000	40	46	47	42
660 000 a 900 000	17	19	14	15
Mais de 900 000	32	19	25	24

Fonte: Ministério da Educação, *Education in 1962, Japan,* Tóquio, 1963, *op. cit.*

Nota: 1 iene = 0,278 centavos de dólar americano.

ANEXO 9 (continuação). *Reino Unido:* Nível de instrução mais elevado do estudante em relação à ocupação do pai.

OCUPAÇÃO DO PAI	ENSINO SUPERIOR			ESTUDOS SECUN- DÁRIOS COMPLE- TOS	CURSOS COMPL. DIVERSOS OU PRIMEIRO CICLO SECUN- DÁRIO	SOMENTE ESCOLA- RIZAÇÃO OBRIGA- TÓRIA
	TEMPO INTEGRAL		TEMPO PARCIAL			
	NÍVEL DO GRAU DE BACHA- REL	OUTRO NÍVEL				
	por cento	por cento	por cento	por cento	por cento	por cento
Profissional de nível superior	33	12	7	16	25	7
Administração de empresas	11	8	6	7	48	20
Rotina administrativa	6	4	3	7	51	29
Trabalhador qualificado	2	2	3	2	42	49
Trabalhador semiqualificado ou não-qualificado	1	1	2	1	30	65
Todos os estudantes	*4*	*3*	*4*	*3*	*40*	*47*

Fonte: REINO UNIDO, *Higher Education. The Demand for Places in Higher Education, op. cit.,* Parte IV, p. 40.

Nota: Devido aos arredondamentos, o total das porcentagens de "todos os estudantes" é maior que 100%.

ANEXO 10. *África de língua francesa:* Matrícula na série terminal do ensino primário *versus* ingresso na série inicial do ensino secundário.

PAÍSES	MATRÍCULA NA SÉRIE TERMINAL DO ENSINO PRIMÁRIO (I)	CANDIDATOS AO EXAME DE ADMISSÃO AO ENSINO SECUNDÁRIO (II)	MATRICULADOS NO ENSINO SECUNDÁRIO (III)	PORGENTAGEM DE (II) SOBRE (I)	PORCENTAGEM DE (III) SOBRE (I)
Costa do Marfim[a]	35 948	16 486	5 571	45,9	15,5
Daomé[b]	15 913	6 021	2 557	37,8	16,0
Madagáscar[c]	24 068	12 548	3 939	49,9	16,3
Congo (Brazz.)[a]	13 259	6 647	2 270	50,1	17,1
Togo[a]	12 812	5 550	2 219	43,3	17,3
Chade[b]	9 364	5 044	1 763	53,9	18,9
Rep. Centro-Africana[d]	6 082	5 491	1 215	90,3	20,0
Alto Volta[b]	8 907	5 388	1 870	60,5	21,0
Gabão[a]	6 202	3 591	1 370	57,9	22,0
Senegal[a]	20 617	15 873	5 009	77,0	24,3
Níger[b]	3 912	2 360	960	60,3	24,5

a. 1963/64.
b. 1964/65.
c. 1961/62.
d. 1962/63.

ANEXO 10 (continuação). África de língua francesa: **Retração da matrícula através das séries primárias e na admissão ao ensino secundário.**

PAÍSES	I	II	III	IV	V	VI	ADMITIDOS AO ENSINO SECUNDÁRIO
SÉRIE: ANO:	0	1	2	3	4	5	6
Camarões	1 000	640	499	407	379	398	64
Chade	1 000	449	355	295	268	312	64
Togo	1 000	638	565	473	446	469	66
Rep. Centro-Africana	1 000	567	475	398	348	335	67
Daomé	1 000	772	701	617	592	627	77
Congo (Brazz.)	1 000	686	591	506	454	431	91
Gabão	1 000	480	432	360	386	418	92
Costa do Marfim	1 000	668	577	490	474	510	95
Madagáscar	1 000	660	515	417	231	227	96
Alto Volta	1 000	838	724	635	537	568	103
Níger	1 000	882	728	607	550	527	129
Mauritânia	1 000	844	678	775	509	531	156
Senegal	1 000	987	881	808	766	843	217

Fonte: IEDES, *Les Rendements de l'enseignement du premier degré en Afrique francophone, op. cit.*

ANEXO 11. *Nigéria*: Melhoria da qualificação dos professores.

PAÍSES	1961	por cento	1962	por cento	1963	por cento	1964	por cento
Nigéria Ocidental								
Não-qualificados	27 990	69	26 700	67	25 777	67	11 777	51,5
III categoria	9 502	24	9 977	25	9 082	23	7 634	33,5
II categoria	2 670	7	3 320	8	3 792	10	3 455	15
Total	40 162	100	39 997	100	38 651	100	22 866	100
Nigéria Oriental								
Não-qualificados	24 664	59	23 053	52	13 782	35	7 938	23,5
III categoria	11 102	26,5	13 770	31	15 438	40	16 997	50
II categoria	5 798	14	6 986	16	9 214	24	8 456	25
I categoria	360	0,5	516	1	520	1	392	1,5
Total	41 924	100	44 325	100	38 954	100	33 783	100

Fonte: NIGÉRIA, FEDERAL MINISTRY of Education, *Annual Digest of Education Statistics* (1961), p. 41; (1962), p. 51 e *Statistics of Education in Nigeria* (1963), p. 45; (1964), p. 42.

ANEXO 12. *Índia*: Tendências dos salários dos professores, 1950-1965.

	SALÁRIO MÉDIO ANUAL (em rúpias, a preços correntes[a])				SALÁRIO DE 1965/66 AJUSTADO AOS PREÇOS DE 1950/51
	1950/51	1955/56	1960/61	1965/66	
Ensino Superior					
Universidades	3 759	5 456(145)	5 475(146)	6 500(173)	3 939(105)
Escolas de artes e ciências	2 696	3 070(114)	3 659(136)	4 000(148)	2 424(90)
Escolas profissionais	3 948	3 861(98)	4 237(107)	6 410(162)	3 885(98)
Outros Graus					
Secundário	1 258	1 427(113)	1 681(134)	1 959(156)	1 187(94)
Primário superior	682	809(119)	1 058(155)	1 228(180)	741(109)
Primário inferior	545	652(120)	873(160)	1 046(192)	634(116)
Pré-primário	914	770(84)	925(101)	1 083(118)	656(72)
Vocacional	1 705	1 569(92)	2 041(120)	2 887(169)	1 750(103)

Todos os professores	769	919(120)	1 218(158)	1 476(192)	895(116)
Indice do custo de vida para as classes trabalhadoras	(100)	95	123	165	
Renda nacional per capita, a preços correntes	267	255(96)	326(122)	424(159)	

Nota: Os números entre parênteses indicam índices de crescimento: 1950/51 = 100.

a. Uma rúpia = 0,21 centavos de dólar americano.

"O maior aumento proporcional ocorreu nos salários dos professores primários... É também digna de nota a melhoria dos salários dos professores das universidades, das escolas superiores profissionais e nas escolas vocacionais. Mas nas escolas superiores de artes e ciências... houve na realidade um decréscimo da remuneração em termos reais. (A situação no ensino pré-primário pode ser explicada pelo fato de que os salários, neste caso, são influenciados não tanto pelos regulamentos governamentais quanto pelas condições do mercado.) Isto acontece porque a maioria das instituições pré-primárias não recebem auxílio e estão localizadas nas áreas urbanas, onde existe superabundância de docentes do sexo feminino... No total, houve melhoria dos salários dos professores, em termos reais, até 1960/61. Desde então esta melhoria foi quase completamente neutralizada pelo súbito aumento de preços que ocorreu nos últimos dois ou três anos."

Fonte: INDIA, Report of the Education Commission (1964-66)....
op. cit. p. 47.

ANEXO 13. Exemplos de grandes desigualdades de estruturas salariais: Norte da Nigéria e Uganda (salário inicial do típico professor primário não-qualificado = 100).

	NORTE DA NIGÉRIA				UGANDA			
	Salário inicial		Salário final		Salário inicial		Salário final	
	£ p.a.	Número índice	£ p.a.	Número índice	£ p.a.	Número índice	£ p.a.	Número índice
Típico professor primário não-qualificado	111	100	180	163	126	100	126	100
Típico professor primário qualificado	247	222	468	421	189	150	354	281
Professor qualificado (instrução subuniversitária) de escola secundária	621	560	855	770	617	490	1 080	857
Professor licenciado de escola secundária	720	648	1 584	1 427	738	585	1 752	1 390

Fontes: NORTE DA NIGÉRIA, *Education Law of Northern Nigeria*, Kaduna, Government Printer, 1964, Tabela 1, pp. 32-34; UGANDA, Relatório da Comissão de Salários dos Professores, 1961, emendado por Circular de 1964 do Ministério da Educação de Uganda, inédito.

ANEXO 14. Estrangeiros no corpo docente de quatro países africanos.

Costa do Marfim. A porcentagem de estrangeiros no corpo docente de escolas secundárias é de 93,5 por cento do total (1965).

Fonte: L. CERYCH, *L'Aide extérieure et la planification de l'éducation en Côte-d'Ivoire*, op. cit.

Quênia. A demanda calculada de novos professores para escolas secundárias de 1964 a 1970 é a seguinte: formas I a IV, professores totais (estrangeiros 1 157); formas V e VI, professores totais 254 (estrangeiros 219).

Fonte: Governo de Quênia, *Development Plan 1964-1970*, Nairobi, Government Printer, 1964, p. 102.

Nigéria. As porcentagens de estrangeiros no corpo docente das escolas secundárias de 1961 a 1964 foi a seguinte:

	ANO	GRADUADOS	TOTAL
Toda Nigéria	1961	55,4	27,4
	1962	62,6	28,5
	1963	62,5	29,1
	1964	60,1	28,1
Apenas Nigéria do Norte	1961	94,8	67,7
	1962	93,7	55,3
	1963	92,8	58,5
	1964	95,1	55,6

As porcentagens de estrangeiros no corpo docente em todas as universidades nigerianas foram as seguintes:
Docência acadêmica secundária
1962/1963: 59%   1963/64: 52%
Docência acadêmica superior
1962/63: 86%   1963/64: 82%

Fonte: L. CERYCH, *The Integration of External Assistance with Educational Planning in Nigeria*, op. cit.

Tanzânia: As proporções entre estrangeiros e tanzanianos eram em 1964, as seguintes: nas escolas secundárias, 632 estrangeiros para 226 tanzanianos, isto é, 74:26; nas escolas secundárias técnicas, 75 estrangeiros para 77 tanzanianos, isto é, 49:51; nas escolas superiores de formação de professores secundários, 105 estrangeiros para 88 tanzanianos, isto é, 52:48. O governo da Tanzânia está procurando resolver este problema pelo processo de bolsas de estudo vinculadas, reservando 50 por cento das bolsas destinadas a estudantes de artes e 30 por cento das bolsas destinadas a estudantes de ciências para aqueles que concordarem em realizar o curso universitário com a condição de assinar o compromisso de, nos cinco anos seguintes ao da graduação, trabalhar para o governo ou procurar um emprego aprovado pelo governo.

ANEXO 15. *Estados Unidos*: Salários medianos (em dólares) dos professores de ciências em comparação com os de cientistas que trabalham em outros setores da economia.

	CIÊNCIAS	MATEMÁTICA
Média Nacional[a]	11 000	11 000
Instituições de ensino	9 600	8 700
Governo Federal	11 000	12 100
Outras administrações	9 000	9 500
Organizações sem fins lucrativos	12 000	14 000
Indústria e comércio	12 000	13 000
Trabalhadores por conta própria	15 000	20 000
Outros	11 000	11 500

Fonte: ESTADOS UNIDOS, *Digest of Education Statistics, op. cit.* 1966.

a. Exceto "pessoal das forças armadas e dos serviços de saúde pública".

ANEXO 16. *Reino Unido*: Distribuição dos professores, por sexo, 1964 e 1965.

SEXO	ENSINO PRIMÁRIO		ENSINO SECUNDÁRIO		TOTAL	
	1964 %	1965 %	1964 %	1965 %	1964 %	1965 %
Masculino	26,0	25,9	58,7	59,5	42,0	42,3
Feminino	74,0	74,1	41,3	40,5	58,0	57,7

Fonte: REINO UNIDO, Departamento de Educação e Ciências, *Statistics of Education, op. cit.*, 1965, Parte I, 1965, p. 23, Tabela 4 (1964); p. 27, Tabela 9 (1965). (Ver Anexo 5 deste livro.)

Nota: O total inclui outros setores além do ensino primário e secundário; e esta tabela não inclui uma proporção relativamente pequena de professores que lecionam ao mesmo tempo no ensino primário e no secundário, provavelmente por ser impossível "atribuí-los" a um e outro grau de ensino.

Anexo 17. Custo ou despesa por aluno, em seis países.

ANO	CANADÁ, ONTÁRIO Custo por aluno para um índice médio de assiduidade				FRANÇA Despesas correntes por aluno no ensino público (Orçamento do Estado, preços constantes de 1963)							
	PRIMÁRIO		SECUNDÁRIO		PRIMÁRIO		SECUNDÁRIO		TÉCNICO		UNIVERSIDADE	
	£	IPC[a]	£	IPC[a]	FF	Número índice	FF	Número índice	FF	Número índice	FF	Número índice
1950	—		—		—							
1951	—		—		—							
1952	—		—		305	100	1 578	100	1 735	100	1 375	100
1954	187,68	100	405,22	100	—	—					—	
1955	—		—		—	—					—	
1956	—		—		—	—					—	
1957	—		—		—						—	
1958	241,95	120,5	524,22	121	—						—	
1959	—		—		374	124,5	1 726	109	2 144	124	2 324	169,5
1960	—		—		—						—	
1961	293,65	142	622,75	139,5	—						—	
1962	309,04	148	631,61	140,5	—						—	
1963	326,98	153,5	629,38	137	—						—	
1964	—		—		578	189	2 588	164	2 707	156	3 062	223
1965	—		—		—						—	

Fontes: Ontario Department of Education, "Report of the Minister, 1964"; R. Poignant, *Education and Economic and Social Planning in France*, op. cit.

a. IPC = Índice a preços constantes, compilado pelo IIEP. O fator de deflação é o índice de preços de consumo dado em Nações Unidas, *Monthly Bulletin of Statistics*, Nova York (maio 1967).

ANEXO 17 (continuação).

ANO	ALEMANHA (REP. FED.) Despesas por aluno nos ensinos primário e secundário combinado (a preços constantes).		SUÉCIA Despesas públicas por aluno, nos ensinos primário e secundário combinados (a preços constantes de 1965).		REINO UNIDO (Inglaterra e País de Gales) Estimativa das despesas correntes das autoridades públicas por aluno.				ESTADOS UNIDOS Despesas correntes por aluno para um índice médio de assiduidade. Ensino primário e secundário combinados.	
					PRIMÁRIO		SECUNDÁRIO			
	DM	Número índice	Cr.	Número índice	£	IPC[a]	£	IPC[a]	US$	IPC[a]
1950	290	100	—	—	—	—	—	—	210,34	100
1951	—	—	2 091	100	—	—	—	—	—	—
1952	320,5	110	—	—	—	—	—	—	—	—
1954	363	125	2 283	109	—	—	—	—	—	—
1955	—	—	—	—	—	—	—	—	—	—
1956	—	—	—	—	30,2	100	56	100	297,45	121,5
1957	415	143	—	—	—	—	—	—	—	—
1958	—	—	—	—	—	—	—	—	—	—
1959	442	153	—	—	—	—	—	—	—	—
1960	—	—	—	—	44,7	134,5	73,9	120	379,63	141,5
1961	464	160	2 559	122,5	47,4	137,5	78,9	123,5	—	—
1962	478	165	—	—	50,6	142	86,6	131	423,70	154,5
1963	—	—	—	—	56,1	155	99,4	148	—	—
1964	—	—	—	—	59,1	159	104,9	152	—	—
1965	—	—	3 662	175	60,1	155	110,4	153	484,00	168

Fontes: (Rep. Fed. da Alemanha): estimativa feita pelo IIEP com base em dados contidos em G. PALM, *Die Kaufkraft der Bildungsausgaben. Ein Beitrag zur Analyse der oeffentlichen Ausgaben für Schulen und Hochschulen in der Bundesrepublik Deutschland, 1950 bis 1962*, Olten und Freiburg im Breisgau, Walter-Verlag, 1966; (Suécia), OECD, *Educational Policy and Planning. Sweden, op. cit.*; (Reino Unido): estimativa feita pelo IIEP com base em dados contidos em *Statistics of Education, op. cit.*, 1965, Parte 1, Tabelas 40, 26; e NAÇÕES UNIDAS, *Monthly Bulletin of Statistics, op. cit.*, maio 1967; (Estados Unidos): *Digest of Educational Statistics, op. cit.*, 1965.

a. IPC = índice a preços constantes, computado pelo IIEP. O fator de deflação é o índice de preços de consumo dado em NAÇÕES UNIDAS, *Monthly Bulletin of Statistics*, Nova York (maio 1967).

ANEXO 18. *Ceilão*: Despesas de funcionamento por aluno, a preços correntes.

ANO	ENSINO PRIMÁRIO + SECUNDÁRIO (Escolas Oficiais)		ENSINO SUPERIOR	
	Rúpias	Números índices	Rúpias	Números índices
1952	76,2	100	1 937	100
1956	82,2	113	2 680	139
1960	111,7	146,5	2 538	131
1964	131,7	172,5	1 808	93,5

Fonte: UNESCO, *Financing and Cost of Education in Ceylon. A Preliminary Analysis of Educational Cost and Finance in Ceylon, 1952-1964*, preparado por J. ALLES, et al., Paris, 1967 (SHC/WS/14).

Índia: Despesas de funcionamento por aluno, a preços correntes.

ANO	PRIMÁRIO INFERIOR		PRIMÁRIO SUPERIOR		SECUNDÁRIO	
	Rúpias	Números índices	Rúpias	Números índices	Rúpias	Números índices
1950	19,9	100	37,1	100	72,9	100
1952	22,6	113,5	41,7	112,5	76,9	105,5
1953	22,2	112,5	43,3	117	79,5	109,5
1954	22,9	115	44,2	119	79,3	109,5
1956	24,4	125	39,0	105,5	80,2	110
1957	26,9	135	41,0	110	83,6	115
1959	26,9	135	39,6	107	88,6	122
1960	27,6	139	40,5	109,5	91,7	126
1965	30	150	45	121,2	107	146,5

Fonte: ÍNDIA, *Report of the Education Commission (1964-66)*..., op. cit.

ANEXO 18 (continuação). *América Latina*: Despesas de funcionamento por aluno a preços constantes (1960 = 100).

PAÍSES	1959	1960	1961	1962	1963	1964	1965
Ensino Primário							
Argentina	102,5	100	124	145	122	129	135
Colômbia	—	100	109	136,5	155,5	171,5	—
Costa Rica	—	100	101,5	98,5	93	93	98
El Salvador	—	100	113	118,5	123	133	—
Ensino Secundário							
Argentina	107,5	100	119	152,5	127	133,5	—
Colômbia	—	100	91	94,5	85,5	95	—
Costa Rica	—	100	110,5	97	94,5	92	100,5
Ensino Superior							
Brasil	119	100	107	96,5	90	—	—
Colômbia	—	100	97	108,5	98,5	104	—
Chile (1961 = 100)	—	—	100	95	77,5	72,5	85
Peru (1963 = 100)	—	—	—	—	100	105	116,5

Fonte: A. PAGE, *L'Analyse des coûts unitaires et la politique de l'éducation en Amérique Latine*, Relatório do Seminário Regional de Assistência Técnica sobre Investimento em Educação na América Latina, Santiago do Chile, 5 a 13 dez. 1966 (Paris, Unesco, 27 out. 1966) (SS/Ed.INV/6.d).

ANEXO 18 (continuação). *Nigéria:* Despesa de funcionamento por aluno no ensino primário a preços correntes, por região.

ANO	NORTE £	NORTE Números índices	LESTE £	LESTE Números índices	OESTE £	OESTE Números índices	LAGOS £	LAGOS Números índices
1952	4,46	100	3,36	100	3,70	100	—	—
1955	—	—	—	—	—	—	5,80	100
1962	7,42	166	4,93	146,7	5,73	154,8	9,86	170

Fonte: A. CALLAWAY, A. MUSONE, *Financing of Education in Nigeria,* African Research Monograph, n. 15 (Paris, Unesco/IIEP, 1968).

Senegal: Despesa de funcionamento por aluno no ensino público (a preços correntes).

NÍVEL DE ENSINO	1961 Francos CFA	1961 Números índices	1964 Francos CFA	1964 Números índices
Ensino Primário	18 216	100	17 638	96,8
Ensino Secundário	213 718	100	215 065	100,6
Ensino Técnico	259 234	100	308 002	118,8
Ensino Superior	891 726	100	816 313	91,5

Fonte: GUILLAUMONT, GARBE, VERDUN, *op. cit.*

ANEXO 19. Tendências das despesas totais com o ensino (de todos os níveis), nos países industrializados (em milhões de unidades da moeda do país).

ANO	ÁUSTRIA		FRANÇA		ITÁLIA		HOLANDA	
	Xelins Austríaco	Nºs Índice	FF	Nºs Índice	Mil liras	Nºs Índice	Florins	Nºs Índice
1955	2 862,8	100	4 760	100	435,5	100	1 080	100
1960	4 645,1	162	9 830	206	771,9	177,2	2 000	195
1961	—	—	—	—	854,7	196,3	—	—
1963	5 769,5	202	—	—	—	—	—	—
1964	—	—	—	—	—	—	—	—
1965	—	—	20 160	425	—	—	3 780	350
1970	1 081,8	378	33 600	705	—	—	5 065	470
1974	—	—	—	—	—	—	—	—
1975	1 486,2	519	—	—	—	—	7 000	650

Anexo 19 (continuação).

ANO	SUÉCIA		REINO UNIDO		EUA		U R S S	
	Crs.	Nos Índice	£	Nos Índice	Mil Dólares	Nos Índice	Rublos	Nos Índice
1955	1 984	100	621,8	100	16,8	100	62 600	100
1960	—	—	1 044,1	166	26,8	160	84 400	135
1961	3 204	161,4	—	—	—	—	—	—
1963	4 162	209,8	—	—	—	—	—	—
1964	—	—	1 610,3	257	—	—	117 300	188
1965	—	—	—	—	39,0	232	—	—
1970	—	—	—	—	50,8	301	—	—
1974	—	—	—	—	57,1	340	—	—

Anexo 19 (continuação). Tendências das despesas educacionais dos países industrializados expressas como porcentagens do PNB

ANO	ÁUSTRIA	FRANÇA	ITÁLIA	HOLANDA	SUÉCIA	REINO UNIDO	EUA	URSS
1955	2,4	2,79	3,15	3,6	4,1a	3,20	4,2	b
1960	2,88	3,31	3,85	4,7	—	—	—	4,7
1961	—	—	3,88	—	5,1	4,11	—	4,94
1963	2,9	—	—	—	5,3	—	—	5,38
1964	—	—	—	—	—	5,03	—	—
1965	—	4,36	—	5,7	—	—	6,3	—
1970	4,1	5,7	—	6,3	—	—	—	—
1974	—	—	—	—	—	—	6,7	—
1975	4,5	—	—	—	—	—	—	—

a. 1955/56.
b. O PNB publicado oficialmente pela URSS não é comparável com o PNB estimado de acordo com as normas vigentes nos demais países industrializados, sendo diminuído em cerca de 20 por cento. As porcentagens que aparecem nesta coluna foram calculadas de forma a se tornarem comparáveis com as de outros países.

ANEXO 19 (continuação). Tendências das despesas com o ensino dos países industrializados, expressas com porcentagem dos orçamentos públicos.

ANO	BÉLGICA	FRANÇA	ITÁLIA	HOLANDA	URSS
1955	10,8	9,6	11,91	—	10,5
1956	—	—	—	11,3	—
1960	15,2	12,4	13,83	16,0	10,2
1961	—	—	13,85	—	—
1963	—	—	—	—	10,7
1964	—	16,9	—	—	—
1965	17,1	—	—	20,7	—

Fontes: Para as tabelas deste Anexo: (Áustria): OECD, *Educational Planning and Economic Growth in Austria, 1965-1975*, op. cit.; (Bélgica, França, Itália, Reino Unido, URSS): POIGNANT, *L'enseignement dans les pays du Marché commun*, op. cit.; (França): POIGNANT, *Education and Economic and Social Planning in France*, op. cit.; (Holanda): OECD, *Educational Policy and Planning. Netherlands*, op. cit.; (Suécia): OECD, *Educational Policy and Planning. Sweden*, op. cit.; (Reino Unido): 1964, estimativas do IIEP. (Estados Unidos): Dados de anos já decorridos foram retirados de *Digest of Educational Statistics*, op. cit., 1965; estimativas dos anos futuros foram feitas pelo IIEP.

ANEXO 20. Tendências das despesas governamentais com o ensino na Holanda 1950-1975ª (em milhões de florins).

CATEGORIA DE DESPESA	1950	1955	1960	1965	1970	1975
Pessoal	350	645	1 160	2 280	3 200	4 550
Material	85	175	265	510	715	1 050
Capital	80	195	470	800	900	1 050
Diversos	40	65	105	190	250	350
Total	555	1 080	2 000	3 780	5 065	7 000
% em relação ao PNB (a preços do mercado)	2,9	3,6	4,7	5,7	6,3	7,0

Fonte: *Educational Planning in the Netherlands*, op. cit.

a. De 1950 a 1965, a preços correntes; de 1970 a 1975, a preços de 1965, ressalvado um aumento real de salários à base de 3,5 por cento ao ano.

Nota: "Esta demonstração das despesas governamentais com o ensino deve ser considerada como estimativa mínima. Medidas que provavelmente serão tomadas, como elevação do limite de obrigatoriedade escolar, diminuição da proporção de alunos por professor, aumento da ajuda financeira a estudantes, implantação da nova lei do ensino primário, etc.... podem, conforme indicam os cálculos, fazer com que as despesas governamentais com o ensino cresçam para entre 8 a 10 por cento do PNB em 1975".

ANEXO 21. Projeções das despesas com o ensino nos Estados Unidos — uma curva tendendo para "achatamento"?

1) Em *Projections of Educational Statistics to 1973-74* (1964), Kenneth Simon e Marie Fullam, do Departamento de Saúde, Educação e Bem-Estar, dos Estados Unidos, indicam as seguintes tendências das matrículas escolares e das despesas totais com educação:

ANO	Total de Matrículas (Em milhares)	Total de Despesas (Em bilhões de dólares a preços de 61-62)
1953-54	34 536	15,9
1956-57	39 547	21,0
1960-61	45 764	26,8
1964-65	52 575	33,8
1965-66	53 820	35,6
1968-69	57 397	40,9
1969-70	58 374	43,9
1971-72	60 176	45,8
1973-74	61 951	49,5

2) O *Digest of Educational Statistics* (edição de 1965) estima o total de despesas com o ensino em 39 bilhões de dólares, a preços correntes, em 1964-65. Estes dados permitem estimar a importância do esforço financeiro com o ensino, até 1973-74, tanto em números absolutos quanto como porcentagens do PNB.

Pressuposições

1) Suponhamos que, de 1964-1965 a 1973-1974, as despesas com o ensino apresentem a tendência (a preços constantes) prevista em *Projections of Educational Statistics to 1973-74*. Então, o índice para o período 1964-1973/74 é de 146,5 (49,5/33,8).

2) Suponhamos que, neste período, o PNB apresente um crescimento médio anual igual ao do período de 1950-65, a preços constantes. De acordo com os dados estatísticos das Nações Unidas, os índices do PNB a preços constantes são:

$$1963/1950 = 155$$
$$1964/1963 = 105$$
$$1965/1964 = 106$$

Então, para todo o período (15 anos), o índice é de 172,5 (155 × 105 × 106) ou 3,6 por cento ao ano, o que dá um índice de 138 para o período 1964-65 até 1973-74.

Estimativas

1) O total de despesas com o ensino em 1964-65 foi de 39 bilhões de dólares. Portanto, essa despesa estimada para 1973-74 é:
$ 39 × 146,5 = $ 57,1 bilhões (a preços de 1964-65).

2) A porcentagem do PNB destinada ao ensino foi de 6,3 por cento em 1964-65. Em 1973, será de 6,3 × 146,5/138 = 6,7 por cento, a preços constantes de 1964-65.

ANEXO 22. Comparação das taxas de crescimento econômico em diversos países.

PAÍSES	CRESCIMENTO	
	De 1960 a 1965 (1960 = 100)	Taxa média anual (Em porcentagens)

Países em desenvolvimento

Argentina[a]	118	3,35
Bolívia[a]	127,5	5
Ceilão[a]	116,5	3,15
Chile[a]	123	4,25
Chipre[a]	132,4	5,75
Gana[a]	116	3
Índia[b]	114	2,7
Irã[a]	132,5	5,75
Marrocos[c]	118,5	3,5
Tanzânia[d]	116	3

Países desenvolvidos

Alemanha (Rep. Fed.)[a]	126,7	4,8
Áustria[a]	122,3	4,15
Bulgária[b]	138	6,6
Dinamarca[a]	110,1	2
EUA[a]	125,8	4,7
França[a]	128,2	5,10
Itália[a]	128,4	5,15
Reino Unido[a]	117,3	3,25
Tcheco-Eslováquia[b]	127	4,85
URSS[b]	137,5	6,5

Fonte: NAÇÕES UNIDAS, *Monthly Bulletin of Statistics*, op. cit. (maio 1967) Tabela 63.

a. Produto interno bruto, a preços constantes do mercado.
b. Produto nacional líquido, a preços do mercado.
c. Produto interno bruto.
d. Produto interno bruto, a custo dos fatores.

Comentário

Na verdade, como é de se esperar que o índice de preços do setor do ensino cresça mais rapidamente que o índice geral de preços, a porcentagem do PNB destinada ao ensino será provavelmente maior que 6,7 por cento em 1973-74. Contudo, se compararmos esta evolução com a tendência dos últimos dez anos, existe, de fato, um "achatamento" da curva das despesas com o ensino expressas em termos de porcentagens do PNB. Isto se deve essencialmente ao fato de que, enquanto a matrícula total cresceu em uma proporção anual de 3,6 por cento de 1949-50 a 1964-65, a previsão é de que cresça apenas na proporção de 1,8 por cento ao ano no período de 1964-65 a 1973-74.

ANEXO 23. O problema populacional: o exemplo de Uganda.

Consideremos as conseqüências, em termos de matrícula e de custos de funcionamento, de duas decisões relativas ao desenvolvimento do ensino primário: a) manter constante a taxa de escolarização, e b) manter constante o número absoluto de crianças sem escola.

Pressuposições

1) O crescimento da população de 6 a 12 anos de idade é de 3 por cento ao ano e não de 2,75 por cento, como indicam as estatísticas conhecidas, porque o segundo plano qüinqüenal (em sua Tabela 3) estima em 2,8 por cento o crescimento da população *total*.

2) Os salários dos professores primários aumentam, em termos reais, na mesma proporção que o PIB *per capita;* as despesas realizadas com pessoal permanecem constantes; portanto, o custo unitário total aumenta regularmente.

3) A avaliação dos custos do ensino é feita antes com o PIB monetário que com o PIB total.

Os resultados aparecem na tabela abaixo. Devem ser observados os seguintes aspectos: *a)* a manutenção de uma taxa de escolarização de 43 por cento exige um esforço financeiro da ordem de 2,48 por cento do PIB; e *b)* para manter o número de crianças sem escola equivalente ao existente em 1966, seria necessário elevar de 2,48 para 3,49 por cento a proporção do PIB destinada ao ensino primário, e também necessário quadruplicar os custos de funcionamento, em termos reais.

ANEXO 23 (continuação). Escolas primárias de Uganda: matrículas e custos necessários para:

a) manter uma taxa constante de escolarização;
b) manter um número constante de crianças sem escola.

ANO	POPULAÇÃO 6 a 12 ANOS (Em milhares)	PIB monetário (milhões de £)	Custo unitário em £ (sal. + 1,5£)	MANTER A TAXA DE ESCOLARIZAÇÃO EM 43%			MANTER EM 763 000 O N.º DE CRIANÇAS SEM ESCOLA		
				Matrícula (Em milhares)	Desp. func. (milhões de £)	% do PIB	Matrícula (Em milhares)	Desp. func. (milhões de £)	% do PIB
1966	1 340	97,7	8,5	577	4,90	2,48	577	4,90	2,48
1967	1 381	211,9	8,8	594	5,23	2,47	618	5,44	2,57
1968	1 423	227,2	9,1	612	5,57	2,45	660	6,01	2,65
1969	1 465	243,6	9,4	630	5,92	2,43	702	6,60	2,71
1970	1 509	261,1	9,8	649	6,36	2,44	746	7,31	2,80
1971	1 554	279,7	10,1	668	6,75	2,41	791	7,99	2,86
1972	1 600	301,2	10,5	688	7,22	2,40	837	8,79	2,92
1973	1 648	325,6	11,0	709	7,80	2,40	885	9,73	2,99
1974	1 698	351,4	11,5	730	8,39	2,39	935	10,75	3,06
1975	1 749	379,1	12,0	752	9,02	2,38	986	11,83	3,12
1976	1 801	409,1	12,6	774	9,75	2,38	1 038	13,08	3,20
1977	1 855	441,4	13,2	798	10,53	2,39	1 092	14,41	3,26
1978	1 911	476,3	13,8	822	11,34	2,38	1 148	15,84	3,33
1979	1 968	513,9	14,4	846	12,18	2,37	1 205	17,35	3,36
1980	2 027	554,0	15,1	872	13,17	2,38	1 264	19,09	3,44
1981	2 088	600,0	15,8	898	14,19	2,36	1 325	20,93	3,49

Fonte: Cálculos dos IIEP baseados em: UGANDA, *Education Statistics, 1965, op. cit.,* e *Work for Progress: The Second Five-year Plan 1966-1967, op. cit.*

ANEXO 24. As populações dos países em desenvolvimento são "mais jovens", representando, desta forma, um encargo mais pesado para os adultos aptos para o trabalho.

PAÍSES	ANO A QUE SE REFEREM OS DADOS	IDADE MEDIANA DA POPULAÇÃO TOTAL	POPULAÇÃO EM IDADE ESCOLAR EXPRESSA COMO PORCENTAGEM DA POPULAÇÃO TOTAL
Alemanha (Rep. Fed.)	1961	34,0	21,4
China (Rep. da)	1963	17,4	56,0
França	1962	32,9	28,2
Gana	1960	18,3	48,3
Índia	1961	20,4	46,5
Marrocos	1960	19,5	49,4
Nicarágua	1963	15,8	61,7
Níger	1962	18,0	54,4
Suécia	1960	36,5	23,1

Fonte: Preparado com dados de: NAÇÕES UNIDAS, *Demographic Yearbook*, op. cit. (1964), Tabela 5, "Population by age and sex", p. 130.

ANEXO 25. Tendências das despesas públicas totais com o ensino em países em desenvolvimento.

PAÍSES	ANO	QUANTIA	NÚMEROS ÍNDICES
Bolívia (bilhões de bolivianos)	1960	76,5	100
	1964	182,0	238
Índia (milhões de rúpias)	1955	1 897	100
	1965	6 000	316,2
Líbia (milhares de libras)	1960	3 322	100
	1963	7 797	234
México (milhões de pesos)	1960	2 650	100
	1964	6 360	240
Paquistão (milhões de rúpias)	1957	268	100
	1963	910	339,6
Senegal (milhões de francos CFA)	1961	7 143	100
	1964	10 658	149
Tanzânia (milhões de libras)	1956	4,71	100
	1963	8,13	173
Tunísia (milhões de dinares)	1959	9 112	100
	1964	25 012	275
Venezuela (milhares de bolívares)	1960	795 000	100
	1964	1730 000	218

ANEXO 25 (continuação). Tendências das despesas públicas com o ensino, expressas como porcentagens dos orçamentos públicos, em países em desenvolvimento.

PAÍS	ANO	%	PAÍS	ANO	%
Argentina	1961	9,7	Paquistão	1961	6,5
	1965	11,4		1964	10,6
Honduras	1961	19,3	Senegal	1961	13,0
	1965	24,8		1964	13,7
México	1961	15,7	Tanzânia	1956	14,7
	1965	24,1		1965	15,6
Marrocos	1956	13,3			
	1965	17,3			

Tendências das despesas com o ensino expressas como porcentagens do produto nacional, em países em desenvolvimento.

PAÍS	ANO	%	PAÍS	ANO	%
Colômbia[a]	1960	2,4	Senegal[c]	1961	4,6
	1964	3,1		1964	6,4
Costa do Marfim[c]	1960	3,9	Tunísia[c]	1959	3,5
	1964	4,5		1964	6,7
Índia[b]	1955	1,7	Venezuela[a]	1960	3,1
	1965	2,9		1964	4,8
México[a]	1960	1,7			
	1964	2,8			

Fontes: (Todos os países): UNESCO, *Statistical Yearbook, 1965, op. cit.*; NAÇÕES UNIDAS, *Monthly Bulletin of Statistics, op. cit.* (maio 1967); (Índia): *Educational Expenditures in India*; (Nova Delhi): National Council of Educational Research and Training, 1965), estimativas feitas em *Report of the Education Commission (1964/66)..., op. cit.*; (Costa do Marfim): HALLAK POIGNANT, *op. cit.*, anexo A, p. 39, Tabela XVI; (América Latina): UNESCO, "The Financing of Education in Latin America", Relatório do Seminário Regional de Assistência Técnica sobre Investimento em Educação na América Latina, Santiago do Chile, 5 a 13 dez. 1966 (Paris, Unesco) (SS/E.INV.7); (Paquistão): INTERNATIONAL BUREAU of Education/Unesco, *International Yearbook of Education*, Relatório sobre desenvolvimento da educação em 1963-64, apresentado 27.ª Conferência Internacional de Educação, Genebra/Paris, 1964, v. XXVI; (Senegal): GUILLAUMONT, GARBE e VERDUN, *op.. cit.*, anexo A, pp. 42, 43, Tabelas XVIII, XXI; (Tanzânia): J. B. KNIGHT, *The Costing and Financing of Educational Development in Tanzania*, African Research Monographs, n. 4 (Paris, Unesco/IIEP, 1966), pp. 19, 21, Tabelas 5, 7.

a. Porcentagem do produto nacional bruto.
b. Porcentagem da renda nacional.
c. Porcentagem do produto interno bruto.

ANEXO 26. Previsões de matrículas e necessidades financeiras até 1970, de acordo com os objetivos educacionais regionais da Unesco, por regiões.

REGIÕES	1965		1970		TAXA MÉDIA ANUAL DE CRESCIMENTO (em %)
	Quant.	%	Quant.	%	
África					
1.º nível: Matrícula (mil)	15 279		20 378		5,93
Taxa de participação		51		71	
2.º nível: Matrícula (mil)	1 833,5		3 390		13,08
Taxa de participação		9		15	
3.º nível: Matrícula (mil)	46		80		11,71
Taxa de participação		0,35		0,55	
Despesas totais (milhões de dólares)	1 139		1 701		8,35
PNB (milhões de dólares)	19 694		24 413		4,39
Porcentagem do PNB		5,78		6,96	
América Latina					
1º nível: Matrícula (mil)	34 721		43 438		4,58
Taxa de participação		91		100	

ANEXO 26: Continuação

2.° nível: (Matrícula (mil)	6 230		11 457		12,96
Taxa de participação		22		34	
3.° nível: Matrícula (mil)	665	3,4	905	4,0	6,35
Taxa de participação					
Despesas totais (milhões de dólares)	3 219		4 937		9,00
PNB (milhões de dólares)	71 130		90 782		5,00
Porcentagem do PNB		4,52		5,43	
Ásia					
1.° nível: Matrícula (mil)	110 368		148 716		6,15
Taxa de participação		63		74	
2.° nível: Matrícula (mil)	14 545	15	23 064	19	9,66
Taxa de participação					
3.° nível: Matrícula (mil)	2 206	3,4	3 320	4,1	7,86
Taxa de participação					
Despesas totais (milhões de dólares)	3 261		4 803		8,05
PNB (milhões de dólares)	88 319		112 719		5,00
Porcentagem do PNB		3,69		4,26	

Fonte: Unesco, *Unesco's Contribution to the Promotion of the Aims and Objectives..., op. cit.*, pp. 35-37.

ANEXO 27. Tendências das porcentagens de alunos que terminam o ensino primário (1960 = 100).

ANO	ÁFRICA				ÁSIA					AMÉRICA LATINA			
	Madagáscar	Niger	Senegal	Uganda	Afeganistão	Índia	Coréia (Rep. da)	Vietnã (Rep. do)	Guatemala	Paraguai	Peru	Venezuela
1955	—	—	—	—	64	65	72	—	—	—	66	—
1956	—	—	—	59	—	—	—	51	—	—	72	—
1957	—	54	48	68	—	—	—	60	—	—	79	70
1958	95	67	73	83	—	—	—	71	—	—	86	75
1959	98	85	86	96	—	—	—	86	93	—	94	85
1960	*100*	*100*	*100*	*100*	*100*	*100*	*100*	*100*	*100*	*100*	*100*	*100*
1961	126	145	121	113	117	—	96	113	119	107	106	112
1962	137	96	113	119	124	—	106	127	133	113	—	127
1963	146	154	154	140	—	—	—	138	145	123	—	143
1964	—	216	—	151	—	166	—	—	—	138	—	165
1965	—	—	—	—	—	—	—	—	—	—	—	—

Fontes: (África): *Madagáscar, Níger, Senegal* (alunos que receberam o C.E.P. — certificado de estudos primários): IEDES, *Les Rendements de l'enseignement...*, op. cit., II, pp. 56, 78, 86; *Uganda*: MINISTÉRIO DA EDUCAÇÃO, *Education Statistics, 1965*, op. cit., Tabela G6; (Ásia): *Afeganistão e Coréia* (diplomados do ensino primário): MINISTÉRIO DA EDUCAÇÃO, JAPÃO, *Education in Asia*, op. cit., p. 77; *Índia* (matrícula na 7.ª série): MINISTÉRIO DA EDUCAÇÃO, *Report of the Education Commission (1964-66)...*, op. cit., p. 155; *Vietnã* (matrícula na 6.ª série): UNESCO, *Projections à long terme de l'éducation en République du Viet-nam* (Bangkok: Unesco, 1965), p. 119; (América Latina): *Guatemala* (alunos diplomados no ensino primário): dados não publicados; *Paraguai* (matrícula na 6.ª série): MINISTÉRIO DE EDUCACIÓN PÚBLICA, *Estadística educativa, 1957-1961*, Lima, p. 14; *Venezuela* (matrícula na 6.ª série): OFICINA CENTRAL DE COORDENACIÓN Y PLANIFICACIÓN, *La educación venezolana en cifras* (Caracas, 1965), I, p. 13.

ANEXO 27 (continuação). Ensino secundário geral: diplomados ou alunos matriculados na classe terminal, em alguns países (1960 = 100)[a]

REGIÕES/PAÍSES	1955	1965
África		
Camarões Oriental	33	248
Costa do Marfim	38	217
Madagáscar	31	273
Uganda	42	203
América Latina		
Colômbia	75[d]	153[e]
Paraguai[f]	—	145
Peru	53	155[h]
Venezuela	35	144[h]
Ásia		
China (Rep. da)	66	122[b]
Coréia (Rep. da)	81	117[c]
Laos	96[d]	250[c]
Nepal	43	100[b]
Países industrializados	(1950/51)	(1965)
Alemanha (Rep. Fed.)[g]	51	105
Bélgica[g]	69	113
França[g]	54	141
Holanda[g]	68	141

Fontes: (África): *Camarões Oriental, Costa do Marfim, Madagáscar*: França, MINISTÉRIO DA COOPERAÇÃO, "Statistiques scolaires des états africains francophones", Direction de la coopération économique et financière (documento não publicado); *Uganda*: MINISTÉRIO DA EDUCAÇÃO, *Education Statistics, 1965*, op. cit.; (Ásia): *China, Coréia, Laos, Nepal*: Japão, MINISTÉRIO DA EDUCAÇÃO, *Education in Asia* op. cit., Tabela 42(2), p. 77; (América Latina): *Colômbia*: MINISTÉRIO DA EDUCAÇÃO NACIONAL, *Misión de Planejamento de la Educación*, Unesco/AID/BIRF, *Estadísticas* (Bogotá, 1965); *Paraguai*: dados não--publicados; *Peru*: INSTITUTO NACIONAL DE PLANEJAMENTO/OECD, *Desarrollo económico y social, recursos humanos y educación* (Lima, 1966); *Venezuela*: OFICINA CENTRAL DE COORDENACIÓN Y PLANEJAMENTO, *La Educación venezolana en cifras*, op. cit.; (Países industrializados): *Bélgica, França, República Federal da Alemanha, Holanda*: POIGNANT, *L'enseignement dans les pays du Marché commun*, op. cit.

a. Sempre que possível, foram usados dados sobre alunos diplomados, mas em alguns casos só se dispunham de dados sobre matrícula na série terminal.

b. 1961; c. 1962; d. 1957; e. 1963; f. Indice, 1961 = 100 (1963 = 126); g. Índice, 1961 = 100; h. 1964.

ANEXO 27 (continuação). Diplomados por escola superior, em alguns países (1957 = 100)

PAÍS	1960	1963
África		
Gana	165	291
RAU	114	186
Serra Leoa	171	302
Tunísia[a]	128[b]	132
América Latina		
Argentina	120,5	169
Brasil	117,5	123,5
Chile	—	—
Guatemala	113,5	242[d]
Ásia		
China (Rep. da)	178	255
Iraque	152	231
Paquistão	191,5	270[c]
Vietnã (Rep. do)	191	304
Países industrializados		
Dinamarca	124,5	138
EUA (+ Porto Rico)	111,4	140,5
Japão	103,5	125
Romênia	85,5	118,5

Fonte: UNESCO, *Statistical Yearbook, 1965, op. cit.*, pp. 326-38.
a. Índice, 1961 = 100.
b. 1962.
c. 1962.
d. 1964.

ANEXO 28. *Estados Unidos:* Proporção de estudantes que permanecem na escola, desde a 5ª série até o ingresso no ensino superior.

ANO DE INGRESSO NA 5.ª SÉRIE	PARA 1 000 ALUNOS NA 5.ª SÉRIE, FICAM					DIPLOMADOS NO ENSINO SECUNDÁRIO	ANO DE OBTENÇÃO DO DIPLOMA	INGRESSAM NO ENSINO SUPERIOR
	SÉRIE							
	5.ª	6.ª	8.ª	10.ª	12.ª			
1924/25	1 000	911	741	470	344	302	1932	118
1934/35	1 000	953	842	711	512	467	1942	129
1944/45	1 000	952	858	748	549	522	1952	234
1954/55	1 000	980	948	855	684	642	1962	343
1956/57	1 000	985	948	871	724	667	1964	357
1957/58	1 000	994	954	878	758	710	1965	378

Fonte: ESTADOS UNIDOS, *Digest of Educational Statistics, op. cit.,* 1966, p. 7.

Estados Unidos: Número de diplomados no ensino secundário em relação à população de 17 anos de idade.

ANO	%	ANO	%	ANO	%
1870	2	1910	8,8	1950	59
1880	2,5	1920	16,8	1960	65,1
1890	3,5	1930	29	1965	72
1900	6,4	1940	50,8		

Fonte: ESTADOS UNIDOS, *Digest of Educational Statistics, op. cit.,* 1966, p. 50.

ANEXO 29. *Filipinas*: Situação de trabalho de diplomados de escola secundária, por grupos de idade.

IDADE	TOTAL		EMPREGADOS (%)		DESEMPREGADOS (%)	
	Milhares	%	Tempo integral	Tempo parcial	Procuram emprego	Não procuram emprego
15-19	224	100	5,7	9,1	29,5	55,7
20-24	235	100	22,0	12,3	36,5	29,2
25-29	131	100	33,0	27,2	28,5	15,9
30-34	77	100	50,6	15,0	18,3	16,1
35 ou mais	14	100	48,5	24,2	18,2	9,1
Total	681	100	22,5	13,8	30,2	33,5

Fonte: FILIPINAS, OFFICE of Manpower Services, *Summary Report on Inquiry into Employment and Unemployment among Those With High School or Higher Education* (Manila: Dept. of Labor Office, maio 1961), Tabela 31, p. 37.

ANEXO 30. *Índia*: Distribuição, de acordo com o nível de instrução, de "desempregados instruídos" inscritos nos serviços de colocação ocupacional, de 1956 a 1962

ANO	PORTADORES DE DIPLOMA DE ADMISSÃO À UNIVERSIDADE	ADMITIDOS A UM EXAME INTERMEDIÁRIO	NÍVEL DE INSTRUÇÃO			
			DIPLOMADOS NO ENSINO SUPERIOR			
			ENGENHEIROS	MÉDICOS	OUTROS
1956	186 978	30 640	481	213	26 080
1957	236 509	38 762	511	171	31 605
1958	283 268	44 575	518	186	35 845
1959	344 329	49 141	598	143	38 900
1960	399 880	60 756	1 190	262	45 132
1961	463 633	70 811	1 255	265	54 266
1962	553 618	90 954	1 676	310	61 798

Fonte: INSTITUTE OF APPLIED MANPOWER RESEARCH, *Fact Bock on Manpower: Part I* (Nova Delhi, 1963), Tabela 3.23, p. 52.

ANEXO 31. *Costa do Marfim*: Aspirações e expectativas ocupacionais de estudantes (porcentagens).

OCUPAÇÕES	ASPIRAÇÕES OCUPACIONAIS			EXPECTATIVAS OCUPACIONAIS		
	Masculino	Feminino	Total	Masculino	Feminino	Total
Ensino[a]	24,3	21,9	24,0	57,6	48,5	56,6
Carreiras científicas e tecnológicas[b]	23,8	0,8	21,2	7,1	0,0	6,3
Medicina, enfermagem[c]	18,6	61,2	23,4	3,8	32,9	7,1
Agricultura[d]	14,1	1,3	12,6	3,1	0,0	2,7
Administração[e]	12,3	11,0	12,2	18,1	14,4	17,6
Carreiras militares e policiais[f]	3,5	0,0	3,1	5,5	0,0	4,9
Outras ocupações ou sem resposta	3,4	3,8	3,5	4,8	4,2	4,8

Fonte: R. CLIGNET e P. FOSTER, *The Fortunate Few: A Study of Secondary Schools and Students in the Ivory Coast* (Evanston, Ill., Northwestern University Press, 1966), pp. 128, 140.

a. Inclui professores desde o nível primário até o superior, mais um pequeno grupo interessado em ciências sociais.
b. Incluem cientistas pesquisadores, engenheiros, técnicos e trabalhadores qualificados de todos os níveis.
c. Incluem médicos, farmacêuticos, veterinários, enfermeiras e trabalhadores sociais.
d. Inclui engenheiros agrícolas, técnicos agrícolas, demonstradores, mas *não* agricultores.
e. Inclui administradores e empregados de todos os níveis, no setor público e no setor privado; carreiras jurídicas ou políticas.
f. Incluem todas as categorias.

ANEXO 31 (continuação). *Gana*: Aspirações e expectativas ocupacionais de estudantes (porcentagens).

OCUPAÇÕES	ASPIRAÇÕES OCUPACIONAIS			EXPECTATIVAS OCUPACIONAIS		
	Masculino	Feminino	Total	Masculino	Feminino	Total
Medicina	17,3	11,2	16,1	—	—	—
Direito	3,7	3,7	3,7	—	—	—
Ministério religioso	0,1	—	0,1	—	—	—
Outras profissões liberais[a]	1,0	0,5	0,8	0,1	—	0,1
Alta administração[b]	6,8	4,3	6,3	—	—	—
Alta posição no comércio[c]	7,2	3,7	6,6	0,1	—	0,1
Política	1,5	0,5	1,4	—	—	—
Funcionalismo público[d]	1,0	3,7	1,5	18,3	20,7	18,8
Outros empregos de escritório[e]	3,6	16,5	6,0	31,3	40,5	33,1
Carreiras científicas e técnicas[f]	26,2	3,2	21,7	7,4	1,1	6,1
Enfermagem e farmácia	2,4	18,1	5,5	0,8	10,1	2,6
Ensino universitário	2,6	1,1	2,3	—	—	—
Ensino secundário	14,8	22,9	16,4	1,4	0,5	1,3
Ensino primário	4,3	6,4	4,7	34,1	23,9	32,1

Outra posição no ensino[a]	0,8	—	0,6	0,4	0,3
Polícia, forças armadas	4,6	—	3,7	4,5	3,6
Pequeno comércio[h]	—	—	—	0,1	0,1
Agricultura e pesca	1,0	2,1	1,3	1,0	1,0
Outras ocupações[i]	0,6	0,5	0,6	—	0,1
Sem resposta	0,5	1,6	0,7	0,5	0,7

Fonte: FOSTER, *op. cit.*, pp. 276, 281.

a. Economistas, estatísticos, sociólogos.
b. Altos funcionários públicos, secretários-gerais, diretores de órgãos públicos, comissários distritais e regionais etc.
c. Contadores e auditores, gerentes de banco, diretores de firmas etc.
d. Todas as respostas que indicavam preferência por trabalho de escritório especificamente no serviço público.
e. Todas as respostas que indicavam preferência por trabalho de escritório especificamente no setor privado.
f. Inclusive os vários ramos de engenharia, pesquisa agronômica, veterinária, serviços de laboratório, e trabalho no campo das ciências físicas e biológicas etc.
g. Principalmente nos estabelecimentos de ensino técnico ou escolas de comércio.
h. Pequenas lojas e outros estabelecimentos comerciais.
i. Ator, dramaturgo etc.

ANEXO 32. "Interesse dos adultos em continuar os estudos.

"Um forte crescimento do número de homens e mulheres de trinta a quarenta anos que desejam uma formação universitária foi previsto ontem na abertura da Conferência Internacional sobre Educação Universitária de Estudantes em Idade Madura, no Birkbeck College, Londres.

"O Dr. F. C. James, 'Principal Emeritus' da Universidade de McGill, sugeriu existirem pelo menos quatro razões principais que justificam esse crescimento.

"Primeiro, compreensão cada vez maior por parte de empregadores no mundo dos negócios, na administração pública e no magistério, de que a instrução primária já não é suficiente e de que a instrução superior tende a tornar-se uma qualificação mínima.

"Segundo, o rápido envelhecimento dos conhecimentos: no momento em que uma pessoa atinge a metade de sua carreira, o que aprendeu nos primeiros anos da universidade já está obsoleto. É fundamentalmente verdadeiro, segundo ele, que alguém que não trabalhe diretamente em pesquisa precisa retornar à universidade, em intervalos não superiores a dez anos, para um processo de reciclagem; esta necessidade vem sendo reconhecida na medicina, no magistério e nos ramos científicos e tecnológicos.

"Terceiro, homens e mulheres inteligentes e ambiciosos desejam obter uma formação universitária a fim de se qualificarem para as novas áreas de emprego que se abrem para o futuro, como, por exemplo, os computadores, as comunicações e a energia nuclear. Metade da população ativa atual, disse o Dr. James, está trabalhando em empregos que não existiam no início do século.

"Finalmente, mais de metade dos jovens ingleses abandonam os estudos logo que possível — à idade de 15 anos —, mas estes não são necessariamente os estudantes menos brilhantes. O Dr. James acrescentou ser importante que na maturidade, quando compreendem a importância da educação universitária, estas pessoas tenham possibilidade de realizar estes estudos.

Altos dividendos

"O Dr. James afirmou que as somas gastas pelas grandes empresas industriais a fim de permitirema que seus empregados continuem os estudos, constituem um investimento que paga altos dividendos, fato este reconhecido mais prontamente nos Estados Unidos e no Canadá que na Grã--Bretanha. Citou o exemplo da Bell Telephone Company, que há quinze anos envia membros selecionados de seu pessoal, com todos os salários pagos, à Universidade de Pennsylvania.

"De seu lado, as universidades têm o dever de oferecer cursos especiais de acordo com as necessidades tanto dos empregadores quanto dos estudantes em idade madura, e não simplesmente versões facilitadas dos cursos oferecidos aos estudantes regulares.

"O Dr. James disse ser necessário instituir cursos de longa duração, dados à noite; desenvolver cursos por correspondência, com o uso da televisão e do rádio; estabelecer períodos de estudo, em regime de internato, em universidades e escolas superiores; e, para atender a necessidades igualmente prementes, organizar cursos em tempo integral de curta duração, de duas semanas a três meses..."

Fonte: *The Times* (Londres), 21 jul. 1967.

ANEXO 33

Damos abaixo alguns exemplos de medidas concretas adotadas por membros do "Forum Radiofônico Rural", de três distritos indianos, como resultado dos programas de "educação de adultos" [1]:

"Plantaremos árvores frutíferas em nossos quintais, e acrescentaremos frutas a nossa dieta diária."

"Usaremos veneno contra ratos; recorreremos à ajuda de um consultor agrícola."

"Manteremos um bom touro reprodutor ou ainda enviaremos as vacas para receberem inseminação artificial".

"Procuraremos melhorar a raça das aves; vacinaremos as aves."

"Fundaremos uma cooperativa polivalente e venderemos nossa produção por intermédio da cooperativa."

"Cuidaremos para que não haja analfabetos nesta comunidade, nos próximos cinco anos; o jornal será lido em voz alta em um ou dois lugares, de forma a que seja aumentada a cultura do povo."

"Usaremos esterco de vaca para adubar árvores frutíferas; não o usaremos como combustível; mesmo os detritos são mais produtivos quando usados nos campos."

"Manteremos limpos os poços; proibiremos o público de se lavar nos poços; afixaremos cartazes; instruiremos o público para que não suje a água."

"Sulcaremos a terra no sentido das curvas de nível, a fim de reter a umidade [1]."

Fonte: UNESCO/IIEP, "Ten Years of the Radio Rural Forum in India", em *New Educational Media in Action: Case Studies for Planners* (Paris, Unesco/IIEP, 1967), I, pp. 115-16.

ANEXO 34. Resumo da monografia citada.

"Uma grande parte, tanto dos recursos naturais quanto dos recursos humanos da Tanzânia, está ainda apenas parcialmente desenvolvida. Na população ativa, apenas um indivíduo em dez tem uma ocupação remunerada. A maioria dos homens e mulheres válidos, 95 por cento dos quais vivem na zona rural, pratica ainda uma agricultura e uma pecuária de rendimento relativamente baixo.

"O desenvolvimento do setor moderno da economia exige não somente capital mas também o fortalecimento dos serviços educacionais. Estes não se limitam aos serviços de educação formal, mas incluem também todos os serviços que proporcionam orientação, assistência técnica, e treinamento sob várias formas aos elementos encarregados da produção econômica. Enquanto o setor industrial deverá absorver uma proporção crescente, mas ainda bastante pequena, da população ativa disponível, somente uma economia rural modernizada será suficientemente ampla para interessar a maior parte deste contingente.

"Atualmente é impossível proporcionar emprego no setor moderno da produção a mais que uma pequena parcela daqueles que têm instrução primária completa, e ainda menos àqueles que têm instrução correspondente a quatro anos ou menos. Pode-se, portanto, afirmar que o investimento no ensino formal aumentou mais rapidamente que o investimento em outros serviços educacionais destinados ao aumento da produção e à intensificação da atividade econômica. Neste sentido, os gastos com o ensino formal foram parcialmente desperdiçados. Conseqüentemente, o autor defende a idéia de que, no momento, deve ser dada maior prioridade aos serviços capazes de promover uma revolução agrária, e que o ensino primário formal pode ficar temporariamente em segundo plano [1]."

Fonte: HUNTER, *Manpower, Employment and Education in the Rural Economy of Tanzania*, op. cit., p. 39.

ANEXO 35. Volume total da ajuda externa ao ensino.

EVOLUÇÃO DA AJUDA PROPORCIONADA PELOS PAÍSES MEMBROS DO C.A.D. (Em bilhões de dólares)

ANO	AJUDA PÚBLICA	AJUDA PRIVADA	TOTAL
1956	3,3	2,9	6,2
1957	3,9	3,7	7,6
1958	4,4	2,8	7,2
1959	4,4	2,7	7,1
1960	5,0	2,9	7,9
1961	6,1	3,1	9,2
1962	6,1	2,5	8,6
1963	6,1	2,4	8,5
1964	5,9	3,2	9,1
1965	6,3	3,8	10,1

Note-se o crescimento regular até 1961, e, após um período de estabilização, novo crescimento importante entre 1964 e 1965. Este último aumento é devido principalmente, no entanto, à ajuda *privada* (empréstimos a longo prazo e investimentos), que provavelmente tem pouca influência na educação.

EVOLUÇÃO DA ASSISTÊNCIA TÉCNICA (PAÍSES MEMBROS DO C.A.D.)

Desembolso (em bilhões de dólares)		Número de professores enviados a países em desenvolvimento	
1962	0,725		
1963	0,858	1963	34 592
1964	0,950	1964	33 839
1965	1,048	1965	35 316

Número de voluntários			Número de especialistas em educação	
	Total	Professores		
1963	6 927	3 619	1963	2 205
1964	9 903	4 571	1964	3 558
1965	15 995	8 033	1965	4 912

Fontes: As fontes de todos os dados acima são os números mais recentes da revista anual da OECD/CAD, *Development Assistance Efforts and Policies*. A edição de 1965 traz também dados a respeito da distribuição geográfica da ajuda e de suas desigualdades. (A África de língua francesa ao sul do Saara recebe 11 dólares por habitante, a Índia, 2,50; a Argélia 23,00; a América Latina, 4,40.)

ORIENTAÇÃO PARA ESTUDOS MAIS AMPLOS E APROFUNDADOS

Da crescente bibliografia a respeito dos tópicos tratados neste livro selecionamos alguns textos publicados em inglês, a título de orientação para aqueles que desejem aprofundar-se no estudo do assunto. Muitos dos trabalhos abaixo arrolados possuem sua própria bibliografia, que pode servir como orientação adicional.

Educação e sociedade

CAPACIDADE DA EDUCAÇÃO PARA PROMOVER OS OBJETIVOS EDUCACIONAIS. BARREIRAS SOCIAIS À EDUCAÇÃO.

IMPACTO DA EDUCAÇÃO NA MUDANÇA SOCIAL. INFLUÊNCIA NAS ATITUDES DOS ESTUDANTES. IGUALDADE DAS OPORTUNIDADES EDUCACIONAIS. DISTORÇÃO SOCIAL DOS SISTEMAS DE ENSINO.

ANDERSON, C. A. *The Social Context of Educational Planning.* Fundamentals of educational planning, 5, Paris, Unesco/IIEP, 1967. 35 p.

Analisa os fatores sociais que o planejamento do ensino deveria levar em conta, mas que muitas vezes negligencia.

ASHBY, Eric. *Patterns of Universities in Non-European Societies.* Londres, School of Oriental and African Studies, University of London, 1961. Examina o impacto de modelos importados no ensino superior da Índia e da África Ocidental; e compara a política educacional da Inglaterra e da França nas colônias africanas.

CREMIN, Lawrence A. *The Transformation of the School: Progressivism in American Education, 1876-1957.* Nova York, Alfred A. Knopf, 1961. XI, 387 p. Índice XXIV. Bibliografia.

Penetrante análise de um historiador sobre o esforço realizado durante um período de cinqüenta anos para adaptar o ensino aos objetivos democráticos do Progressivismo americano.

DURKHEIM, E. *Education and Sociology.* Traduzido do francês por S. D. Fox. Nova York, Londres Macmillan, 1956.

HALSEY, A. H., FLOUD, J. & ANDERSON, C. A., eds. *Education, Economy and Society: A Reader in the Sociology of Education.* Nova York, Free Press of Glencoe, 1964. IX, 625 p.

HANSON, John W. & BREMBECK, Cole S., eds. *Education and the Development of Nations.* Nova York, Holt, Rinehart and Winston, 1966. XIV, 529 p. Bibliografia.

Grande variedade de artigos escritos por eminentes autores de pontos de vista diversos sobre a capacidade que tem o ensino para promover o desenvolvimento social, econômico e político.

HOSELITZ, B. F. & MOORE, W. E., eds. *Industrialization and Society.* Paris, Unesco, 1963, 448 p. Relatório baseado em uma conferência norte-americana sobre as implicações sociais da industrialização e da mudança tecnológica. Chicago, Illinois, 15-22 set. 1960.

Analisa as principais implicações do ponto de vista sociológico do papel do ensino nos países em desenvolvimento.

MYERS, Edward D. *Education in the Perspective of History.* Nova York, Harper and Brothers, 1960. XII, 388 p. Contém um capítulo final escrito por Arnold J. Toynbee.

Um amplo apanhado do papel que a educação desempenhou — ou deixou de desempenhar — na ascensão e queda de treze civilizações e as lições de história que o Prof. Toynbee encontra neste vasto corpo de experiências humanas para ajudar a humanidade a enfrentar os dilemas modernos.

OTTAWAY, A. K. C. *Education and Society*: *An Introduction to the Sociology of Education*. Londres, Routledge and Kegan Paul, 1964. 2. ed. rev. xiv, 232 p.

Ensino e crescimento econômico

O ENSINO CONSIDERADO COMO UM INVESTIMENTO NO DESENVOLVIMENTO DE RECURSOS HUMANOS E NO CRESCIMENTO ECONÔMICO. COMPROVANTES HISTÓRICOS DA CONTRIBUIÇÃO DA EDUCAÇÃO. OPINIÕES DIVERGENTES ENTRE ECONOMISTAS. PROBLEMA DE QUANTO GASTAR COM O ENSINO.

OECD. *The Residual Factor and Economic Growth; Study Group in the Economics of Education*. Paris, OECD, 1964. 280 p. Tabelas.

Registro de um debate entre competentes economistas, que concordaram ser a educação um bom investimento em crescimento econômico, mas que divergiram bastante quanto à maneira de realizar a prova; recomendado especialmente para economistas.

OECD. *Policy Conference on Economic Growth and Investment in Education;* IV. *The Planning of Education in Relation to Economic Growth.* Washington, D. C., 16--20 out. 1961. Paris, OECD, 1962.

Anais de uma notável conferência de economistas e educadores, que estimulou as autoridades no sentido de investirem mais intensivamente no ensino; contêm os principais artigos e comunicações dos participantes mais eminentes.

SCHULTZ, Theodore W. *The Economic Value of Education*. Nova York, Columbia University Press, 1963. xii, 92 p. Bibliografia.

Livrinho de leitura fácil e agradável escrito por um ilustre economista, cujas pesquisas e publicações, nos últimos anos, deram grande força à idéia de que o ensino é um "bom investimento" para o crescimento econômico.

UNESCO. *Readings in the Economics of Education,* selecionado por M. J. BOWMAN, M. DEBEAUVAIS, V. E. KOMAROV e J. VAISEY, Paris, 1968. 945 p. Tabelas.

Antologia de artigos escritos por eminentes economistas e outros cientistas sociais a respeito do papel do ensino no crescimento econômico e no desenvolvimento social e assuntos correlatos.

VAISEY, John. *The Economics of Education.* Londres, Faber and Faber, 1962. 165 p. Bibliografia.

Um livro-padrão que passa em revista as idéias sobre retorno econômico do ensino; despesas com ensino; produtividade e eficiência do ensino e os aspectos de mão-de-obra; com alguma referência aos países subdesenvolvidos.

Planejamento e administração do ensino

CONCEITOS E TÉCNICAS. PREVISÃO DAS NECESSIDADES E DOS RECURSOS. INTEGRAÇÃO DO PLANEJAMENTO DO ENSINO COM O PLANEJAMENTO ECONÔMICO E SOCIAL. ASPECTOS RELATIVOS À MÃO-DE-OBRA. ASPECTOS QUALITATIVOS. ESTUDOS DE CASO. ORÇAMENTO-PROGRAMA. PLANEJAMENTO COMO ELEMENTO DA ADMINISTRAÇÃO.

BEEBY, C. E. *The Quality of Education in Developing Countries.* Cambridge, Mass., Harvard University Press, 1966. X, 139 p. Índice.

Um educador de renome internacional responde aos economistas e levanta os problemas práticos de obter mudanças necessárias ńa educação, assinalando que os sistema de ensino precisam desenvolver-se por etapas, e que aquilo que de início não funciona pode vir a funcionar em uma etapa posterior.

BEREDAY, George Z. F., LAUWERYS, Joseph A. & BLAUG, Mark, eds. *The World Year Book of Education; 1967; Educational Planning.* Londres, Evans Brothers, Ltd., 1967. XIV, 442 p. Tabelas.

Coleção útil de novos artigos sobre vários aspectos do planejamento escolar e do desenvolvimento em muitas partes do mundo, escritos por um grupo de autoridades no assunto.

BURKHEAD, J., FOX, T. G., & HOLLAND, J. W. *Input and Output in Large City High Schools.* Syracuse, N. Y., Syracuse University Press, 1967. 105 p. Índice. Tabelas.

Estudo comparado de escolas secundárias de Chicago e Atlanta, por intermédio de um modelo de produtividade de fatores.

GROSS, B. M. "The Administration of Economic Development Planning: Principles and Fallacies". In: NAÇÕES UNIDAS, *Economic Bulletin for Asia and the Far East,* XVII, n. 3, dez. 1966. pp. 1-28.

Algumas diretrizes práticas derivadas da experiência a respeito da execução de planos, tanto do ponto de vista do planejamento escolar quanto do econômico.

HARBISON, F. *Educational Planning und Human Resources Development.* Fundamentals of Educational Planning, 3, Paris, Unesco/IIEP, 1965. 24 p.

Apresentação concisa dos pontos de vista de um intelectual bastante conhecido, cujas idéias exerceram forte influência no campo do ensino e do planejamento de mão-de-obra.

HARBISON, F. H. & MYERS, C. A. *Education, Manpower and Economic Growth. Strategies of Human Resources Development.* Nova York, McGraw-Hill, 1964. XIII, 229 p.

Análise geral dos problemas e estratégias do desenvolvimento educacional com relação ao desenvolvimento econômico, especialmente nas regiões em desenvolvimento. Contém um índice compósito para a classificação de setenta e cinco países em quatro níveis de desenvolvimento de recursos humanos; assinala a importância tanto da educação formal quanto da não-formal.

HUNTER, G. *Manpower, Employment and Education in the Rural Economy of Tanzania.* African Research Monographs, 9, Paris, Unesco/IIEP, 1966. 40 p.

Esclarecedor estudo de caso a respeito das necessidades e dificuldades práticas a serem enfrentadas pelo planejamento escolar nas vastas áreas rurais da maioria dos países em desenvolvimento. Uma de uma série de 13 monografias de pesquisas africanas realizadas pelo IIEP, voltadas para os problemas de planejamento comuns a muitos países.

IIEP. *The Qualitative Aspects of Educational Planning.*

Contém os documentos e o registro das discussões acaloradas de um simpósio sobre as dimensões não-quantitativas do planejamento, com muita ênfase sobre a necessidade de aumentar a eficiência e a produtividade dos sistemas de ensino por intermédio do aperfeiçoamento de sua "adequação" ao ambiente em mudança. Entre os participantes encontrava-se um grupo internacional de eminentes educadores e cientistas sociais.

IIEP. *Manpower Aspects of Educational Planning, Problems for the Future.* Paris, Unesco/IIEP, 1968. 265 p.

Um grupo internacional de eminentes especialistas examina a situação atual do planejamento escolar e de mão-de-obra, e o futuro de três grandes problemas: necessidades educacionais e de mão-de-obra para o desenvolvimento rural e agrícola; desemprego de pessoas instruídas; e execução de planos.

LEWIS, W. Arthur. *Development Planning: the Essential of Economic Policy.* Londres, George Allen and Unwin, 1966. 278 p.

Livro pequeno e útil para educadores que desejem aprender a respeito de planejamento econômico e sua relação com o planejamento escolar; escrito por uma autoridade no assunto.

LYONS, R. ed. *Problems and Strategies of Educational Planning: Lessons from Latin America.* Paris, Unesco/IIEP, 1965, VIII, 117 p.

Documentos e resumos dos debates de uma série de seminários de cinco semanas, incluindo declarações de eminentes educadores e economistas latino-americanos, com destaque para a necessidade de planejamento e suas dificuldades práticas.

NOZHKO, K. *et al.* *Educational Planning in the USSR.* Paris, Unesco/IIEP, 1968. 300 p.

Uma análise extensiva e uma avaliação crítica do planejamento educacional na URSS, integrado no planejamento econômico e da mão-de-obra, com um panorama histórico do desenvolvimento educacional soviético num período de cinqüenta anos, preparado por um grupo de experimentados planejadores e intelectuais soviéticos, e com um comentário escrito por uma equipe de especialistas internacionais visitantes organizada pelo IIEP.

ODDIE, G. *School Building Resources and Their Effective Use. Some Available Techniques and Their Policy Implications.* Paris, OECD, 1966. 160 p.

Engenheiro-arquiteto que teve participação no aperfeiçoamento das construções escolares do Reino Unido discute de maneira prática e oferece orientação útil para aqueles que se interessam pela construção e utilização eficiente de instalações escolares.

PARNES, H. S. *Forecasting Educational Needs for Social and Economic Development.* Paris, OECD, 1962. 113 p.

Discussão clara e sistemática dos vários passos do planejamento escolar empregados pelo Projeto Regional Mediterrâneo da OECD.

REPORT OF THE COMMITTEE *on Higher Education under the Chairmanship of Lord Robbins 1961-63.* Londres, HMSO, 1963. XI, 166 p.

Um marco no tratamento dado pelo Reino Unido ao planejamento do ensino superior, contendo um levantamento histórico do desenvolvimento do sistema, algumas notáveis comparações internacionais, algumas ousadas projeções para o futuro, e algumas afirmações controversas.

RUML, Beardsley & MORRISON, Donald H. *Memo to a College Trustee: A Report on Financial and Structural Problems of the Liberal College.* Nova York, McGraw-Hill. 1959, XIV, 94 p.

Livrinho provocante que adverte as autoridades e docentes do ensino superior que a proliferação de cursos é inimiga dos salários adequados para os professores e da boa qualidade do ensino. Propõe alguns princípios de planejamento e técnicas para a melhor utilização dos recursos disponíveis.

SKOROV, G. *Integration of Educational and Economic Planning in Tanzania.* African Research Monographs, 6, Paris, Unesco/IIEP, 1966. 78 p. Bibliografia.

Embora compreenda um só país, a título de amostra este estudo de caso incluído na série de monografias africanas do IIEP retrata com clareza os problemas enfrentados pela maioria dos países em desenvolvimento na busca de integração do desenvolvimento educacional com o desenvolvimento econômico, em consonância com seus recursos extremamente escassos.

UNESCO. *Economic and Social Aspects of Educational Planning*. Paris, Unesco, 1964. 264 p. Bibliografia.

Conjunto integrado de artigos sobre os vários aspectos do planejamento e do desenvolvimento da educação, assinados por especialistas de renome internacional, inclusive um artigo do Prof. Jan Tinbergen sobre "Avaliação Educacional".

VAIZEY, J. & CHESSWAS, J. D. *The Costing of Educational Plans*. Fundamentals of Educational Planning, 6, Paris, Unesco/IIEP, 1967. 63 p.

Apresenta alguns princípios gerais e métodos de avaliação de custos, e mostra sua aplicação prática em um país africano tomado como exemplo.

WATERSTON, A. *Development Planning: Lessons of Experience*. Baltimore, Joh. Hopkins, 1965. XIX, 706 p. Bibliografia.

Reflexões de um observador experiente após realizar diversos estudos sobre planejamento para o Banco Mundial.

Financiamento do ensino.

ESTUDO COMPARATIVO DOS ESFORÇOS REALIZADOS PELOS VÁRIOS PAÍSES EM MATÉRIA DE ENSINO. ALTERNATIVAS PARA O FINANCIAMENTO E CRITÉRIOS DE SELEÇÃO. FINANCIAMENTO DO ENSINO SUPERIOR. MÉTODOS DE ANÁLISE DOS GASTOS COM O ENSINO.

EDDING, F. *Methods of Analysing Educational Outlay*. Paris, Unesco, 1966. 70 p.

Útil análise técnica feita por um dos mais experientes estudiosos internacionais dos gastos educacionais, cujo trabalho na República Federal da Alemanha despertou o interesse de economistas, educadores e políticos.

HARRIS, S. E., ed. *Economic Aspects of Higher Education*. Paris, OECD, 1964. 252 p.

Coleção de documentos de uma conferência organizada pelo Grupo de Estudo de Economia da Educação, da OECD, liderado pelo Professor Seymour Harris, que tem escrito abundantemente sobre financiamento do ensino.

KEEZER, Dexter M. ed. *Financing Higher Education 1960--70*. Nova York, McGraw-Hill, 1959. VII. 304 p. Tabelas. Ilustrações.

Útil coleção de artigos e observações de especialistas, originários de um seminário no Merrill Center for Economics, sob a presidência do Dr. Willard N. Thorp.

MUSHKIN, S. J. ed. *Economics of Higher Education*. Washington, D. C., E. U. A., Government Printing Office, 1962.

Grande coleção de artigos e dados preparados por um eminente grupo de educadores e economistas, sob os auspícios do Escritório de Educação dos Estados Unidos, a respeito do financiamento e de outros aspectos econômicos do ensino superior.

OECD Study Group. *Financing of Education for Economic Growth*. Paris, OECD, 1966.

Série de artigos sobre financiamento do ensino em países desenvolvidos e em desenvolvimento, com análise de critérios para ajuda externa ao ensino em países em desenvolvimento.

POIGNANT, R. *Education and Development in Western Europe, the United States and the Soviet Union*. Nova York, Teachers College, Columbia University, 1968. 320 p. Tabelas.

Este estudo recente apresenta um panorama provocante do crescimento comparativo das matrículas e gastos com ensino no período de pós-guerra em diversos países industrializados. Tem estimulado o debate em alguns países em atraso.

Mudança e inovação do ensino.

ACELERAÇÃO DA MUDANÇA EDUCACIONAL NA ÚLTIMA DÉCADA. ENSINO POR EQUIPE. TV EDUCATIVA. REFORMAS CURRICULARES. NOVAS CONCEPÇÕES DA ESCOLA. ESCOLAS NÃO-GRADUADAS. OUTRAS INOVAÇÕES. NECESSIDADE E PRESSÕES PARA MUDANÇA. ESTRATÉGIAS PARA ALCANÇAR MUDANÇAS. COMO A PESQUISA PODE SER ÚTIL.

ANDERSON, Robert H. *Teaching in a World of Change*. Nova York, Harcourt, Brace and World, Inc., 1966. 180 p. Bibliografia.

Sumário bem feito e apresentável das recentes inovações em organização escolar, ensino por equipe, construções escolares e outros aspectos, escrito para professores, mas útil para um público mais amplo.

BRUNER, J. S. *The Process of Education*. Cambridge, Mass., Harvard University Press, 1961.

Livro estimulante a respeito da estrutura do conhecimento em relação ao processo de aprendizagem, que provoca uma busca criadora de métodos mais eficientes para a transmissão e aquisição de conhecimentos.

GOODLAD, John I. *Planning and Organizing for Teaching*. Washington, D. C., National Education Association, 1963.

Um expoente da escola não-graduada discute novos meios de organizar o processo ensino-aprendizagem de maneira a capacitar o aluno a progredir de acordo com seu próprio ritmo.

GORE, H. B. "Schoolhouse in Transition". In: *The Changing American School,* 65th Yearbook of the National Society for the Study of Education, Parte II, Chicago, University of Chicago Press, 1966.

O Presidente dos Educational Facilities Laboratories — ex-superintendente de escolas e conhecido inovador educacional — faz um balanço das pesquisas em matéria de construções escolares que objetivam criar um prédio escolar que facilite, e não que impeça, as necessárias mudanças educacionais. O EFL, de Nova York, é a melhor fonte de publicações sobre novas tendências em construções escolares.

HARRIS, S. E. & LEVANSOHN, A. eds. *Challenge and Change in American Education,* Berkeley, Calif., McCutchan Publishing Corporation, 1965. 347 p.

Resumos de artigos e discussões de uma série de seminários realizados na Universidade de Harvard, em 1961-62, com a presença de numerosos especialistas convidados, para analisar os problemas políticos, econômicos, qualitativos e administrativos a serem enfrentados pela educação do futuro.

INNOVATION AND EXPERIMENT *in Education.* Relatório do Painel sobre Pesquisa e Desenvolvimento da Educação, Washington, D. C., E. U. A., Government Printing Office, 1964. 79 p.

KIDD, J. R. *The Implication of Continuous Learning.* Toronto, W. J. Gage, Ltd., 1966. 122 p.

Conferências pronunciadas por eminente educador de adultos canadense, em que advoga educação permanente para todos e discute suas implicações.

MILES, M. B. ed. *Innovation in Education.* Nova York, Bureau of Publication, Teachers College, Columbia University, 1964. XII, 689 p. Fig., Índice.

MILLER, R. I. ed. *Perspectives on Educational Change.* Nova York, Appleton-Century-Crofts, 1967. 392 p.

MINISTÉRIO DE EDUCAÇÃO. *Half Our Future.* A Report of the Central Advisory Council for Education (England). Conhecido como "the Newsom Report". Londres, HMSO, 1963. 299 p.

Relatório muito discutido sobre "educação dos alunos de 13 a 16 anos com capacidade média e abaixo da média", com numerosas recomendações para mudança, e assinalando "acima de tudo a necessidade de novos modos de pensar, bem como de mudança de atitudes por parte da comunidade como um todo".

Morphet, E. L. & Ryan, C. O., eds. *Designing Education for the Future.* v. 1 — *Prospective Changes in Society by 1980.* 268 p. v. 2 — *Implications for Education of Prospective Changes in Society.* 323 p. v. 3 — *Planning and Effecting Needed Changes in Education.* 317 p. Nova York, Citation Press, 1967.

Resultados de um projeto que se estendeu por oito Estados americanos, com o objetivo de ajudar os sistemas de ensino a se adaptarem às novas e mais amplas responsabilidades em um ambiente em rápida mudança; os três volumes contêm numerosas informações e lúcidos artigos escritos por eminentes intelectuais e autoridades de ensino; um antídoto contra a fatuidade e um estímulo para a imaginação.

Schramm, W., Cooms, P. H., Kahnert, F. & Lyle, J. *The New Medias Memo to Educational Planners.* Paris, Unesco/IIEP, 1967. 175 p. Mais três volumes de estudos de caso intitulados: *New Educational Media in Action.* Sumário e conclusões de um projeto de pesquisa de amplitude mundial destinado a conhecer melhor a viabilidade do uso de TV, rádio e outros novos meios na solução de problemas educacionais. Contém conselhos práticos sobre como diagnosticar uma dada situação e como planejar para tornar máximas as possibilidades de êxito.

Shaplin, J. T. & Olds, H. F., Jr. eds. *Team Teaching.* Nova York, Harper and Row, 1964. XV, 430 p. Bibliografia. Índice.

Amplo exame da teoria e da prática de ensino por equipe feito por um grupo de observadores e participantes qualificados.

Skinner, B. F. *The Technology of Teaching.* Appleton-Century-Crofts, Nova York, 1968.

Novo livro de ensaios do psicólogo de Harvard, chamado o pai da "instrução programada". Neste livro ele confronta suas próprias idéias a respeito do processo de aprendizagem com as severas críticas derivadas das práticas educativas convencionais, e sugere algumas medidas corretivas.

Stoddard, A. J. *Schools for Tomorrow: An Educator's Blueprint.* Nova York, Fund for the Advancement of Education, 1957. 82 p. Bibliografia.

Este documento, ainda disponível em muitas bibliotecas de educação, é de especial interesse histórico. Após aposentar-se de uma ilustre carreira de administração escolar, o autor ajudou a lançar um importante movimento de reforma e inovação da educação nos Estados Unidos. Chocante para muitos de seus colegas educadores em 1957, este livrete é hoje considerado como uma visão profética de coisas que estão para acontecer.

TRUMP, J. L. & BAYNHAM, D. *Guide to Better Schools.*
Chicago, Rand McNally, 1963. 147 p. Fig.
 O autor principal, Lloyd Trump, um experiente
educador, tem sido um líder da inovação do ensino
secundário desde muito tempo.

UNIVERSITY TEACHING *Methods.* Report to University Grants
Committee. (Hale Report) Londres, HMSO, 1964.

VAISEY, John. *Education in the Modern World.* Londres,
World University Library, 1967. 254 p. Bibliografia.
Ilustrações.
 Eminente autoridade em economia do ensino, com
queda para a sociologia e a política, examina o ensino
num mundo em rápida mudança e tira conclusões no
sentido de diretrizes, tática e estratégia.

YOUNG, Michael. *Innovation and Research in Education.*
Institute of Community Studies. Londres, Routledge and
Kegan Paul, 1965. 184 p. Bibliografia.
 O autor se propôs a esclarecer-se a respeito de
prioridades em pesquisa educacional, examinou ampla
bibliografia a respeito do assunto e chegou à conclusão
de que o maior destaque deve ser dado à inovação.
Leitura útil para quem esteja interessado em utilizar a
pesquisa para promover mudança e progresso da
educação.

Cooperação internacional em educação

VÁRIAS FORMAS DE COOPERAÇÃO. RELAÇÃO COM OS
OBJETIVOS DE POLÍTICA EXTERIOR. OPORTUNIDADES E
DIFICULDADES ENVOLVIDAS. ALGUNS ESTUDOS DE CASO.
MANEIRAS DE APERFEIÇOAR A EFICIÊNCIA DA AJUDA EX-
TERNA. O PAPEL ESPECIAL DAS UNIVERSIDADES.

CERYCH, Ladislav. *The Integration of External Assistance
with Educational Planning in Nigeria.* African Research
Monographs, 9, Paris, Unesco/IIEP, 1967. 78 p.
 Estudo de caso em um dado país, destinado a foca-
lizar problemas práticos — de prestar, receber e utilizar
assistência externa à educação — que são comuns a
muitos países em desenvolvimento.

CERYCH, Ladislav. *Problems of Aid to Education in Developing Countries.* Nova York, Praeger, 1965. XIII,
213 p. Bibliografia.
 Amplo exame do fluxo internacional de ajuda à
educação na década de 50 e no início da década de 60;
as necessidades de ajuda, as formas assumidas, e os
problemas práticos que surgiram.

COOMBS, P. H. *The Fourth Dimension of Foreign Policy.
Educational and Cultural Affairs.* Nova York, Harper
and Row, 1964. XVI, 158 p. Índice.

Tentativa de relacionar o intercâmbio internacional de educação e cultura com os objetivos a longo prazo da política exterior; com base na análise comparativa dos programas de intercâmbio educacional e cultural dos Estados Unidos, França, República Federal da Alemanha, Reino Unido, e União Soviética.

COOMBS, P. H. & BIGELOW, K. W. *Education and Foreign Aid*. Cambridge, Mass., Harvard University Press, 1965. 74 p.

Conferências realizadas na Universidade de Harvard sobre "Como Aperfeiçoar a Ajuda Educacional dos Estados Unidos" e sobre "Problemas e Perspectivas da Educação na África".

CURLE, A. *Planning for Education in Pakistan*. Cambridge, Mass., Harvard University Press, 1966. XXII, 208 p.

Esclarecedor estudo de caso sobre os esforços de um país em desenvolvimento para fortalecer seu sistema educacional, e os difíceis problemas enfrentados, vistos por um "especialista estrangeiro" perspicaz, num período de vários anos. Leitura obrigatória para todo "especialista" deste tipo, antes de começar a dar conselhos.

EDUCATION AND WORLD AFFAIRS. *The University Looks Abroad*. Nova York, Walker and Co., 1965. 300 p. Bibliografia. Estudo das atividades internacionais de seis universidades americanas, Stanford, Michigan State, Tulane, Wisconsin, Cornell, Indiana.

Esclarecimento de como seis universidades gradualmente estenderam sua ação internacional num período de 100 anos, mas em ritmo mais acelerado a partir de 1960, tendo como resultado um 'sistema familiar" educacional mais amplo e uma boa dose de novas oportunidades e novos problemas para as universidades.

GARDNER, John W. *A.I.D and the Universities*. Washington, AID, 1964. XII, 51 p. Relatório do Administrador da Agência para o Desenvolvimento Internacional (A. I.D.).

Exame crítico da difícil colaboração entre a universidade e o governo na prestação de assistência externa, com sugestões positivas a ambas as partes de como melhorar a colaboração.

WEIDNER, Edward W. *The World Role of Universities*. Nova York, McGraw-Hill, 1962. XII, 366 p. Bibliografia.

Sintetiza uma série de estudos regionais de programas de intercâmbio internacional de universidades americanas (até os últimos anos da década de 50), realizados por uma equipe de cientistas sociais, com conclusões do diretor da equipe.

WILLIAMS, P. R. C. *Educational Assistance*. Londres, Overseas Development Institute, 1963. 125 p.

Embora os dados estatísticos estejam superados, continua sendo uma descrição útil dos vários tipos e canais da cooperação educacional internacional da Inglaterra.

Fontes de referência úteis.

BLAUG, M. *Economics of Education*: A Selected Annotates Bibliography. Oxford, Pergamon Press, 1966. XIII, 190 p. Índice mais Adendo I e II.

Útil bibliografia que se concentra principalmente nos aspectos econômicos e nas fontes de língua inglesa; atualizada com freqüência por suplementos; preparada pelo Instituto de Educação da Universidade de Londres.

IIEP. *Educational Planning*: A Bibliography. Paris, IIEP, 1964. 131 p.

Referências anotadas sobre livros, artigos etc., em diversas línguas, classificadas por (A) objetivo e valor para o planejamento educacional; (B) preparo de planos educacionais; (C) organização e administração do planejamento educacional; e (D) material de estudo de caso. Contém relação de outras fontes bibliográficas úteis.

OECD. *Methods and Statistical Needs for Educational Planning*. Paris, OECD, 1967. 363 p. Tabelas.

Contém os resultados de estudo voltado para a identificação dos dados básicos para o planejamento escolar, a padronização de definições e conceitos estatísticos e a sugestão de métodos de análise estatística. Especialmente útil para os países industrializados que dispõem de dados estatísticos relativamente fidedignos.

UNESCO. *Unesco Handbook of International Exchanges. F/E/S/*. II, Paris, Unesco, 1967. 1102 p.

Informa os objetivos, programas e atividades de organizações nacionais e internacionais e os acordos concluídos entre Estados, a respeito de relações e trocas internacionais no campo da educação, ciência e cultura, e comunicação de massas.

UNESCO. *World Survey of Education, Handbook of Educational Organization and Statistics;* I. *School Organization;* II. *Primary Education*. Paris, Unesco, 1958. 1 387 p. Fig. III. *Secondary Education*, Paris, Unesco, 1961. 1 482 p. IV. *Higher Education*, Paris, Unesco, 1966. 1 435 p.

Contém dados de todos os sistemas de ensino do mundo, em intervalos de três anos. Apanhado histórico desde cerca de 1900 e descrição das tendências atuais. Contudo, por causa dos diferentes métodos de apresentação dos dados, as estatísticas muitas vezes não são comparáveis e precisam ser consideradas com cautela.

COLEÇÃO DEBATES

1. *A Personagem de Ficção*, Antonio Candido e outros.
2. *Informação, Linguagem, Comunicação*, Décio Pignatari.
3. *Balanço da Bossa e Outras Bossas*, Augusto de Campos.
4. *Obra Aberta*, Umberto Eco.
5. *Sexo e Temperamento*, Margaret Mead.
6. *Fim do Povo Judeu?*, Georges Friedmann.
7. *Texto/Contexto*, Anatol Rosenfeld.
8. *O Sentido e a Máscara*, Gerd A. Borheim.
9. *Problemas da Física Moderna*, W. Heisenberg, E. Schödinger, M. Born e P. Auger.
10. *Distúrbios Emocionais e Anti-Semitismo*, N. W. Ackermann e M. Jahoda.
11. *Barroco Mineiro*, Lourival Gomes Machado.
12. *Kafka: Pró e Contra*, Günther Anders.
13. *Nova História e Novo Mundo*, Frédéric Mauro.
14. *As Estruturas Narrativas*, Tzvetan Todorov.
15. *Sociologia do Esporte*, Georges Magnane.

16. *A Arte no Horizonte do Provável*, Haroldo de Campos.
17. *O Dorso do Tigre*, Benedito Nunes.
18. *Quadro da Arquitetura no Brasil*, Nestor G. Reis Filho.
19. *Apocalípticos e Integrados*, Umberto Eco.
20. *Babel & Antibabel*, Paulo Rónai.
21. *Planejamento no Brasil*, Betty Mindlin Lafer.
22. *Lingüística. Poética. Cinema*, Roman Jakobson.
23. *LSD*, John Cashman.
24. *Crítica e Verdade*, Roland Barthes.
25. *Raça e Ciência I*, Juan Comas e outros.
26. *Shazam!*, Álvaro de Moya.
27. *Artes Plásticas na Semana de 22*, Aracy Amaral.
28. *História e Ideologia*, Francisco Iglésias.
29. *Peru: da Oligarquia Econômica à Militar*, A. Pedroso d'Horta.
30. *Pequena Estética*, Max Bense.
31. *O Socialismo Utópico*, Martin Buber.
32. *A Tragédia Grega*, Albin Lesky.
33. *Filosofia em Nova Chave*, Susanne K. Langer.
34. *Tradição, Ciência do Povo*, Luís da Câmara Cascudo.
35. *O Lúdico e as Projeções do Mundo Barroco*, Affonso Ávila.
36. *Sartre*, Gerd A. Borheim.
37. *Planejamento Urbano*, Le Corbusier.
38. *A Religião e o Surgimento do Capitalismo*, R. H. Tawney.
39. *A Poética de Maiakóvski*, Boris Schnaiderman.
40. *O Visível e o Invisível*, M. Merleau-Ponty.
41. *A Multidão Solitária*, David Reisman.
42. *Maiakóvski e o Teatro de Vanguarda*, A. M. Ripellino.
43. *A Grande Esperança do Século XX*, J. Fourastié.
44. *Contracomunicação*, Décio Pignatari.
45. *Unissexo*, Charles F. Winick.
46. *A Arte de Agora, Agora*, Herbert Read.
47. *Bauhaus: Novarquitetura*, Walter Gropius.
48. *Signos em Rotação*, Octavio Paz.
49. *A Escritura e a Diferença*, Jacques Derrida.
50. *Linguagem e Mito*, Ernst Cassirer.
51. *As Formas do Falso*, Walnice N. Galvão.
52. *Mito e Realidade*, Mircea Eliade.
53. *O Trabalho em Migalhas*, Georges Friedmann.
54. *A Significação no Cinema*, Christian Metz.
55. *A Música Hoje*, Pierre Boulez.
56. *Raça e Ciência II*, L. C. Dunn e outros.
57. *Figuras*, Gérard Genette.
58. *Rumos de uma Cultura Tecnológica*, Abraham Moles.
59. *A Linguagem do Espaço e do Tempo*, Hugh M. Lacey.
60. *Formalismo e Futurismo*, Krystyna Pomorska.
61. *O Crisântemo e a Espada*, Ruth Benedict.
62. *Estética e História*, Bernard Berenson.
63. *Morada Paulista*, Luís Saia.
64. *Entre o Passado e o Futuro*, Hannah Arendt.
65. *Política Científica*, Heitor G. de Souza, Darcy F. de Almeida e Carlos Costa Ribeiro.
66. *A Noite da Madrinha*, Sérgio Miceli.

67. *1822: Dimensões*, Carlos Guilherme Mota e outros.
68. *O Kitsch*, Abraham Moles.
69. *Estética e Filosofia*, Mikel Dufrenne.
70. *O Sistema dos Objetos*, Jean Baudrillard.
71. *A Arte na Era da Máquina*, Maxwell Fry.
72. *Teoria e Realidade*, Mario Bunge.
73. *A Nova Arte*, Gregory Battcock.
74. *O Cartaz*, Abraham Moles.
75. *A Prova de Gödel*, Ernest Nagel e James R. Newman.
76. *Psiquiatria e Antipsiquiatria*, David Cooper.
77. *A Caminho da Cidade*, Eunice Ribeiro Durhan.
78. *O Escorpião Encalacrado*, Davi Arrigucci Júnior.
79. *O Caminho Crítico*, Northrop Frye.
80. *Economia Colonial*, J. R. Amaral Lapa.
81. *Falência da Crítica*, Leyla Perrone Moisés.
82. *Lazer e Cultura Popular*, Joffre Dumazedier.
83. *Os Signos e a Crítica*, Cesare Segre.
84. *Introdução à Semanálise*, Julia Kristeva.
85. *Crises da República*, Hannah Arendt.
86. *Fórmula e Fábula*, Wili Bolle.
87. *Saída, Voz e Lealdade*, Albert Hirschman.
88. *Repensando a Antropologia*, E. R. Leach.
89. *Fenomenologia e Estruturalismo*, Andrea Bonomi.
90. *Limites do Crescimento*, Donella H. Meadows e outros (Clube de Roma).
91. *Manicômios, Prisões e Conventos*, Erving Goffman.
92. *Maneirismo: O Mundo como Labirinto*, Gustav R. Hocke.
93. *Semiótica e Literatura*, Décio Pignatari.
94. *Cozinhas, etc.*, Carlos A. C. Lemos.
95. *As Religiões dos Oprimidos*, Vittorio Lanternari.
96. *Os Três Estabelecimentos Humanos*, Le Corbusier.
97. *As Palavras sob as Palavras*, Jean Starobinski.
98. *Introdução à Literatura Fantástica*, Tzvetan Todorov.
99. *Significado nas Artes Visuais*, Erwin Panofsky.
100. *Vila Rica*, Sylvio de Vasconcellos.
101. *Tributação Indireta nas Economias em Desenvolvimento*, J. F. Due.
102. *Metáfora e Montagem*, Modesto Carone.
103. *Repertório*, Michel Butor.
104. *Valise de Cronópio*, Julio Cortázar.
105. *A Metáfora Crítica*, João Alexandre Barbosa.
106. *Mundo, Homem, Arte em Crise*, Mário Pedrosa.
107. *Ensaios Críticos e Filosóficos*, Ramón Xirau.
108. *Do Brasil à América*, Frédéric Mauro.
109. *O Jazz, do Rag ao Rock*, Joachim E. Berendt.
110. *Etc..., Etc... (Um Livro 100% Brasileiro)*, Blaise Cendrars.
111. *Território da Arquitetura*, Vittorio Gregotti.
112. *A Crise Mundial da Educação*, Philip H. Coombs.
113. *Teoria e Projeto na Primeira Era da Máquina*, Reyner Banham.
114. *O Substantivo e o Adjetivo*, Jorge Wilhelm.
115. *A Estrutura das Revoluções Científicas*, Thomas S. Kuhn.
116. *A Bela Época do Cinema Brasileiro*, Vicente de Paula Araújo.

117. *Crise Regional e Planejamento*, Amélia Cohn.
118. *O Sistema Político Brasileiro*, Celso Lafer.
119. *Êxtase Religioso*, I. Lewis.
120. *Pureza e Perigo*, Mary Douglas.
121. *História, Corpo do Tempo*, José Honório Rodrigues.
122. *Escrito sobre um Corpo*, Severo Sarduy.
123. *Linguagem e Cinema*, Christian Metz.
124. *O Discurso Engenhoso*, Antonio José Saraiva.
125. *Psicanalisar*, Serge Leclaire.
126. *Magistrados e Feiticeiros na França do Século XVII*, R. Mandrou.
127. *O Teatro e sua Realidade*, Bernard Dort.
128. *A Cabala e seu Simbolismo*, Gershom G. Scholem.
129. *Sintaxe e Semântica na Gramática Transformacional*, A. Bonomi e G. Usberti.
130. *Conjunções e Disjunções*, Octavio Paz.
131. *Escritos sobre a História*, Fernand Braudel.
132. *Escritos*, Jacques Lacan.
133. *De Anita ao Museu*, Paulo Mendes de Almeida.
134. *A Operação do Texto*, Haroldo de Campos.
135. *Arquitetura, Industrialização e Desenvolvimento*, Paulo J. V. Bruna.
136. *Poesia-Experiência*, Mário Faustino.
137. *Os Novos Realistas*, Pierre Restany.
138. *Semiologia do Teatro*, J. Guinsburg e J. Teixeira Coelho Netto.
139. *Arte-Educação no Brasil*, Ana Mae T. B. Barbosa.
140. *Borges: Uma Poética da Leitura*, Emir Rodríguez Monegal.
141. *O Fim de uma Tradição*, Robert W. Shirley.
142. *Sétima Arte: Um Culto Moderno*, Ismail Xavier.
143. *A Estética do Objetivo*, Aldo Tagliaferri.
144. *A Construção do Sentido na Arquitetura*, J. Teixeira Coelho Netto.
145. *A Gramática do Decameron*, Tzvetan Todorov.
146. *Escravidão, Reforma e Imperialismo*, R. Graham.
147. *História do Surrealismo*, M. Nadeau.
148. *Poder e Legitimidade*, José Eduardo Faria.
149. *Práxis do Cinema*, Noel Burch.
150. *As Estruturas e o Tempo*, Cesare Segre.
151. *A Poética do Silêncio*, Modesto Carone.
152. *Planejamento e Bem-Estar Social*, Henrique Rattner.
153. *Teatro Moderno*, Anatol Rosenfeld.
154. *Desenvolvimento e Construção Nacional*, S. H. Eisenstadt.
155. *Uma Literatura nos Trópicos*, Silviano Santiago.
156. *Cobra de Vidro*, Sérgio Buarque de Holanda.
157. *Testando o Leviathan*, Antonia Fernanda Pacca de Almeida Wright.
158. *Do Diálogo e do Dialógico*, Martin Buber.
159. *Ensaios Lingüísticos*, Louis Hjelmslev.
160. *O Realismo Maravilhoso*, Irlemar Chiampi.
161. *Tentativas de Mitologia*, Sérgio Buarque de Holanda.
162. *Semiótica Russa*, Boris Schnaiderman.
163. *Salões, Circos e Cinema de São Paulo*, Vicente de Paula Araújo.
164. *Sociologia Empírica do Lazer*, Joffre Dumazedier.
165. *Física e Filosofia*, Mario Bunge.
166. *O Teatro Ontem e Hoje*, Célia Berrettini.

167. *O Futurismo Italiano*, Org. Aurora Fornoni Bernardini.
168. *Semiótica, Informação e Comunicação*, J. Teixeira Coelho Netto.
169. *Lacan: Operadores da Leitura*, Americo Vallejo e Lígia Cadmartore Magalhães.
170. *Dos Murais de Portinari aos Espaços de Brasília*, Mário Pedrosa.
171. *O Lírico e o Trágico em Leopardi*, Helena Parente Cunha.
172. *A Criança e a FEBEM*, Marlene Guirado.
173. *Arquitetura Italiana em São Paulo*, Anita Salmoni e E. Debenedetti.
174. *Feitura das Artes*, José Neistein.
175. *Oficina: Do Teatro ao Te-Ato*, Armando Sérgio da Silva.
176. *Conversas com Igor Stravinski*, Robert Craft e Igor Stravinski.
177. *Arte como Medida*, Sheila Leirner.
178. *Nzinga*, Roy Glasgow.
179. *O Mito e o Herói no Moderno Teatro Brasileiro*, Anatol Rosenfeld.
180. *A Industrialização do Algodão na Cidade de São Paulo*, Maria Regina de M. Ciparrone Mello.
181. *Poesia com Coisas*, Marta Peixoto.
182. *Hierarquia e Riqueza na Sociedade Burguesa*, Adeline Daumard.
183. *Natureza e Sentido da Improvisação Teatral*, Sandra Chacra.
184. *O Pensamento Psicológico*, Anatol Rosenfeld.
185. *Mouros, Franceses e Judeus*, Luís da Câmara Cascudo.
186. *Tecnologia, Planejamento e Desenvolvimento Autônomo*, Francisco Sagasti.
187. *Mário Zanini e seu Tempo*, Alice Brill.
188. *O Brasil e a Crise Mundial*, Celso Lafer.
189. *Jogos Teatrais*, Ingrid Dormien Koudela.
190. *A Cidade e o Arquiteto*, Leonardo Benevolo.
191. *Visão Filosófica do Mundo*, Max Scheler.
192. *Stanislavski e o Teatro de Arte de Moscou*, J. Guinsburg.
193. *O Teatro Épico*, Anatol Rosenfeld.
194. *O Socialismo Religioso dos Essênios: A Comunidade de Qumran*, W. J. Tyloch.
195. *Poesia e Música*, Org. de Carlos Daghlian.
196. *A Narrativa de Hugo de Carvalho Ramos*, Albertina Vicentini.

impresso na
Press Grafic Editora e Gráfica Ltda.
Rua Barra do Tibagi, 444 - B. Retiro
Cep 01128 - Tel. 221-8317